民主主義を相対化する中国

范 力

時潮社

目　次

前書き ……………………………………………………………………7
　一、中国の台頭　7
　二、問題意識　8
　　1、なぜこの本を書くか　8
　　2、中国の新シルクロード戦略：「一帯一路」構想の意味するもの　10
　三、中国へのアプローチ　11

第一章　私から見た日中関係──5つの交流 …………………23
　はじめに　23
　一、近代までの日中関係──平和交流　24
　　1、始皇帝と羽田孜　24
　　2、楊貴妃と遣唐使　25
　　3、離婚の規定から見た日中関係　26
　二、近代の日中関係──"戦争交流"　27
　　1、近代における日中交流　27
　　2、日中関係の主流──"戦争交流"　32
　三、現代の日中関係──戦略交流　36
　　1、賠償請求権の放棄──中国の戦略　36
　　2、ODA援助──日本の戦略　38
　四、けん制し合う今日の日中関係（「牽制交流」）　40
　　1、けん制し合う今日の日中関係　40
　　2、日中関係の明るい側面　43
　おわりに──建設的な交流（「建設交流」）を　45

第二章　国際情勢と日中関係 ……………………………………59
　はじめに　59
　一、アメリカの衰退　60
　　1、9.11同時多発テロ　60
　　2、イラク戦争　60
　　3、アメリカ発の金融経済危機　61

二、中国の台頭・再興　62
　　1、経済力　63
　　2、軍事力　65
　　3、ソフトパワー　67
　　　（一）台湾について　68
　　　（二）上海協力機構（SCO）とBRICS　70
　　　（三）六ヶ国協議　75
　　　（四）中国・アフリカ関係　77
　　4、大国の再興と世界の責任　82
　三、日中関係　85
　　1、世界における日中関係　85
　　2、日中の異同　86
　　3、新しい日中関係——東アジア共同体を構築するには　87
　おわりに　92

第三章　民主主義を相対化する中国　……99
　はじめに　99
　一、民主主義の功罪　101
　　1、成功した民主主義諸国　101
　　2、混乱と腐敗に溢れる民主主義諸国　102
　　3、民主主義のメリットとデメリット　106
　二、民主主義を相対化する中国の歴史と伝統　108
　　1、中国モデル・北京コンセンサス　108
　　2、民主主義なき中国の歴史と伝統　109
　　3、列強の侵略と中華民国の実践　112
　　　（一）列強各国の侵略と清朝の崩壊　112
　　　（二）混乱と戦争をもたらした民主主義の実践　113
　　4、五・四運動から天安門事件までの「中国的民主主義」　115
　三、中国の政治体制およびその課題　117
　　1、反面教師となったソ連崩壊・東欧革命　117
　　2、突発事件や危機に強い中国の政治体制　120
　　3、直面する中国の問題点　123
　　4、中国政治改革の成果と課題　130
　　　（一）中国共産党の（後継）幹部候補の選抜制度　131

（二）党内民主化のスピードアップ　134
　　　（三）「大部制」の試み　135
　　　（四）「協力民主」は古い皮袋に新しい酒　136
　　おわりに　139

第四章　《反国家分裂法》の制定から《経済協力枠組協定》の締結までの中台関係……………149
　　はじめに　149
　　一、《反国家分裂法》とは　150
　　二、《反国家分裂法》制定の歴史的背景　154
　　　1、台湾の歴史と九二合意　154
　　　2、アメリカの国内法《台湾関係法》　156
　　　3、台湾の民主化と中華民国の台湾化　157
　　　4、国民提案、政府法制化　157
　　三、台湾側の反応、分かれた国際世論と中国の苦悩　160
　　　1、台湾側の反応　162
　　　2、分かれた国際世論　163
　　　3、中国の苦悩　165
　　四、《両岸経済協力枠組協定》の締結　168
　　　1、両岸経済協力枠組協定の内容　168
　　　2、目的と意義　176
　　　3、ECFAの是非　178
　　　（一）賛成派　178
　　　（二）反対派　182
　　おわりに　185

第五章　中国が見た日米同盟……………194
　　はじめに　194
　　一、日米同盟と冷戦との関係　196
　　　1、日米同盟とは　196
　　　2、冷戦の産物　196
　　二、日米同盟を「受け入れられない」から「容認」「取り込み」へ　197
　　　1、中国にとって容認できない日米同盟　197
　　　2、「安保容認」へ　198
　　　3、日米を取り込みへ　200

三、中国が見た冷戦後の日米同盟　203
　　　1、危機を機会に　203
　　　2、中国の目標を「妨害」する日米　205
　　四、「韜光養晦」から「有所作為」へ　209
　　　1、中国の台頭・再興とそれを抑えようとする日米同盟　209
　　　2、「韜光養晦」から「有所作為」へ　213
　　五、日本の国家「正常化」と日米同盟の将来　216
　　　1、「普通の国」を目指す日本とそれを許さない中国　216
　　　2、中国と日米同盟の将来　218
　　おわりに　222

書評1　伊藤正著『鄧小平秘録』を読む　231
書評2　エズラ・F・ヴォーゲル著『鄧小平と中国の変革』を読む　241
　　一、エズラ・F・ヴォーゲル『鄧小平と中国の変革』　241
　　二、『鄧小平と中国の変革』のあらすじ　242
　　三、鄧小平は中国公司の「総経理」だ　243
　　四、人間鄧小平　247

後書き　253
　　一、本書の結論　253
　　二、中国への展望と今後の課題　259

前書き

一、中国の台頭

　2016年6月11日、東京新宿のある映画館で『シチズンフォースノーデンの暴露』を観た。アメリカ政府のスパイ行為を告発したドキュメンタリーであった。若きCIA（Central Intelligence Agencyの略称）の職員だったスノーデンは祖国・アメリカのお尋ね者となり、現在もロシアに亡命中だ。

　スノーデンは香港でアメリカ政府の不正を暴露したため、2013年、アメリカ司法当局により逮捕命令が出された。中国が彼の亡命申請を受けいれるべきだったという考えもあるが、逆に、そのことで、アメリカ政府との関係に悪影響が生じ、野心的な中国の台頭というトレンドが邪魔されかねない。プーチン・ロシア大統領はスノーデンを受けいれた件で格好よく見られるかもしれないが、習近平中国国家主席の判断が合理的だったと言ってよい。

　20世紀後半に入ってから今日まで、世界で天安門事件、東欧革命、ソ連崩壊、冷戦終結、アフガン戦争、イラク戦争、金融経済危機、アラブの春、シリア問題、北朝鮮やイランの核問題などが相次いで起きた。

　その間、もっとも重要なことは先進国の衰退と新興国の台頭である。その先進国の代表はアメリカであり、新興国の代表は中国である。

　アメリカは民主主義国の代表格であるため、ある意味で、アメリカの衰退はすなわち民主主義の衰退と言い換えられる。中国は、事実上、一党支配の関係で、その台頭は民主主義と異なる政治スタイルの台頭と理解できよう。

　近代以降、日本はアジアを引っ張ってきた側面がある。近代日本が成功した理由は多々あるが、「脱亜入欧」に象徴されたように「欧米化」、あるいは戦後の民主化が大きかったと言えよう。

　旧ソ連、また多くの新興国と比較すれば分かるように、中国は成功した と

言える。日本の経験は欧米化・民主化という道筋を示したのに対して、中国の経験は民主主義を絶対化せずに相対化する道を提示した。

日中は隣国である。その交流も二千年という長い歴史がある。また、両国関係は国際関係の構成部分であるとともに、国際情勢に大きく影響される側面ももつ。

中国の高度成長はただ単に経済だけでなく、軍事力やソフトパワーまで注目されている。中国の台頭というべきである。冷戦で消えた東欧諸国や旧ソ連、そしてアラブの春で倒れた西アジアと北アフリカ諸国と違って、中国の台頭の理由はいったい何だったのであろうか。

また、台湾は民主化したとはいえ、アメリカや日本のような民主主義国のサポートがなければ、中国に呑み込まれるのではないかとも考えられよう。なお、いわゆる価値観が共有する日米両国だが、近年、その同盟関係は強化されてきたようにも見えるが、それは台頭する中国に対応するためということもできよう。つまり中国の台頭で日米同盟はチャレンジを受けるようになったともいえる。

二、問題意識

1、なぜこの本を書くか

「五十にして天命を知る」といわれる。しかし五十過ぎた私は「天命」を知らないでいる。悔しい限りである。しかし、やれることはやらなければならないと考え、自分なりに努力してきたつもりだ。この些細な本は専門家に笑われると覚悟しながらも、勇気をもって出すことにしたゆえんである。

二十代の後半、中国にいた際、私は世界を震撼させた天安門事件を経験した。大学院生として、中国の民主化を実現するために、みずから立ち上がってデモ行進を行った。教科書で五・四運動を学んだが、実際、私は「六・四運動」に参加した。

しかし、あの出来事が東欧諸国の革命、そしてソ連の崩壊、冷戦の終結につながるとは思いもよらなかった。後に私は留学を決意し、憧れた国——日本へ「東渡」した。1992年春のことだった。同じころ、鄧小平氏は「南巡講

話」を行って、その後の中国の高度成長に導いた。私はしばらく「学業」に追われていた。気が付いたら、もう新世紀に入ったのだ。

中国出身ということもあって、中国のことに興味深く見守ってきた。中国人の密入国、台湾総統選挙、鄧小平の死去、香港返還、中国の世界貿易機構（WTO）加盟、小泉純一郎元首相による靖国神社参拝への中国の反発、教科書問題、中国主導の六ヶ国協議、日本企業の中国進出ブーム、北京五輪、チベット問題、新疆問題、冷凍餃子問題、ガス田開発問題、中国首脳の日本訪問、上海万博、東シナ海沖での漁船衝突事件、知的財産権、尖閣諸島（釣魚島）の国有化、反日デモ、PM2.5問題、アジアインフラ投資銀行（AIIB）の発足、南シナ海の島嶼をめぐる主権争いなど中国関連の話題がつぶさに取り上げられ、私は翻弄され続けてきた。

中国のことをこれだけ取り上げてくれたことに正直言うと感謝しなければならない。それと同時に、中国の重要性も浮き彫りになったと言えよう。しかし一方、報道の極端さ（偏り）に腹が立つことはしばしばあった。たとえば、北京の日本大使館前での小さな規模のデモでも日本のトップニュースになりうるが、日本の国会議事堂前での数万人にのぼるデモは報道しない、という大手紙もあった。また、中国の「段ボール包子」、温州高速鉄道衝突脱線事故、反日デモの映像を繰り返し放送されたが、身近な福島原発事故の報道は控えられたか「風評被害」として規制されているのだ。

2011年に日本の福島、宮城、岩手で大きな地震が発生し、1.5万人の犠牲者が出た。それにともなって、福島原発爆発事件が起きて、多くの方々が故郷を離れ、他の地域で生活せざるを得なかった。福島県の復興を願って、風評被害はなるべく最小限に抑えようという立場は十分に理解できるが、一方、被害に関する調査や研究の公表は規制されているように見える。こういう時期に国民の目を外にそらし、中国や北朝鮮を「笑いものにする」ネタを次から次へと報道し、いわゆる日本の「国難」を凌いできたと思われても仕方がない。

中国で経験したことである。天安門事件直後、学生によるデモが悪いという政府の偏った報道に私はあきれた。しばらく報道を見ないようにしていた。

恐ろしいことに、日本に来てからも似たようなことを経験している。テレビや新聞への反発なのかもしれないが、しばらくテレビを見ず、新聞を読まないようにしたのである。

　私の常識では報道の偏りをこのまま放置させてはならず、自分なりの「中国観」をまとめようと考え始めた。これはこの本を書くきっかけだった。2008年頃のことである。

　この本をまとめようとしたもう一つの理由は私の仕事柄と関係する。1998年大学院を修了してから非常勤講師として若い日本人学生に接してきている。学生諸君の質問に答え、またそれをヒントに物事を思慮、昇華させ、さらに論文として仕上げてきた。この本はこれまで掲載されてきた私の論文集でもある。

　2、中国の新シルクロード戦略：「一帯一路」構想の意味するもの

　いうまでもなく、私の問題関心の対象は新興国とくに中国であり、また中国と世界秩序との関係である。

　多言を要しないが、経済の高度成長にともなって、世界における中国のプレゼンスが大きくなる一方である。

　また、長い歴史、広い国土、多くの人口をもつということだけでも研究に値するが、中国は先進諸国と違って、実質的に共産党一党支配という政治体制を堅持するため、その「異様さ」を倍増させたのである。

　冷戦終焉後、旧ソ連の二の舞になるのではないかといわれた中国だが、国連の常任理事国として国際連合平和維持活動（PKO）に積極的に参加し、国際貿易組織（WTO）に加盟し、世界銀行、アジア開発銀行などの既存する国際秩序の維持、強化に貢献してきた。

　また、地球温暖化問題、イラン核問題、シリア内戦問題などにも積極的に取り組んできた。それとともに、変化する国際状況に応じて他の国々と一緒になって六ヶ国協議（SPT）の議長国として役割を果たし、北朝鮮問題の対応に尽力した。そのうえ、アフリカの貧困問題を緩和させるために、中国は世界銀行より多くの資金を提供している。

　また上海協力機構（SCO）の構築によって、中央アジア地域の安全保障に

役立っており、(ブラジル、ロシア、インド、中国をはじめとする) BRICSを立ち上げ、新興国の台頭を後押しした。近年、中国自身の経験を踏まえたうえで、欧州先進国を巻き込みながら、新たな国際組織——アジアインフラ投資銀行 (AIIB) を発足させた。AIIBの背景にあるのは中国が提起した「シルクロード経済ベルト」と「21世紀海上シルクロード (新シルクロード戦略:「一帯一路」構想)」という世界戦略である。これは中国西部と中央アジア・欧州を結ぶ「シルクロード経済帯」(一帯) と、中国と東南アジア・インド・アラビア半島・アフリカを結ぶ「21世紀海上シルクロード」(一路) の2つの地域でインフラ整備および経済・貿易関係を促進するというものだ。

こうした中国の振る舞いについて、賛否両論あることは事実だが、既存国際秩序に参加し、補強しながら、不足した部分を先頭に立って問題提起し、修正を加える大国の気概が見て取れよう。

三、中国へのアプローチ

日中両国民の相手国に対する印象

年	2005年	2006年	2007年	2008年	2009年	2010年	2011年	2012年	2013年	2014年	2015年
日本世論:良い印象	15.1%	14.6%	33.1%	24.4%	26.6%	27.3%	20.8%	15.6%	9.6%	6.8%	10.6%
日本世論:良くない印象	37.9%	36.4%	66.3%	75.6%	73.2%	72.0%	78.3%	84.3%	92.8%	93.0%	88.8%
中国世論:良い印象	62.9%	56.9%	36.5%	40.6%	32.6%	38.3%	28.6%	31.8%	3.2%	11.3%	21.4%
中国世論:良くない印象	11.6%	11.8%	27.3%	24.1%	65.2%	55.9%	65.9%	64.5%	90.1%	86.8%	78.3%

資料:特定非営利活動法人 言論NPO・中国国際出版集団による「第11回日中共同世論調査」結果、http://www.genron-npo.net/world/archives/6011.htmlより。

そういう意味で、中国へのアプローチは一層求められる。この本はいくつ

かの側面から中国への接近を試みた。

　第一に、日中関係について。

　日中関係は両国にとってともに最重要な国際関係の一つである。日中関係は2016年現在の段階で多くの中国人観光客が日本を訪れているが、良好な状態にあるわけではない。日中両国民の相手国に対する印象という世論調査結果を見ればわかるように、相手国に対する国民の好感度が2〜3割前後（日本は11.2％、中国は21.7％）に推移している（グラフ「日中両国民の相手国に対する印象」を参照されたい）[1]。

　日中関係がギクシャクしている理由には領土問題や歴史認識問題がある。また、2010年の「日中GDPの逆転」やアメリカの"役割"の変化も忘れてはならない。

　日中両国は近隣として長年にわたって付き合ってきた。したがって、目の前のことだけにとらわれず、もっと長いスパンで日中関係を見つめなおす必要があると私は前から言っている。そういう意味で、新世紀に入ってからの研究、とくに日中歴史共同研究という業績は大いに評価されるべきである[2]。なかなか歴史認識は一致しないが、日中双方の歩み寄りが見て取れるため、一歩前進だと思われる。

　しかし皮肉なことに、歴史共同研究に携わった歴史家たちは、いまそれぞれの国のナショナリズムに加担して相手国を批判しているようにも見える。いかにも奇妙な光景である。

　また、日中関係についてこれまで多くの研究がなされており[3]、「交流」という視点から日中関係にアプローチした研究もあった（中国側の研究が多くみられる）。しかし日中間は二千年にわたる交流の歴史があるが、近代においては「不幸な一時期（1895〜1945年）」と位置付けられるのが一般的である。

　「交流」とは互いに行き来すること、とくに、異なる地域・組織・系統の人々が行き来することなど、またその間でさまざまな物事のやりとりが行われること、という。つまり交流は必ずしもよいことを意味するとは限らない。したがって、交流という視点から日中間の歴史をとらえるならば、長い間は「友好」、近代の一時期は「不幸」と意味づけるのは、感情的に理解ができる

としても、冷静な結論とは程遠い。むしろ、私はそのいわゆる不幸な一時期も「交流」という視点から捉えるべきだと考える。第一章は、「交流」という視点を貫いて、日中関係を考え直してみた。

　第二に、国際情勢と日中関係について。

　繰り返すが、20世紀後半から今日までの世界の特徴はアメリカなどの先進諸国の衰退と中国などの新興国の台頭である。いうまでもなく、日本でよく知られるジョセフ・S・ナイ氏のような「アメリカの覇権は終わらない」という論者もいれば、中国で有名なデイビッド・シャンボー氏が言うように「まもなく中国の崩壊がやってくる」という専門家もいる。しかし、「終わらない」論は追い詰められた気がして、「やってくる」論はタイトルが編集者につけられたと後で著者は釈明に追われているほどである。

　アフガン戦争はともかく、石油のため、ブッシュ政権がイラク戦争を引き起こした。また今世紀最大の金融経済危機のぼっ発はアメリカという大国の生まれつきの病を端的に物語っている。世界はいまだにこの危機から抜け出していないし、中東地域の混乱も欧州に溢れた難民問題もイラク戦争と無関係ではない。

　先進国は衰退する一方、新興国は台頭してきた。G20もそうだし、BRICS（ブリックス）もそうである。新興国のなか、とくに中国は注目されている。金融経済危機をきっかけに、中国のGDPは欧州の雄・ドイツ、そしてアジアのナンバーワンだった日本を相次いで追い抜いて、世界二位の経済大国に躍り出た。いまは、世界のナンバーワン・アメリカを急追している。現に、購買力平価で見てみると、中国はすでに世界一の経済大国となっている。

　ちなみに、このたび、IMFによって中国人民元が国際主要通貨として認められたばかりであった。

　経済のグローバル化にともなって、中国の利権はとっくに世界中の至るところに存在するようになった。そのため、中国は海洋強国の構築を目指すと公言している。アメリカとの差は依然大きいとはいえ、軍事大国としての中国が生まれ変わろうとしている。

　また、これまで中国の台頭は経済発展と軍事膨張を中心に語られてきたが、

ソフトパワーについても注目するべきであろう。なぜなら、21世紀に入ってから、軍事力のようなハードパワーのみでなく、価値観や説得力などのようなソフトパワーをも求められているからだ。

第二章は中国の対台湾政策の転換、SCO（上海協力機構）の創設やBRICSにおいての役割、そして大国の再興と世界の責任にわけて中国のソフトパワーを考えたい。

日中関係をどう見るかは人によって違う。私は、日中関係は国際関係の重要な部分ではあるが、やはり国際情勢に大きく影響される側面に注目し、日中関係を再検討した。

第三に、中国と民主主義の関係について。

台頭してきた中国を「チャンス」と捉えるか、それとも「脅威」と捉えるかは意見の分かれるところだが[6]、それ以前に中国とは何なのかという基本的な問題を見つめなおす必要があると私は考える。

現状として、いわゆる欧米化、あるいは近代化という視点から中国の政治体制を批判する声は多く、長い歴史と関連付けて中国の政治体制を分析する研究者が足りないように思う。もちろん、中国自身も改革開放政策を取り入れた関係で大きく変わった。また、李克強首相は改革が最大のボーナスと喝破したため、中国もやがて西側諸国と同様、民主主義になると思われがちだが、誤解であると言わざるを得ない。

中国の指導者は「三権分立を取り入れない」と公言しているだけでなく、いわゆる民主化は中国の歴史や伝統にも背くものである。したがって、従来の研究に似たような過ちを再び犯さないため、欧米化ではなく、「中国化」、つまり中国の視点から中国にアプローチすることが求められる[7]。

たとえば、1978年から中国が資本主義社会に突入したという論調が支配的になっているが、本当は資本主義的な側面と社会主義的な側面の両方をミックスしたものだと私は思う。つまり、変わった部分に注目するが、変わっていない部分を無視するというのがこれまでの研究の一つの欠陥だったと言えよう。

また、中国は複雑であり、発展もしている。ゆえに、なかなか中国の現状

をトータルで正確に把握することは難しく、中国への展望も混沌しており、多くの研究はいわゆる群盲象を評すというレベルのものから脱出していないのである。

　たとえば、中国の問題として格差がよく取り上げられる。私も格差の問題があって、中国政府は真剣に取り組んでほしいものである。しかし、それは問題の一面に過ぎない。平等だったが、貧しかった毛沢東時代に比較すれば、今日の中国社会はたしかに不平等になったが、逆に言うと、それは一部の地域や一部の人が豊かになった証でもある。したがって、格差は容認しないが、洪水や猛獣の如く問題視する必要がない。なぜなら、格差があるからこそ、発展を遂げてきたという側面もあるからである。

　また常識からすると、民主主義はよいものだ。日本をはじめ先進諸国はもちろんのこと、中国のような国でも、民主主義はよいものだという主張が出ているし、五・四運動のような民主主義の伝統もある。現に、民主主義と経済発展を関連付けて、民主主義の「大義名分」が喧伝されてきた。

　しかし、民主主義が「正義」だとしても、やはり真実の半分に過ぎない。近年、民主主義諸国の姿を見ればわかるように、問題が少なくない。要するに、「民主主義」の「善のところ」のみでなく、「悪の部分」もきちんと見るべきだということである。先進国のような成功した民主主義国がある一方、失敗した民主主義国も多くある。

　結局、制度がよくても、その国の事情に合わなければうまくいかないのである。中国は大躍進運動、文化大革命、天安門事件を経験したが、旧ソ連やアラブの春の二の舞にならずに済んだ。中国の台頭は世界範囲で民主主義にノーと突きつけた格好である。

　いずれにしても、第三章は民主主義の是非、民主主義を相対化する中国の歴史と伝統、中国の政治体制およびその課題にわけて整理した。

　第四に、中台関係について。

　台湾問題とは何か。それは、台湾は中国の一部なのか、それとも独立国なのかということである。中国の立場からすれば、中国は一つであり、台湾は中国の一部である、ということになる。ちなみに、日本政府は「この中国の

立場を十分理解し、尊重する」と約束している[11]。では、台湾は中国との関係をどう見ているか。

　国民党は中国共産党の立場に近く、中国は一つだと考えるが、しかしその一つの中国とは中華民国であって、中華人民共和国ではないのだ。すなわち、国民党と共産党は「一中各表」つまり一つの中国について両党は合意しているが、しかし一つの中国の中身は中華民国か中華人民共和国との違いがあるのである（「九二共識」・1992年合意）。

　忘れてならないのは、台湾にもう一つ力ある政党があって、それが民進党である。この民進党はかつて2000〜2008年の間、台湾の政権与党だった。また、2016年から2020年までに蔡英文女史のもとで、政権与党として役割を果たしていく。なお、民進党は国民党と違って、党の綱領に「台湾共和国」という独立国としてその成立を目指すと書いてある（「台独綱領」）。したがって、かりにかつての台湾問題は国共内戦の産物であるとしても、民主化した今日の台湾は違う意味をもつようになったと言わざるを得ない。

　いずれにせよ、第四章は21世紀に入ってからの最初の十年間の中台関係を扱った。日本人の立場で中台関係を考察した研究はあるが、私は主に中国の視点より、《反国家分裂法》の制定から《中台経済協力枠組協定》の締結まで、つまり中台対立から関係緩和・経済協力へとのプロセスを通して中台関係の変化を整理し、まとめた。

　第五に、中国と日米同盟について。

　日本では日米同盟はアジアの公共財と言われる。たしかに、日本やアメリカの立場からすれば、その通りである。したがって、戦後、政権は変わってきたが、日本政府は日米同盟を日本外交の軸としてきており、国民からもおおむね理解されていると思われる。

　では、中国はいったいこの日米同盟をどう見るのか。興味深い課題であるため、これまで多くの研究がなされてきた。先行研究を踏まえ、私なりに整理すれば、こうなる。それは取り巻く環境にもよるが、戦後、中国は日米同盟を容認しなかったり、容認したりしてきた。

　一方、新疆・チベット、台湾以外に、近年、中国は新たに東シナ海、南シ

ナ海を「核心的利益」として、領有権主張を強めている。このような主張は日本や南シナ海関係国と一致しないため、日米などから反発を呼んでいる。

また、日米両国は日米同盟を強化してきたとはいえ、国益からすれば、両国は必ずしもすべての分野において一致するわけではない。加えて、中国が台頭してきた関係で、日米同盟は新たなチャレンジに直面していると言える。

アメリカは世界のナンバーワンの地位を譲らないが、しかし永遠に世界の覇者のままではいられない。それでも、自身の地位の相対的衰退を、同盟国との関係を強化することによってなんとか防ごうと懸命である。

日本は数十年を「失った」からと言って、平凡な国になったわけではない。力強い安倍晋三首相の復活を見ればわかるように、中国の軍拡を口実に「普通の国」に邁進している。ポイントは平和憲法を改めることである。

中国はやがて世界一の大国になる。経済にしても、軍事にしても、科学技術にしても。少なくとも、それは中国の目標である。いうまでもなく、そこまでたどり着くのに多くのエネルギーも必要だし、多くのハードルをクリアしてゆかねばならない。当面は日米同盟といかに渡り合えるかが問題となる。

最後に、書評二本を付け加えた。

まず1本目は「鄧小平秘録を読む」である。

『鄧小平秘録』は著者・伊藤正氏が言う通り、現代中国史だ。これは私の専門や興味にぴったりであり、読んでいくうちに、引き付けられたところは数多くあった。そこで中国語に翻訳していた。そして「書評として書いてくれないか」という依頼があった。結果から言うと、神田外語大学の国際社会研究という雑誌の創刊号に掲載されたものである。

2本目は『鄧小平と中国の変革』である。

これはエズラ・F・ヴォーゲル氏の代表作である。

ここ数年、とくに2012年、日本政府は尖閣諸島(「釣魚島」)の国有化をきっかけに、中国政府は反発し、日中関係が一気に悪化してしまった。大学で中国研究というゼミをもっているが、日本人や、中国人ではなく、第三国の人が書いた本をゼミ生とともに読んでいる。後に、まとめたのがこの書評だった。『鄧小平秘録』を著す伊藤氏はジャーナリストであり、『鄧小平と中国

の変革』を書いたエズラ氏は学者である。そうした違いを承知したうえで、あえて日米インテリの中国観を比較してみた。

本書の初出論文は、下記のとおりである。

第1章、「私が見た日中関係」、『白鷗大学論集』第24巻第1号、2009年9月。

第2章、「国際情勢と日中関係」、同上、第24巻第2号、2010年年3月。

第3章、「『反国家分裂法』の制定から『経済協力協定』の締結までの中台関係」、同上、第26巻第1号、2011年9月。

第4章、「民主主義を相対化する中国」、同上、第25巻第1号、2010年9月。

第5章、「中国が見た日米同盟」、『白鷗ビジネスレビュー』、Vol.24、No.2、2015年3月。

付録1、「鄧小平秘録を読む」、神田外語大学『国際社会研究創刊号』、2010年10月。

付録2、「鄧小平と中国の変革」、前掲『白鷗大学論集』、第30巻第2号、2016年3月。

第1、2、4、5章のもとは講演録である。第3章は書下ろし。その間、八年間の間隔があった（2009年から2016年まで）。ちょうどアメリカ発の金融経済危機がぼっ発した直後であって、百年に一度と言われる資本主義体制が深刻な危機に直面した時だった。一方、いわゆる先進諸国と違って中国の発展が目覚ましかった。2016年現在、国際情勢が大きく変わった。そのため、以前に書いた文章を修正しなければならなかった。しかし一方、なるべく発表当時のままにしておくという願望もあったため、書き直しは必要最小限にとどめた。

最後になるが、この本を出版するにあたり、多くの方々に感謝の意を表したい。

白鷗大学名誉教授樋口兼次先生に公私両面から大変お世話になった。先生とのお付き合いはもう25年になるが、人生の師であり、友人でもある先生から多くのことを学べた。共同研究にしても、日々の生活にしてもいろいろ教えて下さり、人間成長として欠かせないものとなった。私は外国人というこ

ともあって、言葉の壁や考えの不一致などがあるなか、良く理解していただいた。また、私生活についても、何回か先生を怒らせていたが、逆に「君子は和して同ぜず（「君子和而不同」、『論語 子路篇』）」と言って下さり、先生の器の大きさに感動した。先生がおられなかったら、私は違う人生を歩まざるを得なかったかもしれない。本当に心より篤く御礼を申し上げる。なお、校正にあたり本書を通読されたことを深く感謝する。言うまでもなく、本書のすべての責任は私にある。もう定年されたが、お元気でご活躍されますようにお祈りしたい。

　すでにあの世に行れた中島敬さんのことに言及しなければならない。およそ30年ぐらい前になるが、私はまだ中国のある大学院生だった。ある日、研究科の先生たちとともに、日本から留学しに来た方と会った。中島敬さんであった。ご専門は日本現代史だが、中国のことに興味があって、そして、中国語が上手で、われわれの会話はすべて中国語で行われるほどであった。

　知りあいになってから、中島さんは常にわたしたちが住んでいた院生宿舎を訪れていた。その際、学問のことはさておいて、雑談の方が楽しかった。とくに彼は酒ずきということで、すぐに親友のようになった。

　話がとぶが、1989年に衝撃的な天安門事件が起きたのは周知のとおりである。わたしたち院生は、昼はデモ行進を行ったが、夕方になりデモ隊がキャンパスに戻ると、中島さんは情報を聴きにやってくる。なお、それまで見たこともない成人雑誌をもってきて、見せてくれた。ショックであった。この年に起きたいくつかの事件はまさに「衝撃」の連続だった。

　1991年、私はすでに大学教員になった。中島さんは帰国前、私に「日本留学しないか」とさそった。日本語がわからなかったので、ためらったが、最終的に日本留学を決断した。これをきっかけに樋口兼次先生とめぐりあったのだ。

　ちなみに、中島さんは2012年冬に亡くなったが、病名は不明。詳細を聞きに警察に行ったが、身内でないため、教えてくれなかった。彼は生涯独身で、身内がいなかった。その年の春から夏にかけて、授業のない日を使って「ゴミ置き場」と変わった彼の部屋を掃除させてもらった。15年ぶりの掃除だっ

た。45リットルのゴミ袋で百ぐらいのゴミを部屋からもちだした。姿を現した椅子に腰を掛けながら「句多朋友」と中島さんは言った。亡くなる約三ヶ月前のことであった。

　また、神田外語大学の高杉忠明教授にも厚く御礼を申し上げたい。米田裕之氏のご紹介で先生とお知り合いになったが、2008年、大学非常勤講師の仕事をご紹介下さった。青山学院大学、白鷗大学に次ぐ三つ目の非常勤講師のお仕事であった。この年、あいにくアメリカ発の世界的金融経済危機に見舞われた大変な時期だっただけに、私は逆に救われた気がした。

　米田氏はアルバイト先で知りあった方である。2002年に博士論文を出版したが、来日からの「苦行」の始まりだったと後で気が付いた。非常勤講師だけでは食べていけないため、アルバイトを探さなければならなかった。幸運にも、東京葛西にある専門学校で講師をしていくうちに、海外研修の仕事をされていた米田氏と出会ったのだ。ちなみに、米田氏ご一家とは今もおつきあいさせていただいている間柄である。

　また、大東文化大学内田知行教授に感謝したい。「少なくとも、年に１本は書くように」と20年前に忠告されたことはいまだに忘れられない。内心忸怩たるものがあるが、励ましてくださったことをありがたく思っている。

　また、６年前になるが、白鷗大学教授黒田勉先生から「民主主義を相対化する中国」という拙稿へのご意見を頂戴した。この本は先生のご意見に答えられないかもしれないが、鞭撻されたことを心から感謝の意を表したい。

　また、恩師・青山学院大学奥崎裕司名誉教授、東京経済大学村上勝彦名誉教授、早稲田大学天児慧教授、信州大学久保亨教授、駿河台大学井上久士教授、日本女子大学久保田文次名誉教授などの先生方からのご指導と叱咤激励を忘れられない。厚く御礼を申し上げる。

　また、阪田恵子氏は青山学院大学時代の教え子だったが、人生においては、私の先輩である。仕事柄、文章を書くが、日本語に自信がない。そこで、阪田氏にいつも添削していただいた。本当に大変お世話になり、感謝の意を重ねて表明する次第である。

　また、私のゼミ生の皆さんなど多くの方々に支えられていた。それがなけ

れば、この本を「世を問う」ことはなかった。皆様に感謝の一言に尽きる。

　Jason Bellmy氏にもお礼を申し上げる。氏とは1992年からの友人で、一方的にお世話になっている方である。心より感謝の意を表する。

　時潮社の相良景行社長には出版を快諾され、編集部の山田修さんには大変お世話になった。

　なお、ネット上にある関連資料も注として記した以外に、明示していないものもあった。あわせて関係する各位に深く感謝の意を表する。

　本書は平成28年度白鷗大学学術出版助成金を受けた。

　2016年10月

　　　　　　　　　　　　　　　　　　　　　　　　　　　　范　力

注
1）特定非営利活動法人 言論NPO・中国国際出版集団による「第11回日中共同世論調査」結果（2015年10月21日）。ちなみに、同「第12回日中共同世論調査」結果もこのたび発表された（2016年9月23日）。あわせて参照されたい。
2）北岡伸一・歩平編『「日中歴史共同研究」報告書』第1巻　古代・中近世篇と同第2巻　近現代史篇、勉成出版、2014年を参照されたい。
3）近年の研究成果として前掲北岡伸一他編『日中歴史共同研究』報告書、第1巻、古代・中近世編、第2巻、近現代史編以外に、国分良成他『日中関係史』有斐閣アルマ、2013年や中国社会科学院日本研究所『日本学刊』編集部編『中日熱点問題研究』中国社会科学出版社、2015年などがある。
4）ジョセフ・S・ナイ著・村井浩紀訳『アメリカの世紀は終わらない』日本経済新聞出版社、2015年。
5）The Coming Chinese Crackup By David Shambaugh, WSJ, Mar. 10, 2015. (David Shannbaugh) デイビッド・シャンボー「終えんに向かい始めた中国共産党」をも参照されたい。ちなみに、デイビッド・シャンボーはジョージワシントン大学の国際関係の教授で中国政策プログラムのディレクター。また、ブルッキングス研究所のシニアフェローも務める。China's Communist Party: Atrophy and Adaptation, University of California Press, 2009とChina Goes Global: The Partial Power, Oxford University Press, 2014などをも参照されたい。
6）森本敏編『ミサイル防衛──新しい安全保障の構図』日本国際問題研究所、

2007年や天児慧編著『中国は脅威か』勁草書房、1997年などを参照されたい。
7）世界的にベストセラーとなったMartin Jacques, When China Rules the World: The End of the Western World and the Birth of a New Global Order, Penguin Books, 2009は一読に値する著書である。また、Ezra F・Vogel, Deng Xiaoping and the Transformation of China, the Belknap, Press of Harvard University Press, 2011も良書であるため参照されたい。
8）Francis Fukuyama, the End of History and the Last Man, Free Press, 2006や兪可平著・末浪靖司訳『中国は民主主義に向かう　共産党幹部学者の提言』かもがわ出版、2009年と「民主是個好東西」、『人民網』、2006年12月28日などを参照されたい。
9）唐亮『変貌する中国政治　漸進路線と民主化』東京大学出版会、2001年などを参照されたい。
10）宋魯鄭「張千帆VS張維為：西方民主還是中国模式」、2015年7月18日、同「唯有中国制度才有未来」、2016年1月2日、博聯社　http://home.blshe.com/blog.php?username=songluzheng。また、What's gone wrong with democracy, the Economist, Mar., 2. 2014などをも参照されたい。
11）1972年9月29日《日中共同声明》第三項。

第一章　私から見た日中関係——5つの交流

はじめに

　今日の日中関係は最重要な国際関係ではないが、二番目に重要な国際関係だと日本の外交専門家・岡本行夫は言う。なぜならば、日中両国は対米関係が最も重要な国際関係であるからだ。正論である。戦後の日米関係は同盟関係である。日本にとっては、政治、経済にしても、外交にしても、戦後長い間、この観点が成立してきた。中国にとって、中米関係は同盟関係ではないにしても、アメリカとは多くの分野で、交流すべき最も重要な国であることに変わりはない。

　しかし、日米関係は日中関係を規定するが、逆に日中関係の展開によって、中米関係の発展が促進されるということもありうる。たとえば、日本と中国は近隣にもかかわらず、現代の日中関係は1972年から始まったということからもわかるように、中米関係の影響を受けている。一方、ニクソン・アメリカ大統領の中国訪問は「ショック」だといわれるが、遅れた日中国交の回復（1972年9月）が逆に中米関係の正常化（1979年1月）を促した側面もあるという指摘もある。[1]

　実際、アメリカと付き合う以前に、大昔から、日中関係はすでに存在していた。日本にとっての日中関係はかつて最も重要な時期もあったし（たとえば前近代）、中国にも同じことが言える時期があった（たとえば、近代）。そして、国交が回復してからの日中関係はますます複雑な様相を呈して来ている。

　本稿はこれまでの日中関係を振り返りながら、私なりにそれを整理したものである。ちなみに、本稿は近代まで、近代、現代、今日の四時期にわけて日中関係を考える。そして、本稿を通じて、問題を提起するとともに、解決策を提示したい。

一、近代までの日中関係——平和交流

　日本も中国もともに歴史が長い国同士である。日本に来てから、中国は三千年もの歴史があるとよく言われる。私の理解ではこの三千年というのは恐らく中国の文明史を指すと思う。中国には四千年とか五千年とかいろいろな説があるが、古代四大文明の一つという言い方もあるようにとにかく歴史が長い。その間、いろいろなできごとがあった。日中関係に限っていくつか整理したいと思う。

　１、始皇帝と羽田孜
　2016年誕生した日本の民進党の前身は民主党だった。その民主党のなかに羽田孜という人物がいて日本の元首相である。
　在任期間は1994年４月28日から同６月30日まで、２ヶ月ちょっと短かったが、日本の首相であった。彼の選挙区は長野県だが、この間、息子を連れて中国（江蘇省贛楡縣、徐福の故郷）に行ってきた。日本人はいろいろなところを観光したりするため、特別なことではない。しかし、驚いたことは、それを里帰りと本人が言っていたことだった。
　彼によると、自分は秦の始皇帝の子孫だという。日本語ではこの「秦」という文字の読み方は「ハタ」である。たしかに「羽田」の発音と同じである。実際、彼は「秦」と「羽田」の関係をこう言っている。[2]

　　もともとは東京・蒲田の生まれですから、都会育ちだったのですよ（笑）。小学校のときに長野に疎開して、中学まで信州にいました。それから東京の成城学園に入った。でも、やっぱりふるさとと言われて思い浮かぶのは信州ですね。最初は上田市に疎開して、戦争が激化したので、さらに山の中、峠の近くにある村に行きました。当時は和田村といいまして、そこが羽田一族の出身地なのです。もともと羽田というのは秦と書いていたそうです。古いお墓や位牌を見ても、そう書いてあります。400年ぐらい前だそうですが、あの武田信玄が信州を攻めたときに、うちの祖先は攻められ

第一章　私から見た日中関係——5つの交流

た側の家老をやっていたらしいです。しかし負けてしまった。隠れなくてはいけない、後々まで名前を残してはいけないということで、名字の字を変えたのだと聞きました。

たしかに、「長生不老」の「霊薬」を見つけるために、始皇帝は男女3,000名を「蓬萊閣」に送り込んだという『史記』の記録がある。筆者が読んだ日本語で書かれた氏名辞典などにも、それと矛盾する記述は見られない。渡来人という表現も日本にはある。また、今日の中国から日本への定住や永住などをあわせて考えると、日中両国の交流は大昔にさかのぼることができる。そういう意味で、羽田孜が始皇帝の子孫（徐福）の係累である可能性はおそらく否定できないと思われる。

2、楊貴妃と遣唐使

中国が始めて統一された時、日中間の交流は中国から日本へという一方的なものであったのに対して、唐（紀元618～907年）になると、双方向の交流となったということができる。

国民党は中国大陸を二十年しか統治できず、共産党も政権掌握から六十年しか経っていない。それに比べると、三百年弱も中国を支配できる唐王朝のパワーに脱帽せざるを得ない。周知のように、唐は代表的な中国の王朝の一つである。

よく知られる世界の三大美女の一人たる楊貴妃（719～756年）はこの唐の玄宗という皇帝の妃だった。安史の乱を引き起こしたため、自殺を命じられたが、人に助けられ、日本に亡命したとの伝説が存在し、山口県には彼女の墓があるほどだ。

いうまでもなく楊貴妃は日本に来た事実はないが、日中間で人的往来は唐の時代に盛んに行われていたことを物語っている。

阿倍仲麻呂（中国語名「晁衡」）はいわゆる日本からの遣唐使の一人であった。彼は、唐で科挙に合格し、高官を歴任していた。彼は最後に長安で亡くなった。私は大学生だった頃、陝西省西安を旅行したとき、興慶宮公園の中

25

で彼の墳墓を見かけた記憶がある。

一方、中国の鑑真和尚がさまざまな困難を克服して日本に渡ってきたこともよく知られたストーリーである。

唐は今で言う先進国であった。したがって、遣唐使の主な目的は唐の先進文化の摂取であり、渡来人はさまざまな知識を伝播していた。これらには、漢字、儒学、道教、仏教などが含まれる。

3、離婚の規定から見た日中関係

阿倍をはじめとする遣唐使の人々は唐の都長安に行って、唐の制度、文字、文化、建築様式などを学んでいた。

奈良時代（710～794年）の日本人の服飾は唐の影響を受けたと言われている。また、京都の建物の中で、中国の建物の影響を受けたものもある。なお、離婚制度もほぼそのまま唐から取り入れたのだ。

たとえば、651年、唐の時代の法令に当たる「唐令」が制定された。そのなかで、離婚に関する規定で、妻における七つの条件が次のように示されている[7]。

①、子がなく
②、みだらである
③、しゅうとによくつかえない
④、おしゃべりである
⑤、盗みぐせがある
⑥、しっと深い
⑦、悪い病気がある

50年後、日本はその唐令に基づいて、「大宝律令」を制定した。内容は唐令をほぼそのまま取り入れた。ただ、第七条はあまりにもひどかったため、それをはずしていたという[8]。

大宝律令は、飛鳥時代の701年（大宝１年）に制定された律令政治の基本

法である。文武天皇の命令で、刑部親王・藤原不比等らが唐の法律を参考にしながら、日本の実情に合うように編集した。そのうち、律は1巻で、令は11巻である。

この大宝律令は日本最初の完備した法律であり、それによって、天皇中心の中央集権国家の体制がかたまったという。律令とは、東アジアでみられる法体系である。律は刑罰法令、令は律以外の法令（主に行政法）に相当する。

いずれにしても、日本は中国の国家制度などをモデルとしていたことがわかる。いうまでもなく、日本はただ単に中国の文化を吸収するのみでなく、それを変えたり、つくりなおしたりもした。たとえば、仮名の成立、道教の改革などがあげられる。

要するに、日中両国間は大昔から深い交流があった。きわめて乱暴なまとめ方をすれば、次の通りである。すなわち、近代までの日中関係の特徴は日本が中国に学ぶということだった。当然ながら、日本の現状に合わせて、古代中国の先行例を取り入れ、あるいはつくりなおしたりもしたが、中国の文化を学習するということに変わりはなかった。いまの表現を借りると、それは、日本は途上国であって、中国は先進国だったということになるかと思う。その間、白村江の戦い（663年）や元寇来襲（1274年、1281年）と言った出来事もあったが、おおざっぱに言うと、平和交流が主流だったということができよう。

二、近代の日中関係——"戦争交流"

1、近代における日中交流

近代までの日中関係の主流は平和交流だったことを述べた。実は近代に入ってからも、日中間での平和交流は続いた。

たとえば、中国人の日本留学は1896年、つまり日清戦争が終結した翌年から始まり、瞬く間に留学生は1万人にのぼった（8千人説、1.2万人説など諸説ある）。日中両国の力の関係の逆転の瞬間だった。留学生たちは日本のことあるいは日本を通じて欧米のことを学ぼうとした。これはのちの中国社会の変動をもたらし、そして清王朝を崩壊させた辛亥革命にもつながった。

日本語・中国語の同形語の内訳

ＨＳＫ	同形語／二字語総数	同形語／三字語総数	同形語／四字語総数	同形語／複合語総数	％
甲級詞	320／546	4／13	0／2	324／561	57.8
乙級詞	878／1359	23／66	1／5	902／1430	63.1
丙級詞	939／1641	17／76	7／33	963／1750	55.0
丁級詞	1515／2837	58／115	17／145	1590／3097	51.3
合　計	3653／6383	102／270	25／185	3778／6838	55.0

説明：「甲、乙、丙、丁」は以前の語彙基準であり、最も基本的なレベルから次第に難しくなる等級を示している。

資料：沈国威「近代における日中語彙交流について」、内田慶市他編『東アジアの言語・文化・芸術』丸善出版、2011年、303ページの表より。ただし、2009年以降実施されているのはHSK（「新漢語水平考試」）。新しい中国語検定試験では、試験が級別になり、大綱の中に、各級の目安となる語彙が示されている。語彙数については1級：150語程度、2級：300語程度、3級：600語程度、4級：1200語程度、5級：2500語程度、6級：5000語以上。原田寿美子「新HSK試験の級別基準語彙について――1級から3級語彙を中心に――」、『名古屋学院大学論集・言語・文化編』第25巻第2号、2014年3月、111～140ページなどを参照されたい。

　交流はさまざまな形で社会や文化に影響を与えていた。中国も日本も、漢字を使う漢字圏に属する。漢字は非常に重要な役割を果たしている。中国文明の歴史は文字の歴史である。漢字はまず中国でつくられ、後に日本に伝わったことは先ほど述べた。一方、近代に入ってから、日本人も多くの漢字表現（新漢語）を作り出して、中国に伝わっていった。

　中国では、外国人に対する中国語教育で必要とされる語彙は5,000語以上にのぼるが、そのうち、日中同形語は半分以上を占めるという研究がある。また、やや古い基準になるが、甲級という最も基本的なレベルの語彙のなかでは同形語は約57％であり、学校教育や書物に用いられる言葉が中心である乙級では約63％に達していると言われる（「日本語・中国語の同形語の内訳」を参照されたい）。

　また、中国側の研究によると、純粋な日本語（日本語に元から存在し、しかも漢字で欧米語彙要素を翻訳したものでない日本語の単語）をルーツとする現代中国語の外来語だけでも以下のものがある[11]。

第一章　私から見た日中関係——５つの交流

中国語・拼音（日本語・発音）	中国語・拼音（日本語・発音）
场合changhe（場合ばあい）	表现biaoxian（表現ひょうげん）
场面changmian（場面ばめん）	一览表yilanbiao（一覧表いちらんぴょう）
场所changsuo（場所ばしょ）	人力车renliche（人力車じんりきしゃ）
便所biansuo（便所べんじょ）	解决jiejue（解決かいけつ）
备品beipin（備品びひん）	经验jingyan（経験けいけん）
武士道wushidao（武士道ぶしどう）	权威quanwei（権威けんい）
舞台wutai（舞台ぶたい）	希望xiwang（希望きぼう）
储蓄chuxu（貯蓄ちょちく）	勤务（勤務きんむ）
调制tiaozhi（調製ちょうせい）	记录jilu（記録きろく）
大本营dabenying（大本営だいほんえい）	个别gebie（個別こべつ）
道具daoju（道具どうぐ）	交换jiaohuan（交換こうかん）
不景气bujingqi（不景気ふけいき）	克服kefu（克服こくふく）
服从fucong（服従ふくじゅう）	故障guzhang（故障こしょう）
服务fuwu（服務ふくむ）	交通jiaotong（交通こうつう）
复写fuxie（複写ふくしゃ）	共同gongtong（共同きょうどう）
副食fushi（副食ふくしょく）	距离juli（距離きょり）
复习fuxi（復習ふくしゅう）	命令mingling（命令めいれい）
吉他jita（下駄げた）	身分shenfen（身分みぶん）
破门pomen（破門はもん）	见习jianxi（見習みならい）
派出所paichusuo（派出所はしゅつじょ）	美浓纸meinonzhi（美濃紙みのがみ）
必要biyao（必要ひつよう）	目标mubiao（目標もくひょう）
保健baojian（保健ほけん）	处女作chunvzuo（処女作しょじょさく）
方针fangzhen（方針ほうしん）	处刑chuxing（処刑しょけい）
内服neifu（内服ないふく）	集团jituan（集団しゅうだん）
内用neiyong（内用ないよう）	宗教zongjiao（宗教しゅうきょう）
内容neirong（内容ないよう）	出席chuxi（出席しゅっせき）
认可renke（認可にんか）	总计zongji（総計そうけい）
玩具wanju（玩具がんぐ）	仓库cangku（倉庫そうこ）
例外liwai（例外れいがい）	想像xiangxiang（想像そうぞう）
联想lianxiang（連想れんそう）	体验tiyan（体験たいけん）
浪人langren（浪人ろうにん）	退却tuique（退却たいきゃく）
作物zuowu（作物さくもつ）	但书danshu（但書ただしがき）
作战zuozhan（作戦さくせん）	停战tingzhan（停戦ていせん）
三轮车sanlunche（三輪車さんりんしゃ）	展开zhankai（展開てんかい）
请求qingqiu（請求せいきゅう）	手续shouxu（手続てつづき）
接近jiejin（接近せっきん）	特别tebie（特別とくべつ）
说教shuojiao（説教せっきょう）	特殊teshu（特殊とくしゅ）
节约jieyue（節約せつやく）	取缔qudi（取締とりしまり）
支部zhibu（支部しぶ）	打消daxiao（打消うちけし）
支配zhipei（支配しはい）	话题huati（話題わだい）
市场shichang（市場しじょう、いちば）	要素yaosu（要素ようそ）

执行zhixing（執行しっこう） 侵害qinhai（侵害しんがい） 申请shenqing（申請しんせい） 支点zhidian（支点してん） 初步chubu（初歩しょほ）	要点yaodian（要点ようてん） 症状zhengzhunag（症状しょうじょう） 化妆品huazhuangpin（化粧品けしょうひん）

資料：高名凱他著・鳥井克之訳『現代中国における外来語研究』関西大学出版部、1988年、104～106ページより作成。

　また、社会主義用語は明治期において形成されていたことも学者の研究によって明らかにされている。ちなみに、中国でよく使われている「電視」（テレビ）も和製漢語という研究が出ているのである。[12]

　ではなぜ、これほどまでに共通の字形をもつ語彙が存在するであろうか。最大の原因は、日本が中国語から漢字、漢語を大量に借用し、今日に至っているからである。一般の国語辞典でも、漢語の占める割合は約二割強にのぼるという研究がある（後述）。

　ちなみに、日本語になった中国語は、儒教経典や仏教用語などからきたものが多い。[13] たとえば、日本語になった一部の仏教用語を示すと次の通りである。

日本語になった仏教用語の一部

意識、玄関、縁起、和尚、帰依、因縁、経典、観音菩薩、懺悔、極楽、大師、悟り、在家、有頂天、三昧、空、地位、境界、開化、肉眼、四苦八苦、世界、無縁、勝利、忍、講師、精進、邪魔、火車、信、光明、覚悟、未曾有、貪欲、歓喜、作業、声明、開示、合掌、流通、食堂、寿命、恩、自然、微妙、畜生、悪魔、飛行、自由、道教、寺、雪山、道具、安心、名利、実際、演説、慢、極楽、共同、唯我独尊、遊戯、業、博士、養育、宗教、縁起、下品、慈悲、菩薩、変化、方便、利益、名声、大事、転生、無常、地獄、更生、出家、出生など。

資料：宮坂宥勝著『仏教用語事典』筑摩書房、1993年や大谷大学HPなどを参照されたい。

　周知のように、明治維新後、日本は欧米の進んだ文物、制度に接し、いち早くこれを取り入れ、近代国家への移行を図ろうと、必死に努力した。欧米諸国へ留学生を送る一方、国内では科学技術や政治、経済、社会制度などに関する多くの書籍が翻訳されていた。

第一章　私から見た日中関係──5つの交流

　当然、その際、これまでに見たことも考えたこともない新しい事物や概念にぶつかり、いかに日本語に翻訳するか大変苦労していたと考えられる。彼らはその時、昨今のように簡単にカタカナで置き換えるのではなく、漢字を使って新しい表現を作り出した。
　economicsを「経済学」と訳し、policyを「政策」とした。そして、それらを日本語の語彙として定着させた。「代表」「自治」「民主」「独占」「資本」「現実」「原則」「否定」「議会」「義務」「否認」などなど、いずれもこの時期に意訳された新漢語であった。
　おりしも中国は清朝末期にあたり、多くの留学生を日本に派遣し、日本を通じて欧米の進んだ科学技術を一生懸命学ぼうとした。中国人留学生は日本語を学び、これらの新漢語を、またそれによって表す新概念を、中国へともたらした。
　日本から逆輸入されたこうした表現は、したがって、近代の学問分野や社会制度、経済などに関するものが多かった。ここからもわかるように、現代中国語のなかで、重要な、よく使う基本的な語彙が、日本語から取り入れたものだった。しかし、いまの多くの中国人は、これらは外来語だとは意識していない。それほど中国語の中に融け込んでいるのである。ちなみに、日中同形異義語、つまり見た目は同じでも、意味は違うものも数多く存在する[14]。
　現代漢語は日本人と中国人によって共同でつくられたものである。近代における日中間の交流が漢字の新しい表現というか新しい漢語を定着させた役割は大である。現代の日本、中国で、使用される漢語の実態を調査した研究によると、同形語のうち、68％が中国古典を典拠とし、27％が日本製という[15]。全体的に中国の漢語力の強さを示すが、軍事用語と経済用語では近代日本の造語が多くなる。このことはアジアにおける日本の軍事力と経済力の成長を言葉の面で示している[16]。
　言葉自身が人々、あるいは社会の思想を想定し、制限しているという点において、現代中国の形成に日本が成した貢献は計り知れないという見解は納得がいくのである。
　この時期については、文字の逆輸入以外に、孫文と日本との関係にも触れ

31

る必要がある。中国では孫文を知る人が多くないが、孫中山なら、知らない人がいないほど有名人である。台湾も中国大陸も孫中山のことを尊敬する人が多い。彼の名前はなぜ孫中山になったかについて、いろいろ説があるが、そのうちの一つは次のようなものである。

彼が日本亡命時代に住んでいた所の近くに、「中山」という邸宅があり、彼はその字を気に入り、孫中山と号すようになった。「中山家」は由緒ある公家の家柄であり、明治天皇の母の生家にあたる。ちなみに、現在中国や台湾にある「中山大学」、「中山公園」、「中山路」など「中山」がつく地名などは孫文の字に由来している。

重要なのはこの孫中山は東京で中国同盟会を組織し（1905年）[17]、そのもとで、清王朝を崩壊させたということである。ちなみに中国同盟会は、いま台湾の中国国民党の前身である。

なお、孫中山は日本で宋慶齢という若い女性と知り合って、やがて二人は夫婦となった。宋慶齢はのちに中国の国家名誉主席になった人物である。慶齢の妹・美齢は数年前に米国で亡くなった国民党の元指導者蒋介石の夫人だった。なお、宋氏三姉妹とは、宋慶齢（次女）、宋靄齢（長女・孔祥熙元財務大臣夫人）、と宋美齢（三女・蒋介石夫人）の三人のことを言う。

２、日中関係の主流——"戦争交流"

以上、近代になってからの、日中間での平和交流のいくつかの側面を整理した。しかし近代の日中関係は近代までと異なり、こうした平和交流は残念ながら、主流にはならず、"戦争交流"が主流となったのであった。

交流は二種類ある。平和交流と私の造語"戦争交流"である。"戦争交流"は、簡単な図で示すと、次の通りである。

平和交流略図と戦争交流略図を見てほしい。平和交流略図は双方が互いに距離を保っているため、この交流は表面にとどまっている。それに対して、戦争交流略図では、交流は表面を突破し、双方が互いに所有すべき「領域」に入り込んでいる。ここの「領域」とは、地理的概念のみならず、精神的なものをも含む。[18]

第一章　私から見た日中関係——5つの交流

平和交流略図

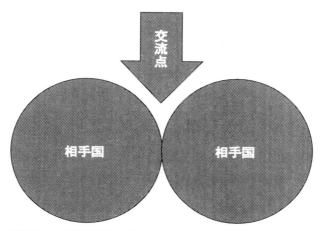

資料：拙著『中日'戦争交流'研究』汲古書院、2002年12月、20ページと拙稿「批判と反省　中日"戦争交流"と近代化——萩原充氏に答える」、『歴史学研究』第787号、2004年4期、38〜40ページなどより作成。

戦争交流略図

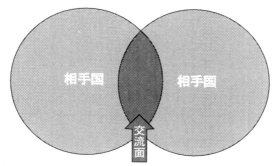

資料：同上。

　では、なぜ戦争交流が主流となったか。それを理解するには近代の歴史を少し振り返る必要がある。一般的にいうと、中国の近代史は1840〜42年のアヘン戦争から始まる。日本の黒船来航より十年余り前のことだった。
　周知のように、18世紀に産業革命を経験したイギリスは生産力が飛躍的に伸び、初めて「世界の工場」になった。そのイギリスが世界各地に消費市場

を求めていった。

　一方、中国は清王朝の時代（1644〜1911年）であった。統治時期は唐（618〜907年）に比べると、清のほうがやや短いが、支配面積からすれば、唐より広い。ちなみに、唐は漢民族が建てた王朝であるのに対して、清は少数民族の満州族が建てた王朝である。

　唐王朝と同様、清も繁栄から衰退の道へとたどっていった。日本でもよく知られるラスト・エンペラー溥儀がこの清王朝の末代の皇帝であり、その後、中国に帝政がなくなったため、彼は文字通り中国最後の皇帝、つまりラスト・エンペラーとなったわけである。[20]

　繰り返すが、イギリスが工業製品の販路を求めて中国にやってきたのは中国の帝政が崩壊する約70年前のことであった。何を売るかというと、ピアノだった。いまなら、中国は13億の人を有する世界の市場だから、売れると思う。しかし、約170年前に、イギリスは中国をマーケットとみなして、ピアノを売りにきたのだ。これは見事に失敗に終わった。

　一方、中国産のお茶などの商品はイギリスでは売れ行きがよく、生活習慣を一変させるほどだった。結局、清に対しての貿易は、イギリスのほうで赤字が出ていた。

　当時のイギリスはこの赤字を埋めようとして、なんとアヘン貿易を思いついた。つまりみずからの植民地だったインドにある東インド会社を通じてアヘンという麻薬を中国に売るようになったのだ。[21]

　こうして、いまの言葉で言うと、広東省など沿海地区の人々がいわゆる「クスリ」をやるようになった。当然ながら清はこれを許さず、アヘンの取り締まり、つまり林則徐による「禁煙運動」を大々的に行っていった。

　しかし、こうした中国側の自衛措置に対して、イギリスは戦争を起こして対抗した。結果から言うと、イギリスはアヘン戦争に勝利し、香港島を奪い、賠償金を要求した。これが南京条約である。[22] ここより、中国の近代史が始まった。

　アヘン戦争の情報をすばやくキャッチしたのが日本であった。日本はただちに行動に出た。それが明治維新であり、近代化であった。ここまでは、よ

かった。アジア諸国の中で、植民地・半植民地化の運命を免れ、列強の仲間入りを果たした日本に非常に興味を持つ人は私一人ではあるまい。この頃の日本はアジア諸国のあこがれの対象となっていた。

しかし問題もここから出たのだ。「脱亜入欧」を目指した日本はイギリス・フランス・ドイツなどの国を真似るようになった。中国が次第に列強に分割されていくなかで[23]、日本も積極的に侵略に加担するようになった。1894〜95年に日清戦争に勝利し、下関条約を通じて、台湾などの地域と、ばく大な賠償金を中国から入手した[24]。やがて義和団事件を鎮圧した際[25]、列強の中では一番多くの兵員を北京に派遣していた。

なお、1915年、「対中（支）21ヶ条要求」を中国の袁世凱北洋政権に承認させ[26]、第一次世界大戦後、山東省におけるドイツの権益を継承する。これに抗して、1919年5月、北京大学の学生がデモを起こした（五・四運動）。中国のいわゆる反日デモの始まりである[27]。その後、中国共産党が生まれ（1921年）、中国内部の分裂や内戦もあって[28]、日本は武力で中国問題の解決を試みようとした。

その後、1931年に満州事変がぼっ発、日本軍は満州を制圧した。37年には支那（日華）事変が起き、戦争は中国全土へと拡大していった。この戦争は1945年（昭和20年）日本降伏まで続いた。

日本では日中戦争は70年前の出来事と片付ける向きがあるが、中国ではより多面的に捉えている。すなわち、日中戦争は中華民族の独立・解放、中国社会の体制づくり、指導思想たる毛沢東思想、さらに台湾との関係にまでかかわっているのである[29]。

ちなみに、中国の国歌もこの時期につくられた[30]。また、国民党は共産党等と抗日民族統一戦線を結成し（国共合作）、日本軍と戦った。

要するに、近代になってから、日中両国はいろいろな意味で、関係が深まった。日本のことを一生懸命学習して、中国を日本のようにしようと努力した人は多くいた[31]。一方、日清戦争、日中戦争を起こしたように、日本は中国を滅ぼそうとしていると思った中国人も大勢いた。中国にとっては「救亡」つまり救国＝祖国の危機を救うことが至上課題となった。

したがって、日本に抵抗すること、マスコミ流には「反日」（中国流では「抗日」）が主流となっていった。交流の主要形式は"戦争交流"だった。この時期、中国は日本軍国主義を憎悪するようになり、日本は中国を軽蔑するようになっていった。

いうまでもなく、戦争は残酷である。被害者側はもちろんのこと、加害者側もその災いから簡単に逃れられない。このことは戦後数十年がたってもその深い傷跡は引き継がれていることは雄弁に物語っている。

もちろん、引き継がれているのは傷跡のみでなく、戦後の関係国の体制や国民感情などもある。たとえば、日本はいまだにアメリカ軍が駐留しているし、中国に至っては社会主義をとった一つの歴史的背景には、やはり日中戦争などが関係していると考えられる。[32]

したがって、「戦争は終結してから数十年も経った」あるいは「戦争の経験者は少なくなった」からといって、「もう言わないでくれ」という考えは理解できるが、実行は難しい。今世紀に入ってから、日中共同研究のような素晴らしい研究は進んでいるが、双方の意見はなかなかまとまらない。戦争を風化させないことは日中間のみでなく、人類の共通する課題でもあると考えている。

三、現代の日中関係——戦略交流

1、賠償請求権の放棄——中国の戦略

戦後、長い冷戦期があった。つまりアメリカをはじめとする資本主義陣営とソ連を始めとする社会主義陣営との冷たい戦いというのが取り巻く環境だった。

しかし一方、1950年代後半に入ると、国益やイデオロギーなどの違いから中ソ関係は悪化した。そういう意味で、中国側の大躍進運動や文化大革命は反ソ運動であったという側面がある。[33]とはいえ、中ソ論争はやはり社会主義内部の争いに過ぎなかった。しかし、その後、苛烈な反共主義者、ニクソン・アメリカ大統領がベトナム戦争から抜け出すために、[34]文革時期（1972年）の中国にアプローチし、そして、北京訪問を果たした。

第一章　私から見た日中関係——5つの交流

良くも悪くも、現代の日中関係はこの年から始まった。もちろん、それまで、民間に国交を結ぼうという要望もあった。しかし戦後、日本はアメリカとの同盟関係などのファクターを考えると、実現することはありえなかった。

中ソの関係悪化で、ソ連は中国の「兄」から「敵」に変わった。当時、私を含む多くの中国国民がソ連の攻撃に備え、防空壕を掘っていた。つまりソ連は中国最大の脅威となっていた。その「北極熊」の圧力から中国国民を解放するため、毛沢東はニクソン・アメリカ大統領を北京に招待したのであった。そういう意味で、日中国交正常化は中国のソ連への対抗という世界戦略に巻き込まれた側面があると言えよう。このあたりの事情は、すでに多くの研究や証言からうかがうことができる[35]。

同年2月、ニクソン・アメリカ大統領は北京を訪問し、双方の国際関係がこれによって大きく変わっていった。日本はこの「ニクソンショック」の7ヶ月後、田中角栄首相（当時）が中国を訪問し、中国の周恩来首相との「日中共同声明」に調印し、ここに日中関係は回復された[36]。中国側からすれば、日中共同声明のなかで、最も重要な項目は第三項と第五項の二項目である。その理由は、この二項目は後の日中関係を大きく左右したからだ。

まず、共同声明の第五条に、中国側は「日本国に対する戦勝賠償の請求権を放棄した」とある。建前は「中日両国民の友好のため」とあるが、実はそれまでの「日華条約」の制約、つまり条約議定書の中に中華民国は日本国民に対する寛容と善意の象徴として、日本国が提供すべき役務の利益（賠償）を自発的に放棄するという内容であった。また、対ソ戦略も非常に重要な要素であった[37]。

要するに、ソ連の圧力を緩和させることを優先して、中国は戦争賠償請求権を放棄したという側面が存在したのだ。それに、戦時賠償請求権の放棄は日中双方が一番受け入れやすい方法だったということができよう[38]。

ちなみに、1990年代に入ってから日本軍による性暴力の被害女性たちは、沈黙をやぶり日本政府による謝罪と賠償を求めて次々と裁判を起こした。しかし、日中共同声明で解決済といった理由で、すべてが棄却されている（女たちの戦争と平和資料館 Wam）。私は通訳として二回ほど山西省の被害女性

の活動に参加していた。中国の国家戦略は国民を犠牲にした側面が否定できない。

また、台湾問題も重要な議題であった。

日中共同声明の第三条を見ればわかるように、中国は台湾問題に神経をとがらせている。それもそのはずである。繰り返すが、中国にしてみれば、台湾は日本が中国から奪った領土だった。1945年、日本の降伏でようやく帰ってきた台湾を、国共内戦で蒋介石率いる国民党が占領し、今日に至っている。もちろん、当時の中国共産党も国民党も中国は一つであり、台湾も中国も同じく中華民族だという立場を守ったため、当時、大きな問題にはならなかった。

しかし、その後、台湾海峡両岸の移り変わりや国際情勢の変化もあって、台湾問題が目立つようになってきた。正しいかどうかは別にして、中国人が考えている台湾問題の背景の一つにやはり日本との関係があったと思われる。

2、ODA援助——日本の戦略

では、日本側から戦後の日中関係を見てみよう。戦後の日中関係を考えた場合、最も重要なもののひとつはODAである。

ODA（Official Development Assistance）は政府開発援助の略称である。政府開発援助という視点から見ると、途上国への援助という色彩が濃い。現に多くの人もそう捉えている。これまで、日中関係がギクシャクした際、中国側がしばしば日本に対して不満を表明してきたが、それはある意味で仕方のないことだったかもしれない。なぜならば、このODAというのは日本の途上国への援助として世界戦略の一部という性格が強いが、その反面、戦争への反省や補償という意味が曖昧だったからである。

一部の人は日本に戦略がないというが、必ずしもそうではないと私は思う。日本は曖昧だと言われれば、そこまでだが、昔の戦争をうんぬんするより、前向きに経済発展に協力しようというのが、日本の過去への清算というか、けじめのつけ方だったかもしれない。したがって、ときどき日本の趣旨は理解されにくい側面がある。

第一章　私から見た日中関係──5つの交流

　たしかに、東洋人は欧米人に比べると、曖昧な側面が強いように思う。しかし、ここ三十数年間、少なくとも、日中関係がギクシャクしたときの言動を思い起こすと、指導者個人の一時的な談話よりは、やはり冷静に考え、万全を期することが求められよう。そういうことをきちんと用意しておけば、後から、中国政府は自国民に日本のODAを知らせていない、と後手にならなくて済むはずだった。
　一方、日本との比較をすると、中国はより多面的にこのODAをとらえる向きがある。清華大学劉江永教授は日本政府がODAを中国に提供し、改革開放を支持した背景を次のように分析している。

　Ⅰ.戦争を経験し、良心的な日本人は中国に罪悪感があって、日中友好に尽力したがること、
　Ⅱ.当時、ソ連の脅威があって、日中両国ともに東アジアの戦略的立場に立って、歴史問題を的確に処理しようという願望があったこと、
　Ⅲ.日本は中国から大量に石油、石炭などを輸入し、中国は日本からのプラント設備を必要としていた。政治や経済、貿易において互いに必要としていたこと、
　Ⅳ.当時、200カイリという排他的経済水域（Exclusive Economics Zone）を定めた『国連海洋法条約』がまだ発効されていなかったこと、
　Ⅴ.日中は尖閣諸島・釣魚島の帰属争議を棚上げし、平和条約を締結したことをアメリカに認められたこと。

日中双方の意見の食い違いがあった。また中国に対して日本政府の説明が不十分だったというところもあったろう。とはいえ、やはりODAは大いに評価されるべきだし、日本の戦略だったと私は受け止める。
　いずれにしても、国交回復の時に、中国側の戦略ある対応、換言すれば「大人の対応」に対して、日本側も1979年からODAという形で中国を援助してきた。今日の中国の大国化は日本によるところが大きいと思われる。ちなみに、日本の援助については、最近、中国側も積極的に評価するようになった。

たとえば、中国共産主義青年団の機関紙「中国青年報」は王錦思の「日本がなければ改革開放は異なっていた」という論文を掲載し、1979年12月に訪中した大平正芳首相は、中国の改革開放政策を全面的に支持し、経済・教育・文化など幅広い分野で物的・人的支援を行う意向を表明したと伝え、1人当たりGNPが約350ドルで、外貨準備高がわずか1億6,700万ドルだった30年前の中国に、日本政府は500億円（2億2,000万ドル）の円借款を提供したという。また、日本は中国にとって最大の援助国で、中国が外国から受けた援助の66.9％、金額にして2,000億元余りが日本からのものだ、これらは中国の鉄道・道路・港湾・空港などのインフラ整備、および農村開発・環境保護・医療・教育などに幅広く用いられていると述べられている[42]。

　総じて言うと、1970年代より日中両国の間で戦略交流がなされた。日本の戦略はODAであり、中国の戦略は対ソ戦略で、そのために国家として台湾の主権を守りながらも、対日戦争賠償請求権を放棄した。

　このような戦略交流は1972年から約20年弱続けられていた。

四、けん制し合う今日の日中関係（「牽制交流」）

1、けん制し合う今日の日中関係

　1990年代以降、日中関係は複雑な様相を呈してきている。経済関係が強化され、人的往来も以前より頻繁に行われている一方、政治関係や国民感情は、必ずしも理想的な状態にあるわけではなかった。

　中国の経済発展は軌道に乗り、遂げていくが、天安門事件の影響もあって、いわゆる愛国主義教育が実施されていく中、ナショナリズムが台頭するようになった。

　たとえば、90年代後半に入ると、中国では『ノーといえる中国』がベストセラーとなったように、日本に対する中国の国民感情は厳しいものだった[43]。また、21世紀に入ってからも、中国はWTO（世界貿易機関）加盟によって、経済の高度成長が目立つようになり、台頭しつつあるが、対日姿勢は必ずしも寛容なものではなかった。

　一方、経済大国化した日本は戦後のレジームから抜け出して、「普通の国」

になろうとしていた。とりわけ、小泉純一郎が首相になってから、本人の信念もあって、A級戦犯が祀られている靖国神社を繰り返して参拝したことで、中国の反発を引き起こした。遂に、2003年からの反日デモ（西安）が、翌年、サッカー・アジア杯において日本チームへのブーイング、2005年には全国規模の抗議デモが相次いだ。

　日本側にすれば、中国へのODAをはじめとする援助は30年間続いたにもかかわらず、中国からの寛容な対応が見えず、苦しんでいた。それとともに、日本は戦後の平和主義、民主主義を堅持しながら、それなりに世界に貢献してきたと自負していた。

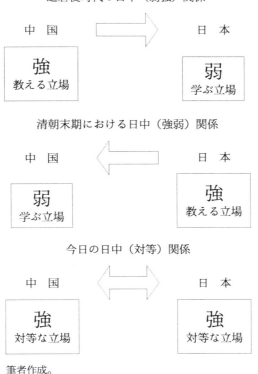

これまでの日中関係

筆者作成。

一方、戦後アジアの経済発展は雁行経済が象徴したように、日本は先頭を切ったが、80年代末、バブルの崩壊で経済が伸び悩み、自信喪失したのではないかという見方まで出てきた。その反動か、ナショナリズムが台頭するようになり、中国のナショナリズムと衝突するに至った。

　当時を取り巻く環境をもう少し振り返ってみたい。まずは国際情勢が大きく変わった。1980年代末から90年代初頭にかけて東欧諸国の革命やソ連の崩壊で、それまでの社会主義と資本主義の両陣営による冷戦体制が終焉し、資本主義が勝利したといわれた。

　しかし最初に述べたように、中国でも大規模な学生運動が起きたが、周知の通り、中国の民主化運動は政府によって鎮圧された。これが「(第二次)天安門事件」である。結果を先に言うと、中国はソ連や東欧の二の舞にならなかった。逆に政府による伝統的な締めつけがいっそう強まった。日本では、その裏付けとして使われたのが愛国主義（反日）教育だったというのが一般的な見方である。

　また、中国は市場経済の導入、WTO加盟から世界の工場化という過程を経て、経済大国として台頭してきた。また、湾岸戦争の刺激を受け、人民解放軍の近代化に力を入れ、軍事費の20年以上に渡る二桁成長も注目され、中国自身も「海洋強国」の構築に邁進していた。なお、中国は従来からの国連常任理事国であり、政治大国でもある。一方、日本も高度経済成長期を経験し、ODAを武器として途上国を援助してきた実績を持っている。戦後の民主主義や平和主義に基づいて「普通の国」に脱皮し、そして、21世紀になって国連の常任理事国入りも視野におさめている。日米同盟を維持しながら、政治大国化を目指しているのだ。

　なお、冷凍餃子問題の中国側の対応や、東シナ海ガス田開発問題のほかに、日中両国や国民相互の不信感、地域での指導権争いなどを見ても明らかなように、それぞれの国がみずからの国益にこだわりすぎている。日中両国はともにナショナリズムが高揚し（反日デモや中国に対する日本の批判など）、結局、国益どころか周辺諸国、そして、世界に迷惑をかけたのではないかと思う[44]。

　もちろん、90年代以降のこうした日中関係の変化は、近代まで日中両国の

弱強関係、また近代の強弱関係の時代から現代の二強並立という時代へと移行しつつあるという側面も忘れてはならない。(45)いずれにしても、けん制し合う日中関係の現状はそれぞれのおかれた環境と構造的な問題にも絡んで、簡単に変わると思う研究者は少ない。

2、日中関係の明るい側面

2008年は中国の光と影との両方をはっきりと見せてくれた年であった。北京オリンピックの開催や打ち上げられた有人宇宙船神舟七号の飛行士による初めての船外活動、ソマリア沖のアデン湾への軍艦派遣などの出来事がすべて台頭する中国の証しとなった。一方、中国南部での雪による災害の発生、チベットでの暴動、各地での民衆によるストライキの頻発など、中国が抱える問題も浮き彫りになった。

日中関係にいたっては、日中両政府の首脳相互訪問は復活し、安倍晋三首相（当時、以下同じ）、福田康夫首相、麻生太郎首相と胡錦濤中国国家主席・温家宝中国首相との会談も頻繁に行われており、それにあわせて中国側はテレビ特番を組み、今日の日本を多角的に中国国民に紹介していた。(46)

たとえば、2007年春、中国の温家宝首相の訪日直前、中国の中央電視台（CCTV）が取材班を日本に送り、当時の日本を多岐にわたって紹介する特別番組を組んで、放送した。各分野の代表的な人物のインタビューを通じて、日本の文化、食、大相撲、漫画、動画、環境保護、防災意識、高齢化社会への取り組み、社会、流行、経済、歴史観などありのままを紹介したものである。

ちなみに、インタビューを受けた各界の代表的な人々は次の通りである。渡辺淳一、渡辺恒雄、浜崎あゆみ、村上龍、中曽根康弘、栗原小巻、谷村新司、大坪文雄（松下電器）、安倍昭恵（安倍元総理夫人）、張富士夫（経団連会長）など（敬称略）。

これまで、どちらかといえば、中国のマスコミは歴史問題や日本の質の高い家電商品にしか興味を持たなかった。その影響もあって、中国人の対日認識が非常に偏っていた。ところが、今回は、歴史問題なども注目はしたが、しかしそれはあくまでも多様な日本の一側面に過ぎず、それよりは、中国で

も人気のある日本の食文化や環境、防災対策などにも取材し、国営テレビ局を通じて国民に紹介した。これは注目するべき変化である。

また、栗原小巻のような中国人ならみな知っている女優だけでなく、浜崎あゆみ、渡辺淳一、渡辺恒雄といった各界を代表する人物へのインタビューを行うなどの配慮が見られた。ここから、政府というかマスコミの狙いをうかがうことができよう。マスコミは、2005年の反日デモのような過激なナショナリズムの高揚は、中国にとっても決してメリットばかりではない、ということに気づきはじめているようだ。

日本をより多面的に紹介し、理解することは日本にとってはもちろんのこと、台頭しつつある中国自身にとっても決して悪いことではない。なぜならば、成熟した国民感情は大国に求められるからである。

また、この時期から、中国では、日本に関する本も数多く出版され、戦後の日本をより客観的に見る姿勢が見られた。微力ながら、中国国民にもっと日本のことを理解してもらうために、私も一部日本人の著作を中国語に翻訳し、中国で出版させてきた。[47]

また、改革開放以来、120万人以上の留学生を中国は送り出したが、30万人以上の留学生が帰国した。[48] そのうち、日本から帰国した留学生も大勢いたため、中国人の庶民も、日本のことをもっと身近に感じるようになったといってよい。

話が飛ぶが、新世紀に入ってからの中国人の訪日ブームは経済発展にともなって中産階級が生まれたことが大きな背景の一つとなった以外に以上述べた日中交流の産物でもあると考えられる。こうしたブームはまた日中関係の緊張を緩和させるものとなるであろう。

先ほど述べたように、私はかつて日中戦争時の日中間の交流を「戦争交流」と名づけ、その深さを強調した。その観点を堅持しながらも、私は今日の日中交流もかなり深いところまで達してきたと思われる。

また、四川省で2008年5月、マグニチュード8の地震が発生し、死者・行方不明者9万人以上に達し、被災者は1,000万人を超える大災害に見舞われた。そうしたなかで、日本の援助隊が大活躍したため、[49] 日本に対する中国の

国民感情の好転に役立った。

　なお、2008年末、日本人のタレント飯島愛が突然なくなった。彼女の死は台湾の人々だけでなく、中国人のネット・ユーザーも悲しませた。実は、AVをこっそり見る中国人が大勢いる。そのうち、多くは飯島愛のファンである[50]。

　ちなみに、多くの女優さんが中国で活躍し、違う意味で日中関係の悪化を防いでいる。「釣魚島（尖閣諸島）は中国のもの、蒼井空は世界のもの」という中国のネット・ユーザーのさけび声がこうした状況を反映していよう。また、中国のネット・ユーザーは蒼井さんのことを「先生」と呼んで、後者は中国語でのブログまで開設している。彼女達の「業績」を評価してよいと思う。

　いうまでもなく、日中間にはなお多くの問題が存在している。最近、中国は食品安全法を制定したが、冷凍餃子や東シナ海ガス田開発問題は未解決のままである。そういうこともあって、中国とは逆に、日本国民の対中感情が一向によくならない。日中両国に突きつけられた課題はまだ多い。

おわりに——建設的な交流（「建設交流」）を

　近代まで（日本は古代、中世、近世を言い、中国は古代という）の日中関係に関する研究は多くなされてきた。とくに、21世紀に入ってから、日中間の専門家による歴史共同研究が見られた。喜ばしい作業である。一般論として、大きく言うと近代までの日中関係は平和交流が主流である。その間、たしかに、日中（唐倭）戦争もあり（『旧唐書』199巻上東夷列伝）、「元寇来襲」というモンゴルが日本に仕掛けた戦争もあった。しかしトータルで見てみると、これらの戦争はやはり長い歴史のなかの一コマに過ぎなかった。つまり、平和交流は近代までにおける日中関係の主流だったと思われる。

　近代はそれまでと違って、産業革命を経験したイギリスがアジアに加わったことは大きい。影響力の大きい欧米にいかに対応するか、日中両国は対応の仕方が異なった。日本は「和魂洋才」（伝統的な精神を忘れずに西洋の文化を学び、巧みに両者を調和させること）であるのに対して、清は「中体西用」（中

国の伝統的思想・文化・制度を根幹に据え、運用の面では西洋文明の科学・技術を導入しようとする考え方）だった。また、経済や人的交流も盛んに行われたが、日清戦争や日中戦争がより重要な出来事として、日中両国に大きな影響を与えた。中国の近代化（清・中華民国）が二回も日本によってブロックされたという考えもあれば、現代中国の形作りに日本がなした貢献が計り知れないという観点もある。日本がアジアを代表して欧米と戦ったという見解もある。いずれにせよ、平和時期にみられないこの時代の両国関係を「戦争交流」と私は名付けた。

戦後長い間、日本は中華民国を認めたが、1972年から日中国交成立にともなって、日中間の戦略交流が始まった。中国はソ連の圧力をかわすために、日米と関係緩和・正常化したのである。日本は国内の要望もあって、中米関係の緩和もあった関係で、ODAという武器を活用し始めた。これを日中戦略交流の時代と私は呼ぶ。

日中戦略交流はやがて中国の改革開放につながる。そういう意味でODAは中国の経済発展や近代化に大きく貢献したと言ってよい。しかし天安門事件、ソ連の崩壊、台湾の民主化、小泉純一郎首相の靖国神社参拝、教科書問題などは日中関係を大きく揺さぶる。2010年の東シナ海での漁船衝突事件、2012年の日本政府による尖閣諸島の購入（国有化）、2013年、中国による東シナ海防空識別圏の設定などをきっかけに、日中関係は悪化し、戦後最悪の状態に陥ってしまったといわれる。当然ながら、この間、両国の経済交流もあるし、人的交流も盛んに行われている。民間交流、とくに中国人観光客の来日が大きな話題になっている。したがって、今日の日中関係は、けん制し合いながら交流するという特徴があるように思う。これを「牽制交流」と私は名付ける。

以上、無謀にもこれまでの日中関係を「交流」という視点から私なりに整理を試みた。まとめると、こうである。それは近代までの平和交流、近代に入ってからの「戦争交流」、現代の戦略交流と今日の「牽制交流」であった。

では、今後の日中関係をどう展望すべきか。互いにけん制し合うのではなくて、「建設交流」つまり建設的な交流を行ってほしいものである。具体的

第一章　私から見た日中関係——5つの交流

に言うと、中国と日本にはそれぞれ次のようなことが求められると思う。

まず、中国に求められること——責任ある大国へ。

中国はもはや「列強の近代化」や戦争の被害者ではない。中国政府はもはやアヘン戦争直後の弱かった清王朝でもない。国連の常任理事国で、イギリスから香港を、ポルトガルからマカオを回収し、アメリカに次ぐ世界二位の経済大国である。中国はすでにりっぱな大国だ。大国である以上、それに相応しい振る舞いが望まれる。たとえ、いまのところ、中国国内での「反日からの脱却」や「対日外交革命」や「日本の国連常任理事国入りを支持すること」といった「対日新思考」を実現できなくても、そういう方向で進む必要があるかもしれない。現に胡錦濤・温家宝政権はそういうふうにしているかもしれない。

同時に、食品の安全や、環境汚染への対策、知的財産権の保護、軍事費の透明化、世界金融経済危機への対応などにもっとまじめに取り組む必要がある。東シナ海ガス田開発問題については2009年に入ってからまた話題になっ

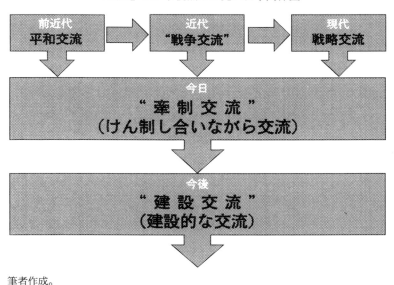

「交流」という視点から見た日中関係図

筆者作成。

たが、ある説によると、中国は2008年6月に日本政府と合意したため、そのまま実行に移したかったが、「あれ（合意）は日本の中間線主張を認めることになる」という反対意見が出たため、世論を重視する胡錦濤政権もためらわざるを得なかったという。個人的にはガス田に日本側が出資して利益を分かち合うようにしてもらうのもいいのではないかと思うが、日中間の相互不信を払しょくすることがその前提となるであろう。

次に、日本に求められること。

中国側が日本の国民感情に配慮する必要があるように、日本側も同様である。とくに歴史認識や台湾問題についてはそうだ。戦後も70年をすぎて戦争経験者が少なくなったとはいえ、戦争の歴史は消えない。だから、せめて日本のリーダーが言論の自由を口実として、中国人の被害者意識を呼び起こすべきではない。その点はマスコミの果たす役割が大きいはずである。近代に蹂躙された歴史もあって、中国は主権問題に非常に敏感だ。とりわけ、台湾問題がそうである。

冷凍餃子問題でこれ以上中国側に謝罪してもらうよりは、中国の特定分野に技術を提供し専門家を派遣して指導に当たるほうがよほど建設的だと思われる。

最後に、世界の中の日中関係という視点が求められる。

これまでの日中関係はうまくいったときには、相手国に配慮したところが大きく、逆にギクシャクした際には、ほぼ自国の利益ばかり強調した、という傾向があったように思う。したがって、譲り合い、妥協が必要であろう。中国は大国であり、日本は先進国である。先進国や大国である以上、自国の利益ばかり追い求めるのではなくて、東アジア、ひいては世界という視点から日中関係を見ることも必要であろう。日中韓サミット、あるいは六ヶ国協議などの場を設けて、日本人拉致被害者の救出や東アジア安全保障のようなことを議論する必要がある。いまは、そういう枠組みを構築し、目標を立てることが大切な時期だと思われる。

早稲田大学天児慧教授の考えを借りると、それは、日中間は理解（誤解の減少）、交流（相手国訪問や相手国の人間との交流、政府間交流や民間交流、経済

交流、軍事交流、学術交流）、協力（経済協力、軍事協力、政治協力）が必要だということである。[56]

　将来の日中関係は、今日の日本人や中国人の言っていることや行っていることに大いに影響される。そういう意味で、子孫にそうした環境をつくっておくべきではないかと思う。

（記：本稿は2009年2月4日と2011年7月23日に筆者が栃木県栃木市、小山市で行った「日中関係について」の講演をもとに加筆したものである。）

注

1) 伊藤正著・拙訳『晩年鄧小平』新東方出版（香港）有限公司、2009年、263～264ページ。
2) 『人物発見　元内閣総理大臣羽田孜氏』、http://www.frsys.co.jp/coinage/jh/116/116_1.html。また、「日前首相羽田孜：我們祖先是徐福（秦）」香港『大公報』2007年12月6日をも参照されたい。
3) 丹羽基二著『日本の名字読み解き事典』柏書房、1994年、534ページを参照されたい。
4) 奈良文化財研究所「徐福伝説」などを参照されたい。
5) 安史の乱とは755年から763年にかけて、唐の節度使（地方軍政長官）・安禄山とその部下の史思明によって引き起こされた大規模な反乱のことを指す。
6) 科挙は中国で598～1905年、すなわち隋から清まで行われた官僚登用試験である。詳しくは宮崎市定著『科挙』中公新書、1963年などを参照されたい。
7) 仁井田陞著『唐令拾遺』東京大学出版会、1993年版、252～255ページおよび同『唐令拾遺補』（池田温編集代表）東京大学出版会、1997年、1032ページ。
8) 西尾幹二『国民の歴史』産経新聞社、1999年、17ページ。
9) 足立啓二著『専制国家史論』柏書房、1998年、137ページ。また、中国から日本にいろいろなものを伝えてきた研究がある。寺尾善雄『中国伝来物語』河出書房新社、1982年などを参照されたい。
10) 中国人留学生の来日の目的は、基本的には日本そのものを学ぶのではなくて、日本を通して西欧の近代科学を学ぶところにあった説もある。安藤彦太郎『中国語と近代日本』岩波新書、1988年、165ページ。また、大原信一著『近代中国のことばと文字』東方書店、1994年をも参照されたい。なお、辛亥革命は1911年辛亥の年、清朝を倒し中華民国を樹立したブルジョア民主主義革命。10月の武昌蜂起に始まり、翌年1月、孫文を臨時大総統とする南

京臨時政府が成立したが、革命勢力が弱体であったため、北洋軍閥の袁世凱と妥協、袁が大総統に就任した。
11) 高名凱他著・鳥井克之訳『現代中国語における外国語研究』関西大学出版部、1988年、104～106ページ。また、同形語とは日中両国語の中で、その漢字の形が同じ単語であることを指す。
12) 朱京偉「明治期における社会主義用語の形成」、内田慶市他編『19世紀中国語の諸相――周縁資料（欧米・日本・琉球・朝鮮）からのアプローチ――』雄松堂出版、2007年、193～215ページ。宮島達夫「『テレビ』と『電視』――『電視』は和製漢語か」、沈国威編著『漢字文化圏諸言語の近代語彙の形成』関西大学出版部、2008年、95～110ページ。
13) 宮坂宥勝著『仏教用語事典』筑摩書房、1993年や水野弘元著『仏教要語の基礎知識』春秋社、2006年などを参照されたい。
14) 以下は同字異義の漢字表現をいくつか紹介しよう。愛人airen。本来の意味では、人を愛すること（『論語』顔淵篇、『礼記』檀弓篇）。現代の日本語では、①本来の意味で使われることもあるが、そうした用例は極めて少なく、②正式な婚姻関係以外の情人と言った意味をもつ。②は中国大陸では正式な婚姻関係における配偶者、夫から見た妻、妻から見た夫を意味する。ちなみに、台湾では、日本語の②と同様の意味をもつ。餃子jiaozi。日本では、フライパンなどで焼いたものを「餃子」と称しているが、中国語ではこれを「鍋貼guotie」と呼ぶ。中国語で言う「餃子」とは、多くは茹でるか、あるいは蒸したものであり、それぞれ「水餃」「蒸餃」ともいう。娘niang。日本語では女の子を意味するか、あるいは一般的には未婚の若い女性を指す言葉である。処女を「生娘」とも言う。現代の中国では、日本語のような意味はなく、母親を意味する。ただし、「姑娘」は若い女性、「新娘」は新婦である。大人daren。日本語では、①身体の大きな人、②徳や度量のある立派な人、③地位の高い人、といった意味で用いられ、または④尊称として用いられることもある。日常生活の中でこの熟語を目にするときは、ほとんど「おとな」と読んで、⑤「成人」の意味で使われ、「小人」に対する反意語となる。中国語では、古くは身分の高い人という意味でも使用されたが、現在では、年長者に対する敬称として、もしくは子供の反意語の意味で使用されることがほとんどである。手洗shouxi。現在の日本語では、①手を洗うこと、もしくは②便所を指す。中国語では、基本的に動詞が目的語の前に来る文法上の特色から、①「洗手xishou」もしくは②「洗手間」となる。ここで興味深いのは、「洗手」という言葉は、例えば悪い行い悔い改めてもう二度としないという意味にもなり、「洗手不干」などの四字熟語

として使う。日本語であれば、「足を洗う」と言うべきところ、中国語では「手を洗う」と言う。「足を洗う」の反対語、すなわち悪事を行う場合には「手を染める」（着手zhuoshou）という。馬上mashang。日本語では、文字通り馬の上という意味であり、現在ではほとんど使われない。もし使うとすれば、人は競馬や乗馬の場面を連想するに違いない。中国語では、日常しばしば使われる副詞であり、「すぐさま」、「ただちに」という意味である。勉強mianqiang。日本語では一般に「学習」と同意であり、まれには「値引き」と同じ意味にも用いられる。中国語には、これに「学習」の意味はなく、「無理な」、「無理する」という意味での形容詞・動詞として使用される。日本語の「勉強」にあたるのは、「学xue」、「学习xuexi」である。油断youduan。日本語に独自の熟語。「油断大敵、火がボウボウ」などという標語があり、注意を怠ると火事になることを戒める言葉である。この言葉は、中国では「疏忽shuhu」に相当する。老公laogong。日本語では、一般に年を取った高貴な人物を指す言葉である。現在の中国語では、一般に妻が夫を呼ぶときにこの言葉を使い、とくに南方では「老公」、「丈夫zhangfu」、「先生xiansheng」とともに「夫」という意味で使われている。老婆laopo。日本語では「年を取った女性」を言う。現代中国では、「妻」の意味を表す。夫が面と向かって妻に呼びかけるときにも「老婆」を用いる"。佐藤貢悦他著『日中韓同字異義小辞典』勉誠出版、2010年、2～220ページを参照されたい。

15) 高野繁男著『近代漢語の研究―日本語の造語法・訳語法』明治書院、2004年および沈国威著『近代日中語彙交流史』笠間書院、1994年；沈国威「中国における近代知の受容と日本」、同編著『漢字文化圏諸言語の近代語彙の形成――創出と共有――』関西大学出版部、2008年、1～42ページなどをも参照されたい。

16) 原田敬一『日清・日露戦争』岩波新書、2007年、Ⅵページ。

17) 中国革命同盟会とは辛亥革命を指導した革命的政治団体である。1905年、孫文が中心となり、東京で興中会・華興会・光復会を合同して結成。三民主義を基本綱領とし、機関紙「民報」を発行。1912年、国民党に改組。また、陳旭麓他主編『孫中山集外集』上海人民出版社と1990年と久保田文次著『孫文・辛亥革命と日本人』汲古書院、2011年などを参照されたい。

18) 拙著『日中"戦争交流"研究――戦時期の華北経済を中心に』汲古書院、2002年、12ページおよび拙著「中日"戦争交流"と近代化」、歴史学研究会編集『歴史研究』第787号、2004年4月、38ページ。また、玉腰辰己「日中戦争下における川善多長政の対応」、法政大学国際日本学研究所編『相互理解

としての日本研究　日中比較による新展開』法政大学国際日本研究センター、2007年、175～202ページをも参照されたい。

19) 産業革命（industrial revolution）は動力機械の発明と応用が生産技術に画期的な変革をもたらし、工場を手工業的形態から機械制大工場へ発展させ、その結果社会・経済のあらゆる面に生じた変革と発展の総過程。18世紀半ば頃、イギリスに最も早く起こり、欧米諸国へ波及した。日本では、19世紀末から20世紀初頭にかけて、日清・日露戦争の間に遂行された。

20) 溥儀自伝『我的前半生』群衆出版社、2007年および入江曜子『溥儀』岩波新書、2006年を参照されたい。

21) イギリス東インド会社はイギリスの東洋貿易を独占的に行った特権会社。1600年成立。茶や綿布取引の一方、戦争と地税徴収などによりインドの植民地化を推進。貿易自由化の要求により1858年インド統治権を本国に移管した。

22) 南京条約（Treaty of NanJing）とは1842年にアヘン戦争を終結させるため清朝と英国の間で結ばれた講和条約。江寧条約ともいう。主な内容はこうである。香港島割譲、賠償金2,100万銀元を四年分割で支払う、広州、福州、厦門、寧波、上海の5港開港、公行の廃止による貿易完全自由化。その後、南京条約の附属協定として「五口通商章程」と「虎門寨追加条約」Ⅰ.領事裁判権（治外法権）Ⅱ.片務的最恵国待遇、Ⅲ.関税協定が締結された。

23) 清国における列強の利権争奪の情勢は次の通りである。日本が下関条約（「馬関条約」）で遼東半島を獲得すると、ロシアはフランス・ドイツをさそい、三国が共同で日本に対して遼東半島を清国に返還するように勧告した。日本はやむなくこれを受け入れ、その代償として3,000万両を受け取った。一方、ロシアは三国干渉の代償として、1896年に清から東清鉄道の敷設権を獲得した。ドイツは、2人のドイツ人宣教師が殺害された事件を口実に艦隊を派遣して膠州湾を占領した。そして翌1898年に膠州湾を租借し、東洋艦隊の根拠地とした。ドイツが膠州湾を租借すると、ロシアは遼東半島南部（旅順・大連）を租借し、旅順を要塞と軍港にし、大連を商港にした。後にイギリスは、山東半島北岸の威海衛を租借して東洋艦隊の基地とし、また九龍半島を租借した。フランスも、翌1899年に広州湾を租借した。列強は租借地を軍事基地とし、そこから内地に通じる鉄道の敷設権や鉱山採掘権をも併せて獲得した。そして自国の権益地帯の独占をはかるために、特定の地域を他国に割譲しないことを清朝に約束させる不割譲条約を結び、その地域を自国の勢力範囲と定めた。ロシアは中国東北地方を、ドイツは山東省を勢力範囲とし、イギリスは長江流域と広東省東部を、そしてフランスは広東省西部と広西省・雲南省・海南島を勢力範囲とした。また日本

第一章　私から見た日中関係――5つの交流

は福建省を勢力範囲と定めたので、中国は事実上列強によって分割されたにひとしい状態となった。出遅れたアメリカは、1899年に国務長官ジョンの名で門戸開放宣言を行い、1899年には門戸開放・機会均等を、1900年には領土保全を提唱した。アメリカの意図は中国分割への割り込みにあり、中国全域に対する自由な経済進出を対中国政策の原則にすることを列強に認めさせることにあった。中国は列強によって分割されていった。

24）繰り返すが、1895年4月17日に日清戦争後調印された講和条約。主な内容は次の通りである。清国は朝鮮国が完全無欠なる独立自主の国であることを認める。清国は、遼東半島、台湾、澎湖諸島を日本に割譲する。清国は、賠償金2億両（「庫平銀」・約3億円）を日本に支払う。清国は沙市、重慶、蘇州、杭州などを日本に開放する。また清国は、日本に最恵国待遇を認める。その後の三国干渉による遼東半島の代償の3,000万両を上乗せした。以上の銀を日本は中国に対して3年分割でイギリス・ポンド金貨にて支払わせた。日本はこれを財源として長年の悲願であった金本位制への復帰を遂げた。賠償金の支給はまた中国の民衆の大きい負担になって、中国は更に貧弱化になった。ちなみに、金本位制とは、一国の貨幣の価値を金に裏付けられた形で表すものであり、商品の価格も金の価値を標準として表示される。前掲『日清・日露戦争』、86ページなどを参照されたい。ちなみに、中国や台湾の立場だが、台湾割譲したため、台湾に属した釣魚島（台）も一緒に日本に譲ることになった。しかし、日本の立場は、1885年から十年かけて調査し、尖閣諸島は無人島であることを確認した後、日本の領土に編入されたとなる。払しょくできない疑問がある。それは日本に編入されたのは1895年1月である。一年前から日清戦争がぼっ発し、1895年4月に終結した。つまり、日本は戦争に勝ちそうになった際、領有したわけである。換言すれば、尖閣諸島の領有は日清戦争と無関係という言い方は納得がいかないのかもしれない。

25）清末に山東省から華北一帯に発生したキリスト教排斥から拡大した大規模の排外運動である。日清戦争後、欧米列強や日本による中国分割競争が激しくなり、とくに山東省では膠州湾を租借したドイツが全省を勢力範囲とし、宣教師の布教活動も精力的に進められた。これらの動きは農村の伝統的な生活習慣や信仰を脅かし、反発した民衆は秘密結社的な団体をつくって仇教運動を行った。山東省の地方官がこれを認めて義和団と呼ばれるようになり、義和団は「扶清滅洋」を唱え、鉄道や教会などを襲撃した。1899年に山東巡撫袁世凱が厳しく弾圧すると、運動は河北まで広がり、1900年には北京の外国公使館区域や天津の租界を包囲した。西太后は義和団の動きを

民の声と認め、列強への宣戦布告に踏み切った。しかし、列強は8ヶ国連合軍を派遣し、武力で天津・北京を占領した。1901年に北京議定書（辛丑条約）が結ばれた。その結果、列強の共同管理下に置かれた半植民地体制の完成、清朝の権威・統制力の失墜、保守主義・伝統主義の勢力喪失と革新進歩的主張の高潮などの大きな影響を与えた。天児慧他編『岩波現代中国事典』岩波書店、1999年、209ページ。また、堀川哲男「義和団運動の発展過程」および小林一美「義和団の民衆思想」、野沢豊他編『講座中国近現代史』2、東京大学出版会、1978年、207～266ページをも参照されたい。

26) 第一次世界大戦後の1915年1月18日、大隈重信内閣が中華民国の袁世凱政権に5号21条の要求を行った。主な内容は次の通りである。ドイツが山東省にもっていた権益を日本が継承すること、関東州の租借期限を延長すること、満鉄の権益期限を延長すること、漢冶萍公司（中国最大の製鉄会社）の日中合弁化、沿岸部を外国に割譲しないこと、5号条項として、中国政府に政治経済軍事顧問として日本人を雇用すること、など。岩村三千夫他著『中国現代史』（改訂版）岩波新書、1964年、55～56ページ。

27) 野沢豊他編『講座中国近現代史』4、東京大学出版会、1978年と斉藤道彦『五・四運動の虚像と実像』中央大学出版部、1992年などを参照されたい。

28) 拙著「中原大戦と地方軍閥との関係」、『青山史学』16号、1998年と王芸生『六十年来中国与日本』三聯書店、1980年などを参照されたい。

29) 前掲拙著『中日"戦争交流"研究』、9～15ページを参照されたい。

30) 田漢作詞、聶耳作曲。元々は1935年に作られた抗日映画「風雲児女」の主題歌であり、1949年に暫定的な国歌として制定され、1978年に歌詞が変更され、正式な国歌とされた。1982年に元の歌詞に復元され、「義勇軍進行曲」の副題も復活した。

31) 戴季陶著・市川宏訳『日本論』社会思想社、1972年などを参照されたい。

32) 奥村哲著『中国の現代史——戦争と社会主義』青木書店、2000年を参照されたい。戦争は中国人の身体に染み込んでいると言えよう。

33) 毛里和子『中国とソ連』岩波新書、1989年、81～83ページなどを参照されたい。

34) ベトナム戦争とはベトナムの独立と統一をめぐる戦争である。1960年結成された南ベトナム解放民族戦線は、北ベトナムの支援のもとに、南ベトナム軍およびこれを支援するアメリカ軍と戦い、69年臨時革命政府を成立。73年平和協定が成立しアメリカ軍が撤退、75年南ベトナム政府が崩壊、翌年に南北が統一された。

35) ジェームズ・マン著・鈴木主税訳『米中奔流』共通通信社、1999年；宇佐

美滋著『米中国交樹立交渉の研究』国際書院、1996年；A.ドーク・バーネット著・戸張東夫訳『米中国交：アメリカの戦略』日中出版、1978年；張雲「中日関係与東亜未来」（シンガポール『聯合早報』2005年4月27日などを参照されたい。

36) 日中共同声明の内容は次の通りである。一、日本国と中国との間のこれまでの不正常な状態は、この共同声明が発出される日に終了する。二、日本国政府は、中国政府が中国の唯一の合法政府であることを承認する。三、中国政府は、台湾が中国の領土の不可分の一部であることを重ねて表明する。日本国政府は、この中国政府の立場を十分理解し、尊重し、ポツダム宣言第八項目（「カイロ宣言」ノ条項ハ履行セラルベク又日本国ノ主権ハ本州、北海道、九州及四国竝ニ吾等ノ決定スル諸小島ニ局限セラルベシ。カイロ宣言は1943年11月27日第２次世界大戦中、エジプトのカイロでアメリカ・イギリス・中華民国の三首脳、日本の無条件降伏をめざした連合国の基本方針をはじめて明確にしたものである）に基づく立場を堅持する。四、日本国政府及び中国政府は、1972年９月29日から外交関係を樹立することを決定した。両政府は、国際法及び国際慣行に従い、それぞれの首都における他方の大使館の設置及びその任務遂行のために必要なすべての措置をとり、また、できるだけすみやかに大使を交換することを決定した。五、中国政府は、中日両国国民の友好のために、日本国に対する戦争賠償の請求を放棄することを宣言する。六、日本国政府及び中国政府は、主権及び領土保全の相互尊重、相互不可侵、内政に対する相互不干渉、平等及び互恵並びに平和共存の諸原則の基礎の上に両国間の恒久的な平和友好関係を確立することに合意する。両政府は、上の諸原則及び国際連合憲章の原則に基づき、日本国及び中国が、相互の関係において、すべての紛争を平和的手段により解決し、武力又は武力による威嚇に訴えないことを確認する。七、日中両国間の国交正常化は、第三国に対するものではない。両国のいずれも、アジア・太平洋地域において覇権を求めるべきではなく、このような覇権を確立しようとする他のいかなる国あるいは国の集団による試みにも反対する。八、日本国政府及び中国政府は、両国間の平和友好関係を強固にし、発展させるため、平和友好条約の締結を目的として、交渉を行うことに合意した。九、日本国政府及び中国政府は、両国間の関係を一層発展させ、人的往来を拡大するため、必要に応じ、また、既存の民間取決めをも考慮しつつ、貿易、海運、航空、漁業等の事項に関する協定の締結を目的として、交渉を行うことに合意した。殷燕軍『日中講和の研究　戦後日中関係の原点』柏書房、2007年、389〜391ページ。

37) 日華条約とは日本と中華民国との間で両国間における第二次世界大戦の戦

争状態を終了させるために締結された条約である。日華平和条約とも呼ばれる。1952年8月に発効、1972年9月日中国交回復のために廃止。条約議定書の中に中華民国は日本国民に対する寛厚と善意の表徴として、日本国が提供すべき役務の利益（賠償）を自発的に放棄するとしている。前掲『岩波現代中国事典』、984ページ。

38) 中国側が賠償請求権を放棄した理由は次のいくつかのことが考えられる。Ⅰ.台湾もアメリカも賠償を請求しておらず、アメリカの対日政策を重視しなければならない。Ⅱ.東南アジアのケースを見ても、賠償金で経済が飛躍的に発展するわけではない。まして社会主義の中国が賠償を頼りにするわけにはいかない。Ⅲ.日本軍国主義者と人民を区別する毛沢東の思想に反する。Ⅳ.高額の賠償請求をすれば国交正常化交渉が長引く、というものである。毛里和子『日中関係　戦後から新時代へ』岩波新書、2006年、33ページ。

39) 劉江永「甲午戦争以来東亜戦略格局演変及啓示」、前掲『中日熱点問題研究』、184ページ。

40) 岡部達味『日中関係の過去と将来　誤解を越えて』岩波書店、2006年、42〜45ページ。

41) これまでの対中ODAは有償資金協力（円借款）、無償資金協力、および技術協力の三部分が含まれる。その内、約9割を占めるのが円借款である。外務省「対中ODA実績概要」、http://www.mofa.go.jp/mofaj/gaiko/oda/data/chiiki/china.htmlを参照されたい。

42) 「人民網日本語版」2008年12月24日。また、馮昭奎「中国的改革与日本因素」、『世界経済与政治』2008年第10期と徐顕芬『現代中国地域研究叢書　日本の対中ODA外交　利益・パワー・価値観のダイナミズム』勁草書房、2011年をも参照されたい。

43) 張蔵蔵他著・莫邦富編訳『ノーといえる中国』新潮社、1996年。なお、その続編ともいうべき宋暁軍他『中国不高興』江蘇人民出版社、2009年をも参照されたい。

44) 日中両国民の相手国への感情の悪化、アジアでの国際関係の複雑化などがそうである。また、地域指導権の争いについてはイギリスフィナンシャル・タイムズの記事ASIA PAYS TRIBUTE TO ITS NEW SUPERPOWER, By David Pilling 2009, 5, 8と朱鋒「国際戦略格局的演変与中日関係」、前掲『中日熱点問題研究』、161〜163ページをも参照されたい。

45) 莫邦富『日中はなぜわかり合えないのか』平凡社、2005年、212ページ。

46) 詳しくは白岩松『岩松看日本』華芸出版社、2007年を参照されたい。

47) 天児慧著・拙訳『日本人眼里的中国』社会科学文献出版社（北京）、2006年

と伊藤正著・拙訳『晩年鄧小平』新東方出版（香港）、2009年と樋口兼次著・拙訳『日本的生産合作社』中国青年出版社、2014年。また、及川淳子「『北京における日本関連図書事情』──『日本論』をめぐる一考察──」、前掲『相互理解としての日本研究』、309〜338ページなどをも参照されたい。

48）「過去30年間で留学生30万人（四分の一）余りが帰国」、『人民網』2008年4月7日。ちなみに、中国教育省の統計によると、2015年までに海外に留学していた中国の留学生は卒業・修了してから約79.87％が帰国したという。シンガポール『聯合早報網』2016年3月27日を参照されたい。

49）「08回顧・国際　世界を揺さぶった同時不況」、『読売新聞』社説、2008年12月28日。

50）「飯島愛之死讓中日網民関係改善」、『新浪ブログ』2008年12月30日。なお、中国人が結婚したい外国人は「日本女性」というアンケート結果もある。「華僑向け通信社の中国新聞社がインターネットで中国人の読者を対象に調査中の「結婚したい外国人」アンケートで、男性は4人に1人が「日本人女性」と答えた。これに対し女性の場合は「アメリカ人」「韓国人」にあこがれる回答が集中し、「日本人男性」はわずか3％と振るわない。調査には11日までに男性で4,100人以上、女性で2,100人以上が回答している。複数回答で調査は続いているが、中国人男性が日本人女性と結婚したい理由には「優しい」「かわいい」「なにがなんでも日本女性」といったコメントが並ぶが、一方で、反日感情から「日本人に復讐するため」との屈折した回答や、「日本のアダルトビデオを見て好きになった」などといった困った回答もあった。中国人女性の場合は、アメリカ人と韓国人がいずれも14％を超え、イギリス人8％、フランス人7％、北欧人6％となっている。"白人志向"がうかがえるが、中には「アメリカ国籍が欲しい」といった分かりやすい回答もあった。韓国人男性が好まれたのは、中国のテレビでも高視聴率の「韓流ドラマ」が影響した。日本人男性について読者コメントはほとんどなく「興味なし」のようだ。」『産経新聞』2009年5月11日。

51）雷傑鳴（James Reynolds）「動盪与成就──2008中国大事記」、『BBC中文網』、2008年12月27日。また、James Reynolds' China, bbc.co.uk http://www.bbc.co.uk/blogs/thereporters/jamesreynolds/。金燦栄他著・本田朋子訳『大国の責任とは　中国平和発展への道のり』日本僑報社、2014年をも参照されたい。

52）馬立誠、時殷弘、馮昭奎などの人々が外交革命を主張し、日本と新しい関係を締結することによって、中国の国益を図る考え方。馬立誠著・杉山祐之訳『「反日」からの脱却』中央公論新社、2003年；馬立誠著・箭子喜美江

訳『日本はもう中国に謝罪しなくていい』文藝春秋、2004年；時殷弘著「中日接近与"外交革命"」、『戦略与管理』2003年第2期・伊藤正日本語全訳『産経新聞』2003年6月13日；馮昭奎「論対日関係新思維」、『戦略与管理』2003年第4期などを参照されたい。

53) 日中中間線とは日本が東シナ海で主張している日中双方の排他的経済水域（EEZ）の境界線のこと。国連海洋法条約では、海岸線から200カイリと定めているが、日中間の東シナ海では最短距離が400カイリ未満で両国の200カイリ海域が重なるため、日本は海岸線から等距離の中間線が「境界画定の公平な解決策」と主張する。中国は陸地から続く大陸棚などの地形に配慮すべきだと主張。日中中間線よりも東に張り出した「沖縄トラフ（海溝）」の先端までが大陸棚で、中国側のEEZだと唱える。双方の見解の隔たりは大きい。

54) たとえば、『朝日新聞』2008年12月31日「いまこそ対話の好機だ」という社説に次のことが書かれている。つまり、「日本政府はチベット騒乱後、欧米のように大声ではなく、静かにねばり強く中国に対話路線を説得した。メンツを大切にした日本外交が功を奏した」という声が中国内で出たほどだと。また、日本側は中国の軍事費について不透明さを理由に批判しがちであるが、近代に限って何回も中国を侵略していたのは間違いなく日本だった。そのことに触れようとしないで、中国を批判しても中国は納得いかない。日中両国は互いに信用しないのが最大の問題なのかもしれない。

55) エズラ・F・ヴォーゲル（Ezra・F・Vogel）「中国崛起与二十一世紀中美日関係」、『21世紀』2001年第10期をも参照されたい。なお、日中間共通貨幣をつくり、金融危機や経済危機を乗り越えようという提案も出ている。張源埈インタビュー「傑弗里-薩克斯（美国哥倫比亜大学教授）：全球経済危機将使韓中日変強」、『朝鮮日報』中文網、2009年1月17日。

56) 前掲『日本人眼里的中国』、252ページ。

第二章　国際情勢と日中関係

はじめに

　Ｇ７やＧ８の代わりに、G20が初めて登場したのは2008年11月であった。これはその直前の、アメリカ発の金融経済危機を如何に克服するか、その解決策を話し合うために、サルコジ・フランス大統領の提案を受け入れ、ワシントンで開催された国際会議である。面白いことに、アメリカが危機を作り出したにもかかわらず、アメリカに対する批判の声があまり聞こえてこなかった。おそらく、経済のグローバル化もあって、各国の相互利益が錯綜していることが大きな理由の一つであろう。また、アメリカを批判しても問題解決につながらなければプラスにならないという考えもどこかにあった。とはいえ、アメリカの地位は以前に比べると、確実に低下してしまっている。

　一方、15年にかけてWTO加盟（2001年）を果たして以来、中国は後発国の優勢をいかして着実に力をつけてきた。2004年、中国（香港も含む）はアメリカを抜いて、日本最大の貿易相手国となった。そして、2008年、中国はアメリカ、日本に続いて世界三位の経済大国に躍り出た。2009年に入ってから、中国は先進国と同様に、金融経済危機を受けながら、GDP9.6％の成長を達成できただけでなく、アメリカを抜いて、世界最大の自動車生産国並びに市場となり、また、ドイツを抜いて世界最大の貿易国となった。いま（2010年当時）の中国は世界一の外貨準備高を持っており（２兆米ドル）、アメリカ国債の最大保有国である[1]。間違いなく、中国は台頭してきた。ちなみに、中国はかつて漢、唐、明など世界に君臨する帝国という歴史ゆえに、台頭というよりは「再興」といったほうが相応しいかもしれない。

　国際情勢が変わっていくなかで、日中関係もその影響を受けざるを得ない。とりわけ、2009年８月、日本の総選挙で、長年与党だった自民党が惨敗し、代わりに民主党が大勝した。党首鳩山由紀夫が首相に就任し、早速、アメリ

カをはじめとするグローバル化を批判する記事が出²⁾、アメリカを除外する東アジア共同体構想を提唱した。その後、反対意見が出て、「軌道修正」を表明したが、国際情勢の変化にいつも敏感に反応する日本政府がすばやくとった行動だったということに変わりはない。

　小論は、アメリカの衰退、中国の台頭と再興、そしてそうした国際情勢が日中関係に与える影響について考察を加えてみたい。

一、アメリカの衰退

　21世紀に入ってから、おおざっぱに言う世界の情勢は、二つの傾向があるように思う。一つは冷戦後、唯一の超大国――アメリカの衰退というか凋落、今ひとつは中国の台頭・再興である。

　まず、アメリカについて話を進める。いうまでもなく、冷戦終結後、世界諸国の中で、アメリカは唯一の超大国となった。しかし、この状況は約十年しか続かなかった。つまり、21世紀に入ってから、超大国のアメリカは衰退、あるいは凋落しつつあるといってよいと思う。その証拠を三つほど挙げてみたいと思う。一つ目は2001年の９.11同時多発テロ、二つ目は2003年のイラク戦争、三つ目は2008年のアメリカ発の金融経済危機である。次に詳しく見てみよう。

1、9.11同時多発テロ

　2001年９月11日、民間旅客機がアメリカのニューヨークにある国際貿易センタービルに突っ込んだテロ事件が他の数ヶ所とともにほぼ同時に発生した。サウジアラビア出身のビン・ラーディンが首謀者とされるがこの同時多発テロについていまだに不明な点が数多く存在するが、アメリカをはじめとする欧米文明とイスラム文明との衝突という側面が否定できないと私は思う³⁾。

2、イラク戦争

　2001年のアフガン戦争はともかく、2003年３月20日から始まったイラク戦争が、アメリカとドイツ・フランスとの関係に亀裂をもたらした。戦後、長

年の盟友だった独・仏のアメリカに対するイラク戦争への反発はアメリカの単独主義を批判するものだが、同時に、アメリカの衰退というか凋落を如実に物語るものだと考えられる。

3、アメリカ発の金融経済危機

周知の通り、2008年秋から、アメリカ発の金融経済危機で世界は苦しんでいる。失業者が世界各地に溢れている。当のアメリカ自身も、リーマン・ブラザーズ証券の破綻をきっかけとして、会社の倒産が相次いでいた。2009年に入ってから、そのあおりで、世界に君臨してきたアメリカ自動車業界の最大手GM（ゼネラルモーターズ）も倒産の運命をまぬがれなかった[4]。

アフガン戦争はアメリカとイスラム諸国との関係を悪くしたが、イラク戦争は米欧の盟友関係に悪影響をもたらした。そしてアメリカ発の金融経済危機は明らかにアメリカの金融構造が深刻な問題を抱えていることを意味する。一部の人はアメリカ型資本主義がすでに崩壊したというが、少なくとも、長年、世界をリードしてきたアメリカ型モデルに問題があり、再考せざるを得なくなったと考えてよいと思う。

1929年、同じくアメリカ発の世界的経済危機があった。その結果、第二次世界大戦が起こった。では、今回の金融経済危機は世界に何をもたらすであろうか。オバマ・アメリカ大統領はかつて「21世紀は米中関係を構築する」と言っているが、私はこれが中国がアメリカに取って代わるきっかけになるのではないかと考えている。

以上の三つの要素をあわせて考えると、われわれはアメリカの時代は終わりつつあるという結論に至ったわけである。

G7とG20構成国と地域

G7	G20
アメリカ、フランス、イギリス、ドイツ、日本、イタリア、カナダ	アメリカ、フランス、イギリス、ドイツ、日本、イタリア、カナダ、ロシア、中国、インド、EU、韓国、インドネシア、オーストラリア、トルコ、サウジアラビア、南アフリカ、メキシコ、ブラジル、アルゼンチン

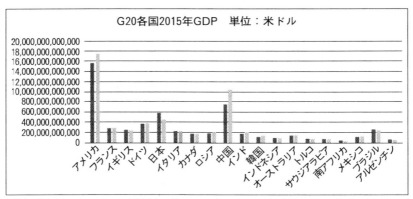

説明：■は2011年のデータを示し、▧は2015年のデータを示す。EUは省略。
資料：世界銀行統計より作成。

二、中国の台頭・再興

次に、中国の台頭・再興について考える。

皮肉なことに、アメリカが衰退しつつあるときに、中国は台頭してきた。2008年夏の北京オリンピックはまだ記憶に新しいところだろう。開会式での歌曲の「口パク」などの批判もあった。一方、204という史上最多の国と地域が参加した空前の大会となり、中国人の百年の夢をかなえたという側面も見落としてはならない。また、中国は金メダル総数を51個という世界一に輝いた。たしかに、人口からすれば、そんなに驚かなくてもよい数字だが、しかし、同じく新興国であり、人口大国・隣国のインドと比べれば、そのギャップが歴然としている。

2001年にアメリカ大統領に就任したブッシュは、クリントン前大統領の対中融和政策を改め、中国を競争相手国と位置づけた。しかし、あいにくこの年、9.11同時多発テロが発生。その後、アメリカは中国の協力を求めるようになり、対中政策も変えざるを得なかった。以来、中国は変化した国際情勢を積極的に活用し、高成長を遂げた。極端な言い方をすると、そのアメリカに取って代われる国は今のところ、中国しか見当たらない。その理由を見てみよう。

第二章　国際情勢と日中関係

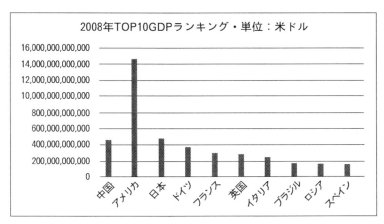

資料：世界銀行統計により作成。

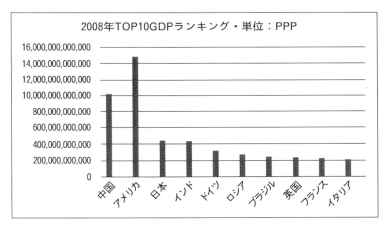

資料：世界銀行統計により作成。

1、経済力

まず、中国の経済力を考えてみよう。

2008年、中国の一人当たりGDPは初めて3,000米ドルを超えた。日本の約3.5万ドルの11分の1、米国の4万ドルの13分の1にしかないが、購買力平価で計算すると、中国はすでにアメリカに次ぐ世界の第二位の経済大国となっている。[5]

63

PPP (Purchasing Power Parity Theory) とは、購買力平価である。スウェーデンの経済学者G.カッセルが唱えた為替相場は各国通貨の購買力に応じて決まるとする考え方であり、総合的な物価水準の内外価格差を示す指標として使われる場合が多い。購買力平価のユニークな計算方法として、マクドナルドのビッグマックの価格に基づいた購買力平価があげられる。どの国においても全く同一の商品で比較可能な対象商品として優れているうえ、この商品の場合、農畜産物、工業製品、人件費、物流コスト、サービス費用等の多くの要素費用を含んでおり、財・サービス全般の平均としての購買力平価を表示するものとして優れているとされる[6]。

　ちなみに、アメリカ人事コンサルティング会社マーサーによる毎年恒例の「世界生活費ランキング」が2009年7月7日に発表され、東京が円高ドル安の影響で1位に、大阪は2位に入った。香港は5位、ニューヨーク8位、北京9位、上海12位、深圳22位、広州23位であった[7]。

　一方、2008年、中国のGDPは世界3位だが、2位・日本のGDPの約4分の3にあたり、1位・アメリカの約4分の1となる。また2009年、日本は6％（名目）マイナス成長であるのに対して、中国は約9％のプラス成長になると予測されている。したがって、中国との開きは約15％もある。アメリカの有力紙、ニューヨーク・タイムズは2009年末か2010年初頭に、中国の経済規模は日本を抜いて世界2位になると予測していた[8]。

　また、イギリスの新聞（タイムズ）は、アメリカの金融グループで、世界最大級の投資銀行であるゴールドマン・サックス（Goldman Sachs）は、2027年、中国の経済規模はアメリカに匹敵し、2050年になんとアメリカの二倍になると予測している[9]。

　また、中国は共産党が支配するため、民主主義国のように、時間をかけてゆっくりと議論してから法案を通す必要がない。その方針・政策はただちに実施に移されるというメリットがある。とくに、2008年のアメリカ発の世界金融経済危機以来、中国経済は従来より注目されるようになった。一部の国では米ドルに代わり、人民元が取引されるなどの動きがあるということからもわかるように、人民元の国際化やその地位の上昇は、現実となりつつある[10]。

また、中国は新世紀に入ってから、世界の工場・世界の市場へと変身し、成長する中産階級も増加する一方である。中国の携帯電話使用者数は6億人を超え、世界一である。2009年、中国のインターネットユーザーは3億人を突破した。また、このほど発表された2009年度世界トップ企業500社のうち、中国は43社がランクインしている[11]。

　2009年、中国の自動車販売は政府支援策の後押しを受けて急増し、アメリカを抜いて世界一となった。中国汽車（自動車）工業協会は2010年1月11日、2009年の中国の自動車（バス、トラックを含む）販売台数が国の当初目標である1,000万台を大幅に上回り、前年比46.2％増の1,360万台で過去最高になったと発表した。他方、アメリカの2009年の自動車（乗用車およびライトトラック）販売台数は1,040万台で、過去27年で最低水準だった。

　東方証券によると、中国の数字はアメリカのデータに含まれていない大型車も含まれているが、その65万台分を差し引いてもアメリカの販売台数を大きく上回る。2009年の中国の乗用車販売台数は前年比52.9％増の1,030万台で、伸び率は前年の一けたから大幅に加速した。

　12月単月では88.7％増の110万台。月間の販売台数が100万台を上回ったのは2009年では3度目。アナリストは、販売台数の大幅増は政府の政策的な支援によるところが大きいとみている。2008年の伸び率が少なくとも過去10年で初めて一けたにとどまったことも、2009年の伸びを押し上げる要因になった。10年の伸び率は10％程度になるとみられている[12]。

　北京や上海などの都市では約3割の人が車を持っているが、しかし他の都市部では100世帯に6台しか車を持っていない。普及率はまだ低いといえる。裏返すと、更なる発展の可能性が極めて高いということである。

　販売だけでなく、中国国内で生産された自動車の台数も世界一となった。

　蛇足だが、自動車産業は裾野が広く、その部品はおよそ3万点あるといわれている。したがって、経済波及効果が大きいのが特徴である。

2、軍事力

　スウェーデンのストックホルム国際平和研究所が発表した2009年版年鑑に

よると、中国の2008年の軍事費は前年より10％増え、推定849億ドル。イギリスやフランスを抜き、アメリカに次いで世界2位になったことが明らかになった[13]。また、公表されている国防費も21年連続2けたの伸び率をみせている。同年鑑は、軍事費増加の要因を人件費の増大と説明、兵器のハイテク化も挙げているが、航空母艦建造を中心とする海軍力の強化も見落としてはならない。

また、中国は海軍創設60周年を記念し、29ヶ国の代表を招いて催した2009年4月の国際観艦式で、攻撃型原子力潜水艦や戦略原潜を初めて披露した。国産空母建造の意思を示し、近海防衛型から外洋型への転換を進める中国の意志が込められている[14]。

たしかに、中国の軍事費の透明度を高める必要があろう。また「中国脅威論」を打ち消すには、中国はもっと説明責任を果たさなければならない。しかし、中国のGDP（国内総生産）や貿易額を考えると、軍事費はやや低いという中国側の言い分も理解できなくもない[15]。

それに、軍事費が断トツのアメリカは世界全体の41.5％を占める6,073億ドルであるのに対し、中国は世界全体の5.8％にすぎない。また、ある中国軍の将軍がアメリカ軍の相手に対して、「中米両国が共同で太平洋を分割管理しよう」と提案したという。中国は軍事覇権国を構築するかどうかはわからないが、軍事強国にする野心をあらわにしたと言えよう。

また、これまで中国の有人宇宙船の打ち上げは何回も成功している。このことは、アジア初、世界三番目（ロ、米に次ぐ）となる。なお、2001年に中国の海南島上空で中国の戦闘機はアメリカ軍の偵察機と衝突した事件があり、2009年に入ってから、南シナ海沖で中米の軍艦や艦船のトラブルもたびたび起きている。

ちなみに、2008年末、中国海軍は海賊に対処するために、ソマリア沖に軍艦三隻を送っている。中国の海軍にとっては、海外に軍艦を送ることが明代（1368～1644年）の鄭和大航海以来約600年ぶりの「快挙」である[16]。

また、2009年（日本）版防衛白書によると、中国軍の海洋活動の拡大を主に以下の三点が表されているという[17]。

Ⅰ．中国国防相の空母建造発言、
Ⅱ．2008年、中国の駆逐艦が津軽海峡や沖縄経由で太平洋に進出、
Ⅲ．尖閣諸島付近での航行、などであった。

　2009年10月1日は中華人民共和国成立60周年記念日であった。首都・北京の天安門広場で10年ぶりに盛大な軍事パレードが行われた。たしかに、力の誇示と受け止められるところもあるが、アヘン戦争以降、列強に蹂躙された歴史から抜け出した中国の自信の程も見え隠れする。また、中国はこのような形で軍事の透明化をはかるという目的もないわけではない。そこからも中国の軍事力の確実な増強をうかがうことができる。

　また、軍事パレードで展示された兵器のすべてが国産ということから、これまで主にロシアから武器や関連技術を輸入していた時代が終焉を迎えたことを意味する。一部の報道では、中国軍が装備の国産化を図る背景について、軍事専門家の「偵察衛星など宇宙空間と一体化させた近代化軍構築に向けて、一定の自信とめどをつけたことがある」とのコメントを引いている。

　なお、初の国産空母建造と並ぶ自主開発の全地球測位システム（GPS）「北斗」はいずれも2020年ごろに完成する見込み。国外輸出を視野に入れた無人偵察機や戦闘機などの国産化は、兵器産業の拡大を狙うものである。

　中国軍の近代化は、みずからの国益を守ることはさておいて、アメリカ勢力の衰退にともなって、出現する軍事的空白を補完する、つまり安定した国際秩序を維持するという役割も果たしていくという目的が込められているのかもしれない。

　3、ソフトパワー
　次に、中国のソフトパワーについて考えてみよう。
　軍事力や経済力はハードパワーであるならば、対外的な強制力によらず、その国の有する文化や政治的価値観、政策の魅力などに対する支持や理解、共感を得ることにより、国際社会からの信頼や、発言力を獲得し得る力のことをソフトパワーという。では、中国はいかにみずからのソフトパワーを運用しているであろうか。

（一）台湾について

まず台湾問題から始めよう。

台湾は中国の一部なのか、それとも独立国なのか、意見が分かれている。「中国は一つであり、台湾は中国の一部である」というのが中国の一貫した主張である。その理由は、台湾の現状（「分治」。第四章に詳述）は国共内戦の産物であるからだ。したがって、1996年、住民による初の台湾総統選挙では、中国は李登輝を台湾独立を推進する者として反発し、沿岸地域で軍事演習を実施、ミサイル発射実験を行った。

さらに1999年9月、李はドイツの放送局ドイチェ・ヴェレ（Deutsche Welle）のインタビューで中台関係を「特殊な国と国の関係」と表現し、ここに二国論を展開することとなった。また、その後、独立を求めた民進党の陳水扁も二期八年（2000～2008年）続けて総統の職務を果たしていた。こうして、李登輝・陳水扁政権時代には、中台関係が大きく悪化してしまった。

しかし、2003年、中国では胡錦濤・温家宝政権が誕生、とくに2008年台湾の馬英九・国民党政権誕生後、中国は方針を転換し、台湾に対し、「中国は一つ」という原則を認めるなら、どんな政党とも話し合う用意があるといい始め、中華民族を認める国民党だけでなく、台湾独立を党の綱領として掲げる民進党にも交流のシグナルを送った。

以来、中台は急接近している。2008年、三通「通信・通商・通航の直接開放」が実現した。2009年5月18日から、中国の容認によって、世界保健機関（WHO）が、スイス・ジュネーブで開く年次総会（WHA）に台湾が「中華台北」の名義でオブザーバーとして参加することができた。台湾が国連関連機関の会合に参加するのは1971年の国連脱退以来初めてのことであった。国民党は中国との交流を通じて実益を得ている。

一方、台湾独立を党の綱領とする台湾の民進党は、国民党が中国との融和政策から得た利益を分かち合うため、これまでの対中強行姿勢を緩和させ、2009年5月、民進党の重鎮・高雄市長陳菊女史が北京や上海を訪問した。民進党は、かつては中国に罵倒される対象だっただけに、中台関係の急変ぶり

に強い印象を受けざるを得ない[20]。

 そうしたなかで、2009年、民進党の2人の党員が初めて国民党主席とともに中国に赴いて、中国共産党との経済貿易・文化フォーラムに参加していた。双方が学歴の承認など経済貿易を超えた内容の協定に着目していた[21]。

 馬英九総統は、香港生まれの台湾人だが、2008年5月就任演説で、「不統」「不独」「不武」つまり統一もせず、独立もせず、武力も用いずという三つのノー政策を打ち出している[22]。そして、2009年10月、選挙を通じて、馬は国民党主席を兼任した。

 2005年、連戦は国民党主席（当時）として、60年ぶりに北京を訪問し、中国共産党総書記胡錦濤と会見している。2009年6月、呉伯雄国民党主席も胡錦濤と会ったばかりである。国民党主席という肩書きで共産党総書記胡錦濤に会うのは都合がよいといわれている。

 一方、中台双方の交流が強化されたことにともなって、台湾のある新聞は次のように書いている。「（将来）台湾大学出身の福建省長と北京大学卒の中華民国総統が誕生するかもしれない」。これは、今後の中台関係を楽観視している[23]。台湾側の市民感覚を象徴していよう。

 台湾問題は複雑で、中国の内政と国際関係との二つの側面をもっているのが現状である。中国側にとっては、中台の統一が最高目標である。中国はみずからの経済力や軍事力をを背景として、粘り強く台湾側を説得しようとしている。台湾問題を解決するには、中国はソフトパワーを巧みに運用している[24]。

 中台関係は、確実に急接近している。これは一年前までと比べると、雲泥の差があるように思う。政治体制などの要素から近いうちの統一は難しいかもしれない。しかし、李登輝・陳水扁政権時代の独立反対から馬英九政権時代の統一促進への転換は台湾に対する中国側の大きな方針転換であり、今後、現状を維持しながら、台湾側との話し合いをきちんと行っていくことが考えられる。

（二）上海協力機構（SCO）とBRICS

　台湾問題は国際関係に絡んでいるならば、上海協力機構（Shanghai Cooperation Organization、SCO）は完全な国際組織である。SCOの前身は「上海ファイブ」であった。1996年、ソ連崩壊後、中央アジア地区での領土紛争を協議するためつくられたものである。[25] SCOは2001年6月15日、上海で設立された中国・ロシア・カザフスタン・キルギス・タジキスタン・ウズベキスタンの6ヶ国による多国間協力組織。

SCO（上海協力機構）の加盟国・関係国

六つの加盟国 （「六個成員国」）	カザフスタン、中国、キルギス、ロシア、タジキスタン、ウズベキスタン
六つのオブザーバー （「六個観察員国」）	アフガン、ベラルーシ、インド、イラン、モンゴル、パキスタン
六つの対話パートナー （「六個対話伙伴」）	アゼルバイジャン、アルメニア、カンボジア、ネパール、トルコ、スリランカ

資料：SCO公式サイト http://chn.sectsco.org/about_sco/ より。

　ちなみに、約3ヶ月後、9.11同時多発テロ事件がアメリカで起こった。
　表面上、このSCOはテロ撲滅、経済協力、文化交流の国際組織だが、西側先進諸国を排除することが大きな特色である。また、正式メンバーではないが、オブザーバーとしてイラン、インド、パキスタン、モンゴルが加盟していることに注目すべきであろう。
　また、2009年6月、このSCO開催にあわせたように、ブリックス（BRICs）という組織の初の首脳会議がロシアで開かれた。BRICsとは、経済発展が著しいブラジル（Brazil）、ロシア（Russia）、インド（India）、中国（China）の頭文字を合わせた4ヶ国の総称である。この4ヶ国は新興国の代表でありながら、ともに2008年11月から開催されたG20に参加している。いうまでもなく、この4ヶ国は利害や思惑にずれがあるが、[26] 欧米に対抗し、世界の多極化を訴えるということについては共通点がある。そのなかで、中国は豊富な資金力を活用し、目立つ存在である。

なお、2011年4月、北京で開催された首脳会議に南アフリカ共和国が初めて参加したことを機に、首脳会議の正式名称はBRICsからBRICSに変更された。

世界のなかのBRICS諸国

資料：「金磚国家領導人第四回会晤　擬建"金磚銀行"」、
『半島網新聞』、2012年3月29日より。

ちなみに、ここで新疆問題にも触れておこう。

2009年7月5日、中国の北西にある新疆ウイグル自治区の区都ウルムチで大規模の騒乱が発生した。報道によると、これまでに死者は197人、けが人は1,000人以上に達しているという。今回の騒乱のきっかけは広東省韶関市旭日おもちゃ工場での出稼ぎの漢族労働者とウイグル族の出稼ぎ労働者との衝突であった。[27]

2008年春のチベット騒乱と2009年の新疆暴動は似たようなこともあれば、違いもある。[28] 整理をすると、次のような違いと共通点が見えてくる。

まず、共通点は四つある。

Ⅰ. ともに中国の少数民族が集中する地域。

Ⅱ. 独立や分離を求める勢力が存在すること。

Ⅲ. 市場経済の波が少数民族地域にも押し寄せていること。

Ⅳ. 地域格差を是正するために、ともに実施された西部大開発区域に属する。[29]

次に、相違点は五つある。

Ⅰ．チベット問題はダライ・ラマという知名度の高い指導者がいて、彼は英語を駆使し、長い間、国際社会で飛び回っているのに対して、新疆問題ではそういった指導者が見当たらない。

Ⅱ．新疆は1884年に清朝の省として設置されたのに対して、チベットはそうではない。中国側としてはモンゴルの時代からチベットがすでに中国の版図に入ったと主張しているが、20世紀50年代後半の人民公社化が中国とダライ・ラマとの間で問題が生じた発端だったといわれる。

Ⅲ．9.11同時多発テロ後、アメリカが中国の支持を取り付けるために、新疆の独立勢力をテロ組織と指定した。これは極めて大きい。

Ⅳ．SCOはこのエリアでの分離・独立勢力を徹底的に押さえ込む役割を果たしている。つまり、世界からすれば、チベットと異なって、新疆での騒乱はチベットほど支持されていないのが現状である。もちろん、今回も、トルコの反発も見られたが、これまで、反発が大きくならなかった一つの理由はここにあったと思われる。

Ⅴ．また、具体的なことになるが、チベットは内陸との格差は大きいのに対して、新疆の場合はそれほど深刻ではない。つまりチベットに比較すると新疆の方がより同化されているように思う。

また、ある統計によると、中国の55の少数民族のなかに、イスラム系民族は10ある。2000年の統計では約2,000万人のイスラム系住民がいたが、これは1990年の数字と比べると、約13％の増加となる。また、ここ十年の間、約300万人のイスラム系民族の人口が増えた。

各少数民族のなかで、イスラム系民族が一番発展している。たとえば、中国全土でお寺が1.76万ヶ所あり、道教関係の建物は1,500ヶ所、カトリック関係は4,600ヶ所、キリスト教関係の建物は1.2万ヶ所だが、モスクは3万ヶ所以上と一番多い。イスラム系民族の習慣では豚肉は食べない。したがって、各職場の食堂などはイスラム系民族のためにわざわざ豚肉を使用しないコーナーを設けている。また、北京には中央民族大学があって、各民族から優秀な学生が集まり、学習している。

第二章　国際情勢と日中関係

　経済発展するにつれ、中国は多様化してきている。そうしたなかで、漢民族と同様に、不公平や不正、格差などの要素に絡んで、チベット族・ウイグル族などの少数民族も不満を抱えている。問題解決しないと、そうした不満は暴動に発展するリスクが常に存在する。秩序を回復しながら、中国政府やダライ・ラマ十四世などと問題解決のために話し合ってほしいものである。

中国の民族構成

民族（中国語）	人口（人）	総人口に占める割合（％）
漢（同）	1,220,844,520	91.5992
チワン（壯）	16,926,381	1.2700
回（同）	10,586,087	0.7943
満州（満）	10,387,958	0.7794
ウイグル（維）	10,069,346	0.7555
ミャオ（苗）	9,426,007	0.7072
イ（彝）	8,714,393	0.6538
トゥチャ（土家）	8,353,912	0.6268
チベット（蔵）	6,282,187	0.4713
モンゴル（蒙）	5,981,840	0.4488
トン（侗）	2,879,974	0.2161
プイ（布依）	2,870,034	0.2153
ヤオ（瑶）	2,796,003	0.2098
ペー（白）	1,933,510	0.1451
朝鮮（同）	1,830,929	0.1374
ハニ（哈尼）	1,660,932	0.1246
リー（黎）	1,463,064	0.1098
カザフ（哈薩克）	1,462,588	0.1097
タイ（傣）	1,261,311	0.0946
ショオ（畬）	708,651	0.0532
リス（傈僳）	702,839	0.0527
ドンシャン（東郷）	621,500	0.0466
コーラオ（仡佬）	550,746	0.0413
ラフ（拉祜）	485,966	0.0365
ワ（佤）	429,709	0.0322
スイ（水）	411,847	0.0309
ナシ（納西）	326,295	0.0245

民族	人口	%
チャン（羌）	309,576	0.0232
トゥー（土）	289,565	0.0217
ムーラオ（仫佬）	216,257	0.0162
シボ（錫伯）	190,481	0.0143
キルギス（柯尔克孜）	186,708	0.0140
チンポー（景頗）	147,828	0.0111
ダフール（塔幹爾）	131,992	0.0099
サラール（撒拉）	130,607	0.0098
プーラン（布朗）	119,639	0.0090
モオナン（毛南）	101,192	0.0076
タジク（塔吉克）	51,069	0.0038
プミ（普米）	42,861	0.0032
アチャン（阿昌）	39,555	0.0030
ヌー（怒）	37,523	0.0028
エヴェンキ（鄂温克）	30,875	0.0023
キン（京）	28,199	0.0021
キノー（基諾）	23,143	0.0017
トーアン（徳昂）	20,556	0.0015
バオアン（保安）	20,074	0.0015
ロシア（俄羅斯）	15,393	0.0012
ユーグ（裕固）	14,378	0.0011
ウズベク（烏孜別克）	10,569	0.0008
メンパ（門巴）	10,561	0.0008
オロチョン（鄂倫春）	8,659	0.0006
トールン（独龍）	6,930	0.0005
ホージェオ（赫哲）	5,354	0.0004
高山（同）	4,009	0.0003
ローパ（珞巴）	3,682	0.0003
タタール（塔塔爾）	3,556	0.0003
中国に帰化したもの	1,448	0.0001
その他（識別されてない民族）	640,101	0.0480
総　計	1,332,810,869	100.0000

説明：中国政府に認められた56民族のみ表示されている。

資料：国家民族事務委員会経済発展司・国家統計局国民経済総合統計司編『中国民族統計年鑑2012』中央統計出版社、2013年、624～625ページと『中日辞典』第2版、小学館、2003年、1291ページより。

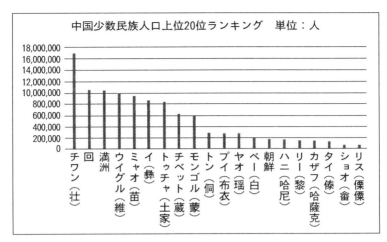

資料:前掲『中国民族統計年鑑2012』より作成。

(三)六ヶ国協議

　北朝鮮の核開発問題に関して、話しあいのため、関係各国の外交当局の担当者が直接協議を行なう六ヶ国協議(Six-Party Talks)にも触れておきたい。六ヶ国とはアメリカ、韓国、北朝鮮、中国、ロシア、日本を指す。蛇足だが、この六ヶ国協議の議長国は中国である。

　六ヶ国協議は2003年に発足してから、何年も経過しており、その間、10回ほどの会談も行なわれている。しかし、北朝鮮は2006年10月9日に続いて、2009年5月25日に二回目の核実験を強行した。ちなみに、その後2013年、そして2016年に入ってからも2回核実験をしている。それによって、六ヶ国協議は失敗したという意見が出ている。

　たしかに、その説はそれなりの理由がある。北朝鮮が核実験を複数回行なうことによって、少なくとも東アジアの情勢はいっそう不安定となった。日本をはじめ関係各国が北朝鮮への制裁決議を国連で通過させ、中国も制裁のトーンを緩和させながらも、これに同調している。

　しかし、北朝鮮はアメリカや日本との国交関係がないという東北アジアの「冷戦」状態を考えると、六ヶ国協議は失敗したというのは短絡的であるか

もしれない。なぜなら、現在の段階では、話し合う以外に、有効な方法がないからだ。したがって、中国は六ヶ国協議の中国代表武大偉を関係国に送り込み、解決策を協議している。

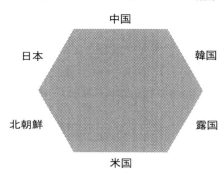

六ヶ国協議と安定した東北アジアの構図

　なお、オバマはアメリカ大統領就任後、ブッシュ前政権と違って、イランの核問題などにも柔軟な姿勢を示し、また、核軍縮をめぐってもロシアに呼びかけるなど、真剣に取り組んでいる。その取り組みが高く評価され、2009年度のノーベル平和賞を授与された。北朝鮮の核問題は複雑で、簡単に解決できるものではないが、最終的にはテーブルについて話し合うことになるのではないかと考えている。

　北朝鮮を除いた五ヶ国協議という議論も2009年初夏頃に出ていたが、難しいかもしれない。将来の東アジア秩序を展望した際、やはり北朝鮮をいかに話し合いの場に戻すか、そうした努力が求められよう。

　ちなみに、中国の国内でも、北朝鮮を批判する声が大きくなってきている[31]。しかし、「内政不干渉」という方針をとり続けている中国にとって、北朝鮮への圧力は限界があるだろう。まして、韓国や日本、そしてアメリカといった政治体制の異なる国々との緩衝地帯として北朝鮮はその役割を果たしているため、なおさらである。

　いずれにしても、北朝鮮問題の解決は、中国の果たすべき役割は大きいと

期待されている。2009年10月、中国の温家宝首相は中朝国交樹立60周年に合わせて訪朝した。北朝鮮は六ヶ国協議に「二度と参加しない」という宣言を撤回し、「朝米協議の結果を見て、六ヶ国協議を含む多国間協議を行う用意がある」と条件付きながら言明し、再び六ヶ国協議に参加すると述べた。

また、10月10日、北京で行われた日中韓三ヶ国の首脳サミットで、北朝鮮はアメリカのみでなく、日本や韓国との関係改善にも意欲を示したと温家宝首相は会見で明らかにした。

繰り返すが、北朝鮮の核問題はそう簡単に解決できる問題ではない。しかし、六ヶ国協議は北朝鮮の核問題を解決する最も有効なメカニズムである以上、粘り強く北朝鮮を交渉のテーブルに戻させる努力が必要である。

戦後、長期にわたって中国は北朝鮮に対して影響力を発揮してきた。しかし、最近になって変化も見られた。それは従来のイデオロギー重視から国益や地域安保といった実務的な側面を重視するようになったことである。中国は核実験を強行した北朝鮮を制裁する一方、核問題を解決するため北朝鮮を援助してきた。中国の対北朝鮮政策に一貫性がないという批判もあるが、かつての「友好国」を制裁することは、それ自体大きな変化であり、中国の外交政策の成熟といっても過言ではない。したがって、アメリカを含め関係各国も域内安保のために、この問題に真剣に取り組むべきであろう。

(四) 中国・アフリカ関係

中国とアフリカ大陸との関係は600年前の明朝に遡ることができる。中華人民共和国の成立後、とりわけ20世紀60年代から第三世界（米ソと先進国以外の国々）と位置づけ、中国はアフリカを援助してきた。タンザニアとザンビアを結ぶ鉄道建設は好例だ。そうした実績もあって、1971年、台湾に代わり、中国が国連常任理事国へと復帰した際、アフリカ諸国も含め多くの第三世界の国々が中国をサポートしてくれた歴史がある。中国はアフリカ支援の先進国だ。

改革開放以降、とくに90年代より中国経済の高度成長にともなって、大量な資源が必要となり、中国はアフリカとの関係を強化してきた。2006年、中

国政府は北京でアフリカの52ヶ国と地域の指導者を招待し、中国・アフリカフォーラムを開催し、関係強化に力を注いだ。

そして、2009年に入ってから、中国がアメリカに取って代わって、アフリカ最大の貿易相手国になった。以下、やや長いロイターの記事だが、掲載しておこう。[37]

　最近、アメリカのオバマ大統領、クリントン国務長官が相次いでアフリカを訪問した。しかし、頻繁な訪問は次の事実を隠せない。それはアメリカに代わり、中国がアフリカの最大の貿易相手国になったことである。

　クリントン国務長官はアフリカ７ヶ国を歴訪した。その目的はアメリカ政府のよき情報を伝えるとともに、アフリカの主要産油国との関係を維持することにあった。しかし、訪問中、クリントン長官は多くの問題を克服しなければならない。その一つは中国・アフリカ関係である。

　2008年、アメリカはサハラ以南のアフリカとの貿易額を28％増加させ、その総額は1,040億米ドルに達した。アメリカ政府はこの実績をよく口にする。しかし、事実上、双方貿易額の増加は主に石油価格の高騰によるものであった。また、アフリカからの輸入のうち、石油が80％以上を占める。次のデータがアフリカの発展トレンドをよく表わしている。2008年、アフリカの対中貿易額は十年前の10倍となり、1,070億米ドルにのぼり、アメリカとの貿易額を上回った。

　今回の金融経済危機がこうした傾向を強めると一部のアナリストは言う。なぜなら、危機は欧米経済を泥沼に陥らせただけでなく、こうした国々の海外での伸張をも阻んだからだ。南アフリカのヨハネスブルグ区域の投資コンサルタント会社Frontier AdvisoryのMartyn Davies氏は「オバマ（の大統領就任）は一部プラス影響をもたらしたが、こうした影響は消えつつある」という。「いま、また現実に戻った。それは、今回の危機で一種の地縁経済の転換を速めることを指す。すなわち、アフリカはアジアに接近しつつある。アジアの中心は中国である。」

　このほど、オバマ大統領のアフリカ訪問は一日で終わった。しかも訪問

先はガーナ共和国一国のみであった。これに対して、2月、中国国家主席のアフリカ訪問では胡錦濤はマリ、セネガル、タンザニア、モーリシャスに足を運んだ。こうした国々は豊富な石油資源がないにもかかわらず、胡錦濤は援助の手を差し伸べたため、経済危機はアフリカを襲い始めるときに、(アフリカは)安堵した。

もちろん、アフリカの鉱産資源開発について、中国企業はためらわなかった。7月、中国中輝国際鉱業集団はザンビアと36億米ドルの銅鉱開発協議をまとめた。一方、中国工商銀行(世界各国銀行の最大手、当時)はアフリカの銀行最大手・南アフリカのスタンダード銀行とのあいだで60におよぶ項目について協力する予定だ。また、2008年、中国工商銀行は56億米ドルでスタンダード銀行の20%の株を取得済みである。³⁸⁾

2009年に入ると、中国・アフリカ関係がいっそう強化された。「中国・アフリカ協力フォーラム」第4回閣僚級会議の開会式が11月8日、エジプトのシャルムエルシェイクで行われ、中国首相温家宝をはじめアフリカ49ヶ国の首脳・高官が出席した。

温首相は「中国とアフリカの新しいタイプの戦略的パートナーシップを全

アフリカを援助する中国銀行と世界銀行

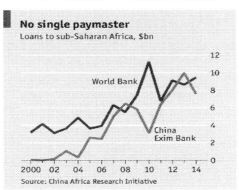

資料:Chinese Loans to Africa, The Economist, Apr.30, 2016より。

79

面的に推進する」と題する演説で、「現在、アフリカは世界金融危機や気候変動などグローバルな試練に直面し、その持続可能な発展は深刻に脅かされている。中国はアフリカの直面する困難や試練をわがことのように感じ、国際社会に対し、アフリカの発展を的確かつ効果的に支援するよう呼びかけている。アフリカ諸国との各分野の実務協力を不断に深め、中国とアフリカの新しいタイプの戦略的パートナーシップを全面的に推進していきたい」と表明し、「今後3年で中国政府は、対アフリカ協力を推進するために8つの新措置を講じる」と述べ、以下の目標を掲げた。[39]

（1）「中国・アフリカ気候変動対策パートナーシップ」を構築し、不定期の高官協議を実施し、衛星による気象観測、新エネルギーの開発と利用、砂漠化対策、都市環境の保全などの分野で協力を強化することを提唱する。中国は、太陽エネルギー、メタンガス、小型水力発電所など100件のクリーンエネルギー事業で、アフリカを支援することを決定した。

（2）科学技術協力を強化する。「中国・アフリカ科学技術パートナー計画」を始動し、合同科学技術研究モデル事業を100件実施し、アフリカからポストドクター100人を中国での学術研究に受け入れることを明らかにした。

（3）100億ドルの特恵的借款を実施するなど、対アフリカ融資を強化する。中国の金融機関による10億ドルのアフリカ中小企業発展特定融資の設立を支持する。中国と国交のあるアフリカの重債務国や後発発展途上国に対し、2009年末までに期限を迎えながら中国側に返済されてない政府無利子借款債務を免除する。

（4）アフリカの生産品に対して市場開放を拡大する。中国と国交のあるアフリカ後発発展途上国の95％の生産品に対する関税免除措置を段階的に実施する。まず2010年内に、60％の生産品に対して関税免除措置を実施する。

（5）農業協力を一層強化する。中国が支援するアフリカの農業モデルセンターを20ヶ所に増やし、農業技術チーム50組をアフリカに派遣し、農

業技術者2,000人をアフリカ諸国のために育成し、アフリカの食糧安全確保能力を高める。

（6）医療衛生協力を深める。病院とマラリア予防治療センター各30施設に5億元相当の医療設備や抗マラリア物資を提供し、医療要員3,000人をアフリカのために育成する。

（7）人材開発や教育面の協力を強化する。アフリカ諸国のために、中国・アフリカ友好学校50校の建設を支援し、校長や教師1,500人を育成する。アフリカ向け中国政府奨学金の定員を2012年までに5,500人に増やす。今後3年で計2万人の人材をアフリカのために育成する。

（8）人・文化面の交流を拡大する。「中国・アフリカ共同研究交流計画」を始動し、学者やシンクタンクの交流や協力を促進し、発展のノウハウを共有することを提唱する。

これに対して、アフリカ諸国首脳は発言の中で「北京サミットでの各協力措置は順調に実施され、アフリカの経済や社会の発展を効果的に助け、アフリカ・中国関係の著しい進展を促した。温首相が今回発表した対アフリカ協力の8つの新措置は、アフリカ・中国協力を新たな段階へと押し上げるだろう」と指摘した。

単にアフリカの資源のみでなく、アフリカの発展のために、人材育成、文化交流、衛生医療協力、農業や科学技術協力など中国なりに努めていることがわかる。こうしたやり方は一部の国から独裁国を援助している「新植民地主義」という批判もあるが、強引にみずからの価値観を押し付けないことが中国対アフリカ関係の特徴である。また、ある意味で中国も独裁政治が行われている国だから、独裁国どうしの付き合いという側面もあるかもしれない。いずれにせよ、アフリカにおける中国のソフトパワーは確実に高まっている。[40]

ちなみに、2016年10月5日、中国が出資し中国企業が建設したアフリカ初の電気鉄道が正式に開通し、内陸国エチオピアの首都アディスアベバと紅海に面した隣国ジブチの首都ジブチとを結ぶ新たな輸送ルートが完成した。アフリカ経済にとって大きな起爆剤となると報じられた（AFPBB NEWS）。

4、大国の再興と世界の責任

以上、中国の台頭ぶりを経済、軍事、ソフトパワーの視点から見てきた。次に中国の再興と世界の責任について考えたい。

2009年7月8日、G8と新興国首脳会合がイタリアで開かれた。会合出席のため、中国の胡錦濤国家主席がイタリアを訪れていた。しかし、その3日前に新疆ウイグル自治区で暴動が起きた。この思わぬ事態に直面して胡主席は会合を欠席、急遽帰国した。この欠席の影響について当時日本の新聞は「キーパーソン不在、具体的な成果期待薄」と結論付けた[41]。

中国の影響力は確実に拡大している。すでに述べた通り、一部の分野はすでにアメリカを凌駕している。世界的な新聞も中国は未来のアメリカだと認めている[42]。しかし、いわゆる「総合実力」を見ると、アメリカに取って代わるには、中国はまだ多くのハードルをクリアしなければならない。たとえば、少数民族の独立問題、地域格差、役人の腐敗、政治改革、環境など、中国は多くの問題を抱えている。私個人の推測では、これらの問題を克服するには時間がかかる。2040年頃、再び中国の時代が到来すると考えられる。

私は学部生時代に、21世紀は中国の世紀だと教わった。このことはいまだに鮮明に覚えている。20世紀、80年代前半のことであった。おそらく、中国人の教師が中国内の学生にこうしたことを教えるのにタイミングも好都合だったのであろう。

しかし、1989年に私たち学生が民主化を求め、立ち上がった際、人民解放軍の弾圧を受けた。その衝撃はあまりにも大きいものであった。これをきっかけとして、私は共産党政権を相対化するようになった。まず、共産党政権は中国史上多くの王朝の一つに過ぎないという結論に至り[43]、次に"戦争交流"という表現を作り出し、日中戦争を再検討した[44]。私の日本留学は「日本に逃れた」ということもできるかもしれない。

しかし、人間の力の弱さかそれとも歴史が人間をなめるかはよくわからないが、ともかく、1989年の天安門事件後、中国はなんと驚異的な成長を遂げつつある。中国はいま最も注目される国となり、そのGDP1％プラスかマ

イナスによって世界が大騒ぎするという大きな影響力をもつ大国となった。私は日本にきてからもう24年になるが、やはり、中国が順調に成長してほしいと素直に考えている。

　また、個人の自由や権利をうんぬんするより、強国の夢を実現するという百年にわたって中国人が追い続けてきたことに道を譲らざるを得ないとも考え始めた。そこで、中国発展モデルに触れる必要がある。イギリス人のMartin Jacquesによると、中国は西側諸国と違う道を歩むという。彼は言う[45]。

　　1949年は、中国史上最も重要な期日の一つだと思う。その意味するところは、中国人がいう屈辱的な世紀を経験し、長い間の混乱を経過することは、その後の社会転換の基礎を築いた。毛沢東時代や鄧小平時代の二つの30年間はそれぞれ異なるが、しかし、二つの時代の内在的な連続性を見なければならない。中国の経済的転換はそれまでにつくられた安定した環境があったからである。したがって、鄧小平時代や毛沢東時代の違いだけでなく、その歴史的連続性をも見る必要がある。毛沢東はいまだに人気があるのもここに原因がある。

　　数年前に、ある政府の文書は西側の民主主義、多党制、総選挙などをはっきりと捨てた。中国当局はすでに西側の啓蒙運動のため、できた価値観を抱擁する何の兆しも見当たらない。しかし、この国は次第に開放と開明となってきた。法治社会に程遠いにもかかわらず、指導者は法律を使うことがより多くなり、幹部の任期制なども導入されている。このような限られた変化は共産党の組織運営と関係する。

　　また、中国の文化は、国家や民族に直面した危機や欧州の台頭に有効な応対ができなかったため、最終的に崩壊した。1911年の辛亥革命から1949年まで、ずっと安定した体制を築くことができなかった。国民党政権は、中国各大都市でみずからの勢力範囲を構築する欧米列強や日本に対抗することに失敗に終わった。したがって、「中国の伝統文化に深刻な危機が内在していた。」

　中国と異なって日本は、日本文化の中の特徴でみずからの行政モデルを

改め、また西側から大量のノウハウを取り入れるとともに、「日本的なもの」をうまく保存・維持できた。この点について、中国とは異なる。

　しかし、毛沢東時代になると、中国文化の現代化が行われ始めた。そのやり方は非常に独特で、半ばマルクス主義を引き継ぐ折衷だ。ある意味で、文化大革命は暴走で、客観的に見て、伝統文化が弱まった。最近、経済の高度成長と急速な都市化が伝統的文化に衝撃を与えている。

以上の見解は概ね賛同できるが、スパンが短すぎる。中国の伝統をうんぬんするなら、近代以来の歴史だけを取り出してコメントするのがあまりにも偏りすぎる。言い換えると、長い中国の歴史を見る必要がある。当然ながら、毛沢東時代と鄧小平時代との違いだけでなく、その連続性も無視してはならないという指摘はもっともである。文化という視点から中国を見つめなおすのも貴重であろう。

　かつて、イギリス、アメリカ、日本、ドイツが台頭し、世界を引っ張ってきたように、中国もいろいろな面で世界をリードしていた歴史をもっている。たとえば、古代中国人はかつて火薬、羅針盤、紙、印刷術などを発明し、中国を世界古代四大文明の一つとしての地位を築いた。フランスのエコノミストMaddison A.は『世界経済』というタイトルの本のなかで、中国、欧州などの経済発展を研究し、次のことを指摘している。

　19世紀半ば頃まで、中国は世界最大の経済国家であった。また、それまでの約200年間も、中国は世界一の経済大国であった[46]。

　その後、欧州の産業革命や清朝の鎖国政策などの原因で、中国は世界に遅れてしまう。そして、アヘン戦争以降、中国は余儀なく、列強に蹂躙された。辛亥革命、中国革命、改革開放を経てから、中国はようやく台頭し、そして再興しようとしている。オバマ・アメリカ大統領は2009年7月、「米中両国が21世紀の世界を構築する」と言った。中国を持ち上げる部分もあったろうが、基本的には今日の国際情勢に適しているような発言だったと見てよいだろう。

これまでの近代史は欧米中心の歴史であった。しかし近代史は数百年しかない。それまでの歴史の中で、中国は何度も世界をリードしていた。そして、中国はいま、台頭し、再興している。そろそろ欧米ではなく、中国の視点から中国そのものにアプローチしてみてはどうであろうか。これは中国台頭・再興に直面する世界の責任なのかもしれない。

　世界に溢れる中華料理も、大勢のファンをもつ功夫映画も、また孔子学院も中国のソフトパワーとして広く認められている。これらのことについての論述は他の機会に譲ることとする。

　以上は主に台湾問題、SCO、BRICS、六ヶ国協議などについて中国のソフトパワーを整理したが、北京大学王逸舟教授によると、中国は国際組織づくり、国際制度づくりといった能力がまだ小さいという。(47)この点については中国モデルや国際秩序とかかわりをもつため、後程改めて議論したい。

三、日中関係

　以上、国際情勢を整理した。最後に、日中関係について話を進めたいと思う。

1、世界における日中関係

　日中関係は、世界において、二番目に重要な二国間関係と言われている。なぜならば、日中両国にとってはともに対米関係がもっとも重要な国際関係であるからだ。けだし正論である。戦後の日米関係は同盟関係である。日本にとって、政治にしても、経済、外交にしても、戦後すべての時期において、この観点が成り立つ。中国にいたっては、中米関係は同盟関係ではないにしても、アメリカは多くの分野では、交渉すべき最も重要な国であることに変わりはない（2016年9月に公表された第12回日中共同世論調査の結果では、世界の中で最も重要な国に日本人が挙げた国はアメリカの63.3％であり、中国人はロシアの35.7％だ）。

　また、日本はG7のなかで、アジア唯一の国である。世界第三位の経済大国でありながら、先進技術をはじめ多くのノウハウをもっている国だ。一方、中国は国連の常任理事国の一つとして、日本最大の貿易相手国となった。ま

た、中国は世界の工場・市場として注目されてきている。最近、G7に代わり、アメリカ、EU、日本、中国というG4で今後の世界経済・金融について話し合われるという議論まで出ている。[48] 日中両国はアジア、ひいては世界経済を牽引する役割が期待されている。

　日中両国は近隣であり、長い歴史を共有している。交流の歴史が長いゆえに、共通部分と不一致が共存するのも事実である。両国はともに漢字を使い、儒家思想や三国志だけでなく、麻雀や囲碁のような大衆文化も共有している。また、両国では餃子やラーメンなどの料理もともに国民生活の一部となっている。

2、日中の異同

　それと同時に、日中両国は政治体制や発展段階の違いがある。また、島嶼国と大陸国家とのギャップも存在している。「中国式宴会作法」を見れば日中の相違がわかる。

中国式宴会作法

資料：『日本経済新聞』2003年10月4日より。

たとえば、日本語の汽車は、中国語の列車になり、日本語の手紙は、中国語のトイレットペーパーになる。また、日本語の「男湯」と「女湯」を見ると、中国人には理解できない。なぜなら中国語の「湯」はTangと発音し、日本語の「スープ」を意味するからだ。

社会制度も違う。溝口雄三は、日本と中国は次のような違いがあると指摘している[49]。

日中社会制度比較

日本の17世紀以降の社会システムの特徴	中国の17世紀以降の社会システムの特徴
Ⅰ．士農工商の職階制、世襲制	Ⅰ．科挙官僚制、非世襲制
Ⅱ．長子相続制：家産の安定的継承	Ⅱ．均分相続制：財産の細分化、流動化
Ⅲ．私有財産権意識の確立と職業意識	Ⅲ．宗族制、宗族結社による相互扶助、共有制
Ⅳ．武士の次男・三男による知識階級の形成	Ⅳ．工（技術）の軽視
Ⅴ．農家の次男・三男の農村からの流出による都市の形成	Ⅴ．儒教の「特許」否定、伝統的な「均」思想

資料：溝口雄三『中国の衝撃』東京大学出版会、2004年、130～133ページより作成。

以上の特徴はいまだにさまざまな形で反映されていると考えられる。日中の共通するところのみでなく、双方の相違点にも注目すべきだということが非常に大切である。ある意味で、それは日中両国が付き合う大前提なのかもしれない。日中両国は「似是而非」（似て非なる）である。

3、新しい日中関係――東アジア共同体を構築するには

また、もう一つの視点は、史上、初めて日中両国はともに強国となったということも見落としてはならない。今までは日本や中国は、一国が指導的立場にあり、もう一国は学ぶ立場にあった。しかし、最近、状況は一変した。つまり、日中両国はともに大国（あるいは強国）となったという事実である。この状況になれるまで、双方ともに多少時間がかかるであろう。

以上の状況分析を踏まえながら、日中関係を整理しておきたい。国際情勢を横軸での話であるとするならば、これからは、これまでの日中関係を縦軸で話を進めたい。
　これまでの日中両国は平和交流時期（近代まで）、「戦争交流」時期（近代）、戦略交流時期（現代）、「牽制交流」（今日）、「建設交流」（将来）と私は第一章で論じた。
　そして、2009年より、日中関係は新しい段階に入ったと考えられる。その理由はこうである。近代までの中国は強国だが、日本は中国に学ぶ立場にあった。アヘン戦争以降、特に日清戦争や日中戦争から20世紀90年代まで、両国関係は逆転して、日本は進んだ国となり、中国は日本に学ぶ立場にあった。1972年「日中共同声明」の発表により、とりわけ1979年から2008年までのODAをもって、歴史問題や経済援助問題などは一応一段落ついた。今後の日中関係について私は慎重ながらも楽観視している。
　慎重とは、日中両国は近隣であり、領土問題やエネルギー、環境汚染、国民感情などをめぐっていろいろなトラブルが起こり得るからだ。カギはトラブルを起こさないように相手国に配慮することと、トラブルが起こった場合、そのトラブルを解決する仕組みをつくって、それを機能させることである。その意味で、私は慎重派である。
　両国首脳の定期的な相互訪問や首脳間ホット・ラインの設置、青少年間の交流がとても大切である。2009年10月に、北京で二回目の日中韓首脳会議が開催された。選挙に圧勝した民主党から首相に選ばれた鳩山由紀夫が「友愛」精神に基づいて、東アジア共同体構想を提起した。
　東アジア共同体構想の萌芽は、マレーシアのマハティール元首相が唱えた東アジアの経済統合にあった。日中韓首脳会談という枠組み自体が、「東アジア共同体」構想の一部として生まれたのである。日中韓首脳会談の前身は、1997年にクアラルンプールで開かれた3ヶ国首脳非公式会合である。東南アジア諸国連合（ASEAN）が非公式首脳会議を開いた時に、その場を借りて行ったため「ASEAN貸座敷外交」と呼んだ。
　しかし、中国の台頭にともなって、経済的な相互依存が進んできた。さま

ざまな地域協力も動き出している。もちろん、体制の違いのほか、資源や領土問題などの課題も抱え、東アジア共同体は単純に欧州連合（EU）と並べてみることはできない。何より大きな問題はアメリカの存在をどう考えるかということである。

この点について次の分析は興味深いものである[53]。

　オバマ米大統領が11月（2009年）に訪日する。日米両国ともに、アメリカ軍の基地問題でこの訪問に影を落としたくはない。しかしもっと困難なのは、中国台頭への憂慮をいかに減らすかということである。

　日本側の新政権がアメリカからさらに独立した外交政策をとると約束することにともなって、アメリカ軍の沖縄基地移転問題をめぐって両国関係にいっそう緊張感が漂う。

　しかし、基地移転よりさらに深い問題は、オバマ大統領と鳩山由紀夫首相とは両国間の50年近くにおよぶ同盟関係を立て直せるかどうかということである。日米同盟はアジアにおける中核的な安全保障の枠組みであり続けてきた。

　オバマは11月13日から14日にかけて日本を訪問する。これは大統領就任後アジア歴訪の最初の国だ。日本の元高級外交官、田中均は「われわれは多極的メカニズムを構築しつつある。そのうち、中国の台頭はこのメカニズムの鍵となるに違いない」と断言する。

　1996年、アメリカ軍の普天間基地のような具体的かつ重要な問題を解決する際、より広い範囲で考える必要があった。これは日米両国が同盟関係維持を考えたことを指している。当時、双方は数年にわたる貿易紛争を解決後、安全保障を強化した。いまも同じことが求められている。日米両国関係、同盟の目的および今後一年の両国の役目をもう一度考え直すべきだ、と田中は言っている。

　鳩山首相はある会議で、長期的、多層的な同盟関係を構築するために、全面的に日米関係を見つめなおす決意を述べた。

　スタンフォード大学Shorensteinアジア太平洋研究センターDaniel Sneider

は「日米同盟はこれまでのいかなる時期に比べても存続し続ける必要があるが、その詳細は調整される必要がある。また、われわれは冷戦時の発想から抜け出す必要もある」と言った。

　日本が心配しているのは、国力の向上にしたがって、中国は日本に取って代わって、世界二位の経済大国となり、日本を除外するいわゆるＧ２（米中）を構築することである。マサチューセッツ工科大学の日本安保問題専門家、Richard Samuelsは「こうした発想に日本は身の毛がよだつ」と言った。

　日本総合研究所理事長で、鳩山首相の側近といわれる寺島実郎は、このほどテレビのインタビューを受けた際、「独立国家のなかで外国の軍隊が駐留していること自身が、戦後時代がいまだに続いていることの証明となる」と不満を漏らしている。

　いずれにしても、アメリカの衰退と中国の台頭にともなって、世界情勢が変わろうとしている。東アジア共同体の構想は、こうした情勢と密接に関係している。しかし日本国内に反対論というか慎重な意見が多いため、このほど、鳩山首相は東アジアサミット会議で、日米同盟は依然として日本外交政策の中核だと考えをあらためた。

　マスコミの圧力などの要素が考えられるが、一方、実力派の民主党小沢一郎幹事長が総勢600人を超す（うち143人の国会議員）チームを率いて中国を訪問した。アメリカ側もそれを見て「アメリカにも」と要請したが、小沢はオバマ大統領との会見が前提条件と求めたと報じられている。ここに日米中三ヶ国の微妙な関係変化を見て取れる。

　元外交官の田中均は、日本はみずからの政策をもっと説明する必要があると考える。同時に、彼は次のことも言っている。つまり、加速する少子高齢化のトレンドにかんがみ、日本はいっそう東アジアを重視せざるを得ない。これに対して、不安を感じるべきではないとアメリカにくぎを刺した。

　「すべての貿易、投資、人口の流動などのデータを見ればわかるように、世界はアメリカを最重要市場と見なさなくなるのが自然だ。」「われわれは今後も繁栄し続けたい。これが、東アジアにより活力をもたらす。」

とはいえ、イデオロギーにとらわれた関係で、中国は民主主義をとった日本に取って代わり、アジアにおけるアメリカの最も親しいパートナーにはなれないと多くの専門家は見ている。当然ながら、日米同盟は伝統的な安全保障協力から気候変動、災難救援といった広い分野に広げるべきである。「東アジア、アメリカの突然の政策変更がこのエリアの不安定化をもたらす。これがアメリカ政府の考えである」。マサチューセッツ工科大学の日本安保問題専門家のRichard Samuelsは「われわれは日本を捨て、中国に飛びつくわけにはいかない」と断言した。

日本は国際情勢に敏感に反応するという優れた伝統の持ち主である。そういう意味で、鳩山首相があえて「脱米入亜」を表明したのは、中国の高度成長に乗り遅れまいという危機意識からのリアクションだったと言ってよいと思う。
　しかしその後の軌道修正からわかるように国内の反対勢力もさることながら、アメリカからの反発は半端でない。東アジア共同体の構築はいまのところ、困難であろう。[54]
　また、東アジア共同体構想は多くの項目が含まれ、できることからスタートすべきである。経済はいうまでもなく、人的交流も大切である。政府以外に、民間の交流、とくに若い世代の交流が重要だ。
　授業で私はこうした問題を提起したら、学生諸君から、国や自治体などから一部資金を援助してほしいといった要望が寄せられた。また、2008年、私が勤務する白鷗大学は、一部の先生の努力もあって、初めて北京にある中国伝媒大学と姉妹校関係を締結した。よいスタートである。この関係を大切にし、活かしてほしいと念願している。
　この場を借りて、一つ提案したい。それは中国の『人民日報』と日本の『読売新聞』など巨大メディアが協力して、相手国の専門家や市民の考えを定期的に紹介することである。あるいは双方のテレビを通じて相手国のことを積極的に伝えるのもよいであろう。この点について、中国に比べると、日本のほうがよくやっている。ただ、相手側を批判する内容をエンターテイメントとして扱わされるべきではないので、要注意だ。

筆者撮影。2014年9月北京にて。

　もちろん、世界における日中関係の視点も必要である。日本側はこの点についても進んでいるが、日中関係に関する欧米専門家の意見紹介が多いのに対して、途上国の専門家の紹介は少ないような気がする。たしかに、先進国の声は重要だが、多くの途上国の声も忘れてはならない。なぜならば、先進国は限られており、途上国は圧倒的に多いからだ。

　中国側もたんに日本の技術や資金だけでなく、日本の新聞やテレビのように、賛成意見のみでなく、反対意見の掲載にも工夫してもらいたい。共産党はもっと自信を持ってほしいものである。そうすれば、中国の民衆も国民感情も段々成熟するであろう。そのうちに、歴史認識やODAを超えた、新時代に見合った日中関係の構築を大いに期待できると思う。

おわりに

　以上、国際情勢と日中関係を整理してきた。最後に結論をまとめておこう。まず、アメリカは衰退しつつある。その理由は三つある。①9.11同時多発テロ事件、②イラク戦争、③アメリカ発の金融経済危機、である。次に、中国は台頭し、そして再興してきた。その理由は①経済大国化、②軍事大国化、③ソフトパワーの活用、④大国の再興と世界の責任、にある。2008年の北京オリンピックや2009年の建国60周年軍事パレードが中国の台頭や再興を端的に示した。もちろん、アメリカの衰退も中国の再興も長い道のりとなるであ

ろう。個人的には今から30年くらいはかかるかと思う。また、中国にとって、クリアしなければならないハードルが数多くある。日本は国際情勢に敏感に反応する習慣がある。いわゆる東アジア共同体もアメリカの衰退と中国の再興という国際情勢に見合った構想といっても過言ではない。いま現在、それを実現できる環境にないが、できることからやるべきであろう。若き学生同士の交換留学が大切である。21世紀はアジアの世紀であるなら、日中両国はもう一度そのことを考えなおす必要があると思われる。

（記：本稿は2009年7月22日に白鷗大学公開講座にて筆者が行った講演「国際情勢と日中関係について」を大幅に加筆、修正したものである。）

注
1) 最新統計によると、2009年、日本は再びアメリカの最大の国債保有国となったという。Voice of America（VOA）、2010年2月17日。新興国の台頭と先進国の衰退は常識になっているが、反対意見もある。マイケル・ピルズベリー著・野中香方子訳『China 2049　秘密裏に遂行される"世界覇権100年戦略"』日経BP社、2015年；前掲『アメリカの世紀は終わらない』；前掲『日中関係史』；前掲『中日熱点問題研究』；ヒュー・ホワイト著・徳川家広訳『アメリカが中国を選ぶ日：覇権国なきアジアの運命』勁草書房、2014年；劉明福『中国夢-後美国時代的大国思維与戦略定位』中国友誼出版社、2010年；Henry Kissinger, World Order, Penguin Press, NewYork, 2014、中園和仁編著『中国がつくる国際秩序』ミネルヴァ書房、2013年などをも参照されたい。
2)「日米関係　信頼構築の奇貨とせよ」、『東京新聞』社説、2009年9月4日を参照されたい。
3) サミュエル・ハンチントン著・鈴木主税訳『文明の衝突』集英社、1998年を参照されたい。
4) 2009年6月、連邦倒産法の適用を申請し国有化された。ちなみに、2013年12月、アメリカ財務省が保有するGMの株式をすべて売却して国有化が終了した。
5) World Development Indicators database, World Bank, 1 July 2009, Gross Domestic Product 2008, PPP。
6) 野村證券、http://www.nomura.co.jp/terms/japan/ko/kobairyoku.html。
7)『CNN日本語版』、2009年7月9日。

8) MICHAEL WINES, EDWARD WONG, An Unsure China Steps Onto the Global Stage, NewYorktimes, April 1, 2009。
9) Martin Jacgues, Currency, culture, Confucius: China's writ will run across the world, http://www.timesonline.co.uk/tol/comme, June 24, 2009。
10) 中国人民銀行・中央銀行などは2009年7月2日、中国本土の一部地域と東南アジア諸国連合（ASEAN）、香港、マカオとの貿易取引について、人民元建てでの決済を1日付で解禁したと発表した。これまで中国本土でしか使えなかった人民元が、ドルや円のように世界中で使える「国際通貨」に向けて一歩を踏み出す。日経電子版「中国ビジネス特集」、2009年7月3日。また、同7月21日の読売新聞は次のように報じている。2005年7月に中国の通貨・人民元の為替制度が改革されてから、21日で4年を迎える。この間、元は中国経済の発展とともに価値も増し、1ドル＝8.2765元から、6.8310元（17日）へとドル基準で21％上昇した。7月からは、一部の国・地域との貿易決済にも使用解禁され、元の国際化に向けた動きも進んでいる。1990年代後半のアジア通貨危機以降、中国政府は人民元のレートをドルに対して事実上固定させてきたが、元安を背景にした巨額の貿易黒字に国際的な批判が高まったことなどから、2005年7月21日、「管理された変動相場制」への移行を発表、翌日から実施した。新制度ではドルだけでなく、円やユーロなどの通貨バスケットに連動し、小幅ながら、為替変動を認めた。中国社会は小刻みに為替を元高に誘導し、輸出も好調だったため、外貨準備高は4年間で約3倍に膨張、2兆米ドルを超えた。莫大な資金は、国際社会での中国の地位を大幅に強化した。

　ちなみに、国際通貨基金（IMF）は2015年11月30日に開いた理事会で特別引き出し権（SDR）構成通貨に中国人民元を採用することを承認した。35年ぶりの大がかり構成通貨の変更となる。人民元のSDR通貨バスケット比率は10.92％と事前予想並みの水準となった。人民元が構成通貨に加わるのは2016年10月以降。また、中国人民銀行（中国銀行）は、IMFの承認を歓迎する声明を発表。自国の経済発展や最近の改革についてお墨付きを得たとの認識を示し、「中国は金融改革や開放促進の動きを加速させる」とした。「IMF、人民元のSDR採用を決定」、『ロイター通信』、2015年12月1日。ちなみに、SDRはSpecial Drawing Rightsの略で、特別引き出し権のことをさす。IMF加盟国が国際収支の悪化などに際し、自国に配分されているSDRを他の加盟国に引き渡すことにより、必要とする外貨を入手することができる権利。1969年に創設され、70年から配分がはじめられた。

11) 中国石油天然気ペトロチャイナ2位、中国工商銀行4位、中国移動5位。1位と3位はアメリカのエクソンモービルとウォルマートであった。「中国企業3社の世界5強入りを冷静に受け止めよ」、『チャイナネット』、2009年6月11日。しかし43社ランクインという記事もある。「《財富》世界500強公布　中国石化首次殺進前十」、『京華時報』、2009年7月9日。
12) 『読売新聞』、2009年7月9日。
13) SIPRI（ストックホルム国際平和研究所）公式サイト：http://www.sipri.org/を参照されたい。
14) 『京都新聞』、2009年6月10日を参照されたい。
15) 中華人民共和国駐日本国大使館「中国の軍事費なお低水準」、2006年4月17日、http://www.china-embassy.or.jp/jpn/zt/qqq650/t246658.htm。また、村田忠禧は中国の軍事費は急速に拡大しているが、一人当たりの軍事費は日本よりまだ小さいとし、そのうえ、拡大する軍事費は中国のGDPの拡大よりは大きくないと指摘する。また、彼は、習近平は人民解放軍を30万削減すると宣言したことからも分かるように、中国は平和大国を目指して努力していると評価する。「用数拠批判"中国威脅論"」、前掲『中国熱点問題研究』、100〜113ページ。
16) 鄭和（1371〜1434年）は中国明代の武将。永楽帝に宦官として仕えるも軍功をあげて重用され、世界への7度の大航海の指揮を委ねられた。本姓は馬、初名は三保で、宦官の最高位である太監だったことから、中国では三保太監あるいは三宝太監の通称で知られる。鄭和の船団は東南アジア、インドからアラビア半島、アフリカにまで航海し、最も遠い地点ではアフリカ東海岸のケニアまで到達した。なお、中国の軍事力についてはアメリカ国防総省議会報告　中国の軍事力、Military Power of the People's Republic of China、『解放軍報』、http://www.chinamil.com.cn/などを参照されたい。
17) 『産経新聞』、2009年7月20日。
18) 「中国軍事力前進、美国不能過度反応」、『多維新聞網』、2009年11月12日をも参照されたい。
19) 方長平「中美軟実力比較及其対中国的啓示」、『世界経済与政治』2007年第7期、21〜27ページなどを参照されたい。
20) Xin Qiang, Mainland China's Taiwan Policy Adjustments, chinasecurity. http://www.chinasecurity.us/index.php?option=com_content&view=article&id=223&Itemid=8。
21) 松本はる香「両岸関係の進展の光と影——平和協定をめぐる中国と台湾の攻防」、馬場毅他編『民主と両岸関係についての東アジアの視点』東方書店、

2014年、155～176ページをも参照されたい。
22)「馬英九総統就職演説全文」、『人民奮起，台湾新生』、2008年5月20日。
23) 台湾『聯合報』、2009年7月20日。
24) 2008年1月に発足したアメリカ・オバマ政権が、外交の基本戦略としてスマートパワーという概念を打ち出している。軍事力によるハードパワーでも、政治力によるソフトパワーでもなく、その両者をスマート（賢く）に組み合わせようとする戦略である。「時代を読む新語辞典」、http://www.nikkeibp.co.jp/article/column/20090310/137776/。
25)「上海合作組織是"東方北約"？」、イギリスフィナンシャルタイムズ中文版、2006年6月22日。
26)『日本経済新聞』、2009年6月17日。
27) 7月5日新疆騒乱のきっかけとなった広東省韶関市旭日玩具廠の乱闘事件についての判決は、Death Sentence for Chinese Brawl, By DAVID BARBOZA, NewYork Times, October 11, 2009。この事件の背景については焦鬱鎏『新疆之乱──没有結束的衝突』第二版、明鏡出版社、2009年を参照されたい。
28) ダライ・ラマ14世が亡命した1959年のチベット動乱の記念日にあたる2008年3月10日、チベット自治区の中心都市ラサの僧侶や市民らが中国当局に対する抗議デモを始めて治安部隊と衝突。多数の死者が出た。
29) 沿岸地区に比して開発が遅れている中国内陸地区〔四川、雲南、貴州、陝西、青海、甘粛、新疆ウイグル、寧夏回族、チベット、内モンゴル、広西チワン、重慶などの十二の省・自治区・市〕を重点的に開発するため、2000年より導入された国家プロジェクト。
30) シンガポール『聯合早報』、2009年7月20日。
31) 葉永烈著『解密朝鮮』新東方出版香港有限公司、2009年を参照されたい。
32) 韓国に亡命した北朝鮮の高級幹部黄長燁は北に対してとる政策には韓国の民主主義と中国との外交関係を指摘している。黄長燁「対北韓的威脅要有原則立場」、『朝鮮日報中文網』、2009年7月9日。
33)『読売新聞』、2009年4月14日。
34)『朝日新聞』、2009年10月6日。
35)「中日韓領導人会議在北京挙行、温家宝総理答記者問」、『人民網』、2009年10月10日。
36)「中朝関係攸関両国利益與東北亜穏定」、香港『文匯報』社説、2009年10月5日。
37)「分析：中国成非洲最大貿易夥伴 美国影响力面臨挑戦」、『ロイター中文網』、2009年8月6日。
38) 同上。

39) 「温家宝総理　中国アフリカ会議で演説」、『人民網』、2009年11月9日。
40) 同上。
41) 中国政府によるアフリカ援助についてもっぱら資源獲得のためや自国から労働者を送り込んでいるなどの誤解が広まっているとアメリカン大学教授デボラ・ブローティガムは指摘する。Deborah Brautigam, The Drogon's Gift: The Real Story of China in Africa, Oxfoed Univ.Press, 2011などを参照されたい。
42) イギリスフィナンシャルタイムズアジア版編集長David Pilling、2008年12月4日。
43) 拙稿「『武訓事件』と中国知識人」、中国社会科学研究会『東瀛求索』1999年3月、170ページ。
44) 前掲拙著『中日"戦争交流"研究——戦時期の華北経済を中心に』。
45) 「中華文明長河中的60年」、『BBC中文網』、2009年10月7日。
46) Maddison A., The World Economy, Paris: Organization for Economic Cooperation and Development, 2006. ここは林毅夫著『解読中国経済』台湾時報文化出版企業股份有限公司、2009年、45ページ。
47) 「中国的軟実力」、『人民網』、2006年6月6日。
48) 「G7の時代は終わったが」、『日本経済新聞』社説、2009年10月8日。
49) 溝口雄三『中国の衝撃』東京大学出版会、2004年、129～137ページ。
50) 第一章「私から見た日中関係」を参照されたい。
51) Official Development Assistance（政府開発援助）の略称である。政府または政府の実施機関によって開発途上国または国際機関に供与されるもので、開発途上国の経済・社会の発展や福祉の向上に役立つために行なう資金・技術提供による協力のことである。日本政府の対中ODAは、1979年に開始され、これまでに有償資金協力（円借款）を約3兆2,079億円、無償資金協力を1,472億円、技術協力を1,505億円、総額約3兆円以上のODAを実施してきた。過去のODA事業では、中国に道路や空港、発電所といった大型経済インフラや医療・環境分野のインフラ整備のための大きなプロジェクトを実施し、現在の中国の経済成長のうえで大きな役割を果たしている。ちなみに、円借款に関する中国からの返済金が2016年現在の時点で約2兆円に達しているようで、中国が「純返済国」として評価されている。「円借款、アジア各国の返済金が主財源　一般会計分は減少」、『日本経済新聞』2014年1月19日を参照されたい。
52) 私は2009年に日中間の歴史問題やODA問題は一応解決済みだと書いたことがある。認識の甘さを露呈したと言わざるを得ない。本書を出版する際、

「解決済み」の代わりに、「一段落ついた」と書き換えた。また、中国にとって歴史問題はただの歴史上の出来事ではなくて、政治だと指摘した（前掲拙著『中日"戦争交流"研究』、14ページ）。現状を見てみると、この言い方は、日本にとっても当てはまるのではないかと自負している。なお、加藤嘉一「中日関係：走過三十年」、『フィナンシャル・タイムズ中文網』、2008年10月30日をも参照されたい。また、アメリカの有力紙ワシントン・ポストの記事もこのことを裏付けている。U.S. Defense Secretary Robert M. Gates used a visit to Japan this week to pressure the government to keep its commitment to the military agreement, which was formulated in part to deal with a rising China. Japan: No base decision soon, Washington concerned as new leaders in Tokyo look to redefine alliance, By John Pomfret and Blaine Harden, Washington Post, October 22, 2009.

53) Linda Sieg「中国崛起挑戦日美関係」、『ロイター中国語版』、2009年10月29日。
54)「日中韓首脳会談 アジア重視の前提は日米同盟」、『読売新聞』社説、2009年10月11日。また、日中関係についてのすばらしい論文がある。大沼保昭「日中新たな共益関係作れ」、『日本経済新聞』、2009年9月24日を参照されたい。

第三章　民主主義を相対化する中国

はじめに

　民主主義（democracy）とは人民が権力を所有し行使するという政治原理であり、権力が社会全体の構成員に合法的に与えられている政治形態である。ギリシャ都市国家に発し、近代市民革命により一般化した。現代では、人間の自由や平等を尊重する立場をも示す。

　中華人民共和国は中国共産党などによって建国された新民主主義国（後に社会主義国に移行）である。中国共産党は共産主義の実現を最終目標としている政党であり、2012年末までに8,512.7万人の党員を抱える世界最大の政党である[1]。

　社会主義（socialism）は、

　Ⅰ. 資本主義の生み出す経済的・社会的諸矛盾を、私有財産制の廃止、生産手段および財産の共有・共同管理、計画的な生産と平等な分配によって解消し、平等で調和のとれた社会を実現しようとする思想および運動である。また、

　Ⅱ. マルクス主義において、生産手段の社会的所有が実現され、人々は労働に応じて分配を受けるとされる共産主義の第一段階である。

　しかし、今日の中国は共産党一党支配（中国側に言わせるとそれは共産党が指導した多党協力制）が残っているが、社会主義市場経済のとり入れや財産の保護という物権法を通過したため、伝統的な社会主義とは随分異なるものである。

　では、民主主義と中国との関係をどう見るべきか。

　近代以降、民主主義はウェストインパクトとともに、西側から東側へとやってきたものである。とくに、20世紀80年代末から90年代初頭にかけて、民主主義が猛威をふるっていた。ソ連の崩壊や東欧諸国の革命は、戦後数十年

続いた冷戦の終りを告げた。このように世界史を塗り替えたのはアメリカをはじめとする民主主義の力によるものであり、このことが「歴史の終り」を意味すると大々的に宣伝されていた。

しかし、アメリカの一極支配も十年しか続かず、2001年の9.11同時多発テロ、さらに2008年からの金融経済危機をきっかけとして、その力の衰退が露呈している。一方、共産党一党支配のため、失敗に終わるはずの中国だが、社会主義の旗を掲げながら驚異的な経済成長を遂げ、アメリカとともにG2（中米2国支配体制）の一角を占めるまで、名実ともに大国化しており、再興しようとしている。

民主主義を抱擁する国は豊かであり、そうでない国は貧困だという「常識」が崩れたのである。中国は「開発独裁」だという人もいる。開発独裁（developmental dictatorship）とは経済発展のためには政治的安定が必要であるとして、国民の政治参加を著しく制限することである。韓国や台湾はその典型だった。これらの国や地域では、経済発展するにつれ、中産階級が出現し、やがて政治権力を求めるようになり、次第に民主主義が実現される、ということである。しかし、中国は経済発展が見られたが、韓国や台湾のように民主化する気配がない。では、中国のやり方をどう呼べばよいか考える必要がある。

いうまでもなく、この点について多くの先行研究ですでに指摘されている。しかし、西側諸国の研究はおおむね共産党による一党支配という中国の政治体制を否定する傾向であるが、中国国内の研究は（共産）党指導の維持が政治改革の大前提であるため、徹底していないというきらいがある。また、これまでの研究が、近代以降、近代化＝欧米化の影響を大いに受け、そこから抜け出せないでいるように思う。

小論では、以上の問題意識を踏まえながら、中国と民主主義との関係を中国の視点から歴史的、比較的に考察し、整理することを試みる。

第三章　民主主義を相対化する中国

一、民主主義の功罪

1、成功した民主主義諸国

　ある意味で、近代の歴史は欧米化の歴史でもある。なぜなら、近代において、欧米列強が世界を支配していたからである。また、近代化は欧米化であるという人もいるほど、欧米の影響が強かった。「脱亜入欧」は近代において、代表的な日本人の価値観を表した表現だったと言ってよい。ちなみに、生活スタイルの欧米化も一部の欧米以外の国と地域で見られる現象である。

　中国は日本ほど欧米化していないが、アジアの一国として欧米諸国から学び、国づくりに努力してきたということでは共通している。民主や科学という表現にしても、マルクスにしてもみな西側に由来する。また、1949年から1970年代初頭のニクソン・アメリカ大統領の訪中まで、イデオロギー的に中国は（西）欧米諸国と対決していたが、毛沢東は側近に自分が「欧米好き」と漏らすほど、当時でも中国人は欧米を好意的に思っていた側面があった。それは中米和解の一つの背景だったと言えなくもないと私は思う。

　改革開放時代になると、鄧小平は「米国についていた国はみな富強になった」と喝破し、民主主義体制の代表格アメリカとの関係正常化を積極的に取り組んだ。同時に、アジアの民主主義国日本を訪問し、日本から経済発展に必要不可欠な政府開発援助（ODA）を引き出すのに成功した。鄧小平は毛沢東と違って、幼い時からフランスに留学していたため、民主主義を肌で感じていたかもしれない。

　日・米・仏などの先進国はすべて民主主義国ということがいかなる説明よりも説得力がある。それは民主主義体制が優れているということである。もちろん、先進国はかつての列強が多く、発展する歴史も長かったということにも留意するべきである。

　1970年代後半、中国は以上のような環境下で、改革開放という政策を導入した。それまで、東欧諸国と関係を維持していたため、結局、中国の開放はアメリカをはじめとする民主主義諸国への開放という意味が強かった。改革にいたっては、それまでの政策を改めるという内容であった。たとえば、農

村の生産責任（「承包」）制の実施、国有・集団企業の改革、金融改革、行政改革はみなそうであった。そのなかで、先進国の経験を参考にしていたことは少なくない。

　先進諸国はほぼ成功した民主主義国家である。はっきりした成功の基準はないが、一応次のように定義すれば大差はないであろう。それは、社会が比較的に安定し、国民生活のレベルは高く、言論の自由は保障され、選挙制度の下で、二党制か多党制が実施されているといった基本要素がそろっている、ということである。

　西側には民主主義体制をとった国が多い。それは民主主義が西側から誕生し、世界に伝わっていったからである。いうまでもなく、民主主義は未熟な国から成熟した国へとシフトするのに時間がかかる。また、各国の民主主義はそれぞれ特徴があって、議会制民主主義や君主立憲制民主主義などの違いも存在している。

　ちなみに、議会制民主主義は立法等、統治のための意思決定が議会によってなされる政治形態であり、立憲制民主主義は憲法に基づいて政治を行う制度である[8][9]。

　「民主主義制度はもっとも的確な政策を決定できる政治制度ではなく、国民の支配者に対する不満や嫉妬感情を効率的に消化、分散、ガス抜きできるために、もっとも内乱や革命が大規模化しにくい政治体制なのである[10]。」

　民主主義は魅力的な部分が多い。また、アメリカという超大国のバックアップもあって、冷戦後、多くの国が民主主義をとり入れていった。

　2、混乱と腐敗に溢れる民主主義諸国
　一方、今日の世界では、民主主義国が大半を占めているにもかかわらず、社会的に成功した国がそうは多くないということになかなか気づかない[11]。成功せぬ民主主義国の共通点はフランシス・フクヤマが前述した「内乱や革命が大規模化しにくい」現象が見られず、逆に政局の混乱と役人の腐敗が蔓延しているのである。

　民主主義を導入したアジア諸国のいくつかの例を見てみよう。人権問題や

核実験しようするイランはかつて注目される国の一つであった。そのイランは民主主義国家である。実際、1979年革命以来、イランは民主選挙を行ってきた。この間、反対党が選挙の失敗を認めないため、西側の力を借りて、抗議行動を繰り広げていた。

また、フィリピンも民主主義国である。フィリピンの民主主義体制が素晴らしいと聴いたことがない。逆にフィリピンでは役人が腐敗し、麻薬問題があふれ、社会の衝突が相次いで、政治が混乱し、経済発展が阻まれている。

さらに、新興国で、BRICSの一角を占めるインドは世界最大の民主主義国と呼ばれている。そのインドでは、賄賂現象が蔓延し、読み書きできない子供が数多く存在する。それと同時に、民主主義体制は複雑な民族、宗教問題と社会団体と絡み合って衝突が常に起きている。[12] インドは、建国（1947年）から70年経とうとしているにもかかわらず、2013年現在でも国民の3人に1人が極めて貧しい状況に置かれ、途上国全体の貧困層の人口は約12億人で、3人に1人をインド人が占めている計算になる（世界銀行）。

インドに比べると、中国は10年ほど進んでいるという専門家がいるが、30～40年のギャップがあるという知り合いのインド人もいる。その人はさらに驚くことを言っていた。「民主主義こそインド発展の足かせとなっている」と。なぜなら、各党が争うばかりで、提案しても実施には移されないからだ

インドの貧困

筆者撮影。2016年8月ムンバイにて。

という。また、よく中国の格差問題がとりあげられるが、ムンバイでインドの格差を目にすれば、中国の格差は問題にならぬほどやさしいものだ。

アフガンやイラクの民主主義体制は学ぶ対象というよりはむしろ、もの笑いの種となっているとさえいえるかもしれない。報道されるように、アフガンやイラクでは毎日のように戦争の犠牲者が出ているのである。

また長い間、タイは平和と文明の国と呼ばれていた。しかしこの度、赤シャツに身を包む人々が反政府デモを繰り返していて、社会秩序も乱れている。これはさかのぼって見ると、民主化と関係すると思われる。

民主化は二つの対立した勢力を作り出し、双方の妥協ができない衝突状態に置かれている。対立した二つの勢力は争ったあげく、一方の勢力は空港を占拠し、東南アジア諸国連合（ASEAN）サミット会場に突入し、タイでの国際会議の開催が取りやめとなる事態を引き起こしてしまったことは記憶に新しい。

そして、2010年4月以来、流血の惨事に見舞われた。軍治安部隊が、バンコクの中心街を占拠し続ける赤シャツ姿の反政府デモ隊を強制排除しようと出動し、武力衝突になった。取材中のロイター通信日本支局の日本人カメラマン村本博之を含む21人が死亡し、860以上が負傷した。[13)]

タイの民主化はアジアに警鐘を鳴らしている。それは調和のとれた社会では、民主主義体制をそのまま真似すると、必ずしもいい結果を生むとは限らないということである。タイは民主主義の夢を実現しようとしているが、いまのところ、悪魔的結末を迎えたと言っても差し支えないであろう。ちなみに、2014年にタイ軍事クーデターが発生。同国の1932年の立憲革命以来、19回目のクーデターとなった。

台湾の民主主義にも触れておきたい。戦後長い間、国民党の蒋介石・蒋経国父子が台湾を支配していた。1996年、民衆による総統の直接選挙を導入したため、この立役者となった李登輝が「台湾民主化の父」と呼ばれる。2000年、民進党の陳水扁が総統に当選し、政権交代を実現した。その後の2008年、国民党の馬英九が選挙に勝利し、総統となった。台湾は世界中の中国人社会で初めて西側の民主主義をとり入れたエリアである。したがって、台湾の民

主主義が特別な意味をもっていると言える。

　私はかつて台湾の民主主義に誇りをもつと書いたことがある[14]。また、民主化後、台湾の変化について、台湾人の知人はそれまでの「役人は公僕へと変わった」と教えてくれた。そういう意味で、私は台湾にエールを送り続ける者でありたい。

　一方、台湾の民主化はまだ成熟しておらず、問題も少なくない。たとえば、二分化（本省人と外省人）した台湾人の民意や役人の腐敗が蔓延しているのも事実である[15]。総統陳水扁（当時）は家族絡みの腐敗事件で、総統任期満了直後から、無期懲役＋罰金２億台湾元、終身公民権剥奪の判決を言い渡された。

　民主主義のもとで、反対のために反対する党派がある。これまで総統選挙が四回行われたなかで、台湾の民主主義について意見が分かれているが、清廉さや効率、公正について、台湾より香港が優れ、経済繁栄について、台湾は中国大陸に負けているという側面がある。

　中国にとってもっとも容認できないことがある。それは台湾の民主化とともに、中国から離れる傾向が強まるということである[16]。これまで中台間で、しばしば緊張が走り、ギクシャクしていた。

　以上述べたアジアの一部の国や地域では、西側の民主主義体制をとり入れているが、盲目に真似するため、往々にして社会の不安定が顕在化し、各団体は選挙前に相互殺し合いさえ行われ、暴力事件も選挙にともなって激化するのである。

　いずれにしても、導入してから成熟するまで民主主義の完成は時間がかかるとは知りながらも、民主主義体制を実施している百以上の国と地域のなかで、先進国など一部の国を除外すれば、ほとんど成功していない[17]。

　もっと典型的な例はアフリカである。われわれが目にするのが民主主義をとり入れた国では、混乱や衝突が絶えず、腐敗も蔓延し、経済も発展しない、ということである。原始的産業構造は、自由貿易の競争に勝てず、マーケットとエネルギー資源の供出地域として、アフリカはあえいでいる。

　言うべきことは、いわゆる先進諸国はその価値観を推し進め、民主主義を神聖化し、すべての成果を民主主義にするとし、民主化を過信していること

だ。市場も計画もすべて経済発展の手段に過ぎず、市場は資本主義的、計画は社会主義的という意見は時代遅れである[18]。

　民主主義を信仰しすぎると民主原教旨主義（民主フェティシズム）となってしまう恐れがある。民主フェティシストの一つの特徴は、社会の現状を無視し、民主主義を絶対視するものである。こうした理性的でないことは真理を探究する精神に打撃を与え、さらなる研究活動を阻み、社会を停滞させてしまうのである（宋魯鄭）。

　全面的に民主主義を受け入れ、西側の民主主義がアジア・アフリカにもたらした「災い」を見ようとしない。果たしてこれまでわれわれは真剣に反省したことがあるのか極めて疑問である。

　民主制至上論者たちは、西側の民主主義イメージを用いて、絶えず神話やうわべだけの現象を作り出してきた。西側の民主主義体制を疑い、批判するすべての観点は「反民主的」「独裁擁護」という帽子をかぶらせている。そのため、民主主義体制は内部から更生し、さらに向上する可能性がなくなったのであった[19]。

　これこそ、21世紀の今日において、民主主義体制が直面している最大な危機ではないかと私は思う。

　3、民主主義のメリットとデメリット

　繰り返すが、現在、民主主義体制は主に世界中の先進諸国で、比較的に安定した政治体制が築かれている。その理由として、「歴史の終わり」を説いたフランシス・フクヤマは、人間の持つ気概、優越願望、ルサンチマンの存在に注目している[20]。

　民主国家では、言論の自由が与えられているため、いくらでも権力者である政治家を批判、弾劾、ときに揶揄することができる。風刺漫画やワイドショーで滑稽に描き、その姿を笑うことができる。どんな大物政治家も選挙で落選させることができ、どんな巨大政党も、一回の選挙で弱小政党に転落させることができる。他の政治体制ではもっとも尊大で傲慢な支配者階級の政治家が、一番国民にへりくだらなくてはならない。政治家は選挙期間中に国

民一人一人に声を掛け、握手し、時に土下座のようなパフォーマンスも行う。
　一方、民主主義に対する批判も少なくない。先行研究を引用すると、次の通りである[21]。
（１）政権交替による、人材の浪費や政策の断続が見られる。また、話し合いが長期に及ぶことにより迅速かつ有意義な政治決定が行われにくいという欠点がある。
（２）国民が詭弁家に扇動される"衆愚政治（愚かな民衆による政治）"へと堕落して崩壊するという。
（３）民主主義の価値相対主義と平等主義はニヒリズムである。リベラル（寛容）であるということは、命がけで守る信念もこだわりもないということであり、平等であるということは、高貴な貴族が消滅し、国民全体が畜群と化すということである。ニーチェは、命がけで戦うなど野蛮であり、そんなことをしない自分たちは理知的であり、合理的であり、大人であると胸をはる民主主義者たちのことを、最後の人間と呼ぶ。しかし、民主主義者たちは胸をはるが、その胸は空っぽだといわれている。
（４）少数による多数の支配は不可避であり、国民→議員→政党→党首というように、最終的な権力が必ず一個人や一組織に集中する構造になっているとロベルト・ミヘルスは言う。
（５）レーニンは、現代の議会制民主主義は、あくまでブルジョア階級の代表者によって構成されるブルジョア民主主義であり、ブルジョア階級の利害を代弁する機関に過ぎない。真の民主主義を構築するためにはプロレタリア独裁を経て、階級を消滅させ、社会主義社会を成立させなければならないと指摘した。
（６）ヒトラーは、議会制度は無責任な政治体制だと指摘する。政策が間違っていても誰も責任を取らず、議会がただ解散されるだけであることを指摘し、カリスマ的支配、指導者原理の重要性を説いた。
（７）デモクラシーというものは、腐敗した少数の権力者を任命する代わりに、無能な多数者が選挙によって無能な人を選出することであると指

摘される。
（8）「民主制は最悪の政治形態と言うことが出来る。これまでに試みられてきた、他のあらゆる政治形態を除けば、だが」と言われる。
（9）フランス人コンドルセは投票の逆理、アローは不可能性定理を説き、国民の意思を完全に反映する投票、選挙制度を構築することの困難さを指摘している。
（10）今日、民主主義国は相互の戦争がなくても非民主主義国に戦争を仕掛ける傾向がある（アフガン戦争、イラク戦争、ロシア・グルジア戦争、NATO対ユーゴ戦争など）。

　総じていうと、民主主義体制をとった国は世界の大半を占めている。そこから、民主主義の「普遍性」が見られる。東欧革命、ソ連崩壊後、その流れが加速する傾向があった。しかし、現状は決して楽観できない。とくに今世紀に入ってから、アメリカを筆頭とする民主主義体制をとっている国々がおかしくなっている。したがって民主主義の長所を認めるが、その短所も指摘しておかねばならない。

　以下、中国と民主主義との関係を整理してみたい。

二、民主主義を相対化する中国の歴史と伝統

1、中国モデル・北京コンセンサス

　2008年アメリカ発の金融経済危機がぼっ発、その力が衰退していくのに対して、中国などの新興国が力強く台頭してきた。そうしたなかで、中国モデル・北京コンセンサスが登場したのだ。戦後、あらゆる意味でアメリカが最強だった。だから、アメリカについてゆく国が多く現れた。そこで、アメリカモデルが自然に出てくる。いわゆるアメリカモデルとは、一般論としてこうまとめられる。それは経済発展につれ、中産階級が出現し、やがて政治権力を求めるようになり、次第に民主主義が実現される、ということである。また、ワシントン・コンセンサスは＝市場経済。したがって、一言で言うと、アメリカモデル・ワシントン・コンセンサスは民主主義＋市場経済である。中国モデル・北京コンセンサスはアメリカモデル・ワシントン・コンセンサ

第三章　民主主義を相対化する中国

スを意識した対照的な表現と考えてよい。1949年に中華人民共和国が成立、当時、冷戦の時代であった。つまりソ連の影響を大いに受けていた。長年、社会主義、共産党指導、計画経済などが中国の特徴であった。

　1970年代後半、中国は改革開放政策を導入してから、鄧小平はしばしば「中国道路」「中国模式」（モデル）を多用していた。ソ連崩壊後、とりわけ、中国は市場経済を取り入れてから、高度成長を遂げていく。WTO加盟をきっかけとして世界の工場化、世界の市場へとシフトし、中国をはじめ新興国の台頭によって、国際政治経済の中心がアメリカからアジアへ移行していると言われている。

　そうしたなか、2004年、アメリカの中国問題専門家・ジョシュア・クーパー・ラモが「北京コンセンサス」を発表し、大きな話題となった。では、中国モデル・北京コンセンサスとはなにか。いわゆる北京コンセンサスは急速な経済発展を遂げる中国の権威主義的市場経済主義モデルを表す言葉である。支援対象国に民主化や自由化などを求めなく内政を干渉しないことから、アフリカ・中東諸国などに受け入れられているという。また、張維為は中国モデルの特徴としてこう提示している。それは理性的実践、強い政府、安定優先、民生重視、漸次改革、混合経済、対外開放などである[22]。

　まとめるとこうなる。①現存する理論にとらわれず、実践を重視すること。テストして、成功すれば、その経験を広めていくいわゆる「模着石頭過河」（石を探りながら、川を渡る）である。②開放と学習。つまり開かれて勉強が熱心であること。③最大の特徴は思わぬ自然災害に迅速に対応でき、大規模な資源を集められ、国や地域の中長期目標を実現するために、他国が真似できないスピードで経済を発展させたことである。中国モデル・北京コンセンサスは政府や市場、集権と適度の自由主義、公有化と私有化および資本主義と社会主義の優れたところをうまく結合したことにある。

２、民主主義なき中国の歴史と伝統

　中国は世界で最も古く文明が現れた地域の一つで、3,000年前頃を文明出現の時期として扱われることが多い。紀元前221年、秦（BC221〜BC202）は

史上はじめて中国統一を成し遂げた。始皇帝は中央集権化を推し進め、また、文字・貨幣・度量衡の統一も行われた。その後、三国魏晋南北朝、五代十国などの分裂した時代をはさんで、隋、唐、宋、モンゴル、明、清といった統一した安定期を経て今日を迎えている。

長い間、中国を支配していたのは主に儒家思想であった。儒家思想とは、孔子をはじめとする思考・信仰の体系である。これは紀元前の中国におこり、東アジア各国で2,000年以上に渡って強い影響力を持つ。仁義の道を実践し、上下秩序を唱えた。徳による王道で天下を治めるべきであり、同時代の武力による覇道を批判し、事実、そのような歴史が推移してきたとする徳治主義を主張した。

秦の始皇帝から清のラスト・エンペラーまで、2,000年に及ぶ歴史のなかで、王朝はしばしば交替し、そのうち、モンゴル族や満州族といった漢民族以外の民族による支配もあった。しかし、漢民族以外の民族による支配は政治的支配であって、文化的支配ではないという観点があるように[23]、いわゆる少数民族は中国を制圧してから、やがてそれまでの支配者たちがとっていた方法をとり入れざるを得なくなるということであった。

たとえば、科挙制度がそれである。科挙制度は隋の文帝が、試験による官吏登用制度（試験制度）として始めた制度であった。家柄や財産に関係なく、広く有能な人材を確保し高級官僚に登用しようとするもので、清代末（1905年）に廃止されるまで、約1,300年間に渡って続けられた。

科挙の科目や機構は時代によって変わったが、中国社会全体にはかりしれない影響をおよぼした。こうした先をみすえた体制づくりは、地方行政をめぐる改革のなかにもみることができる。すなわち混乱のなかで、機構が肥大化また細分化して、地方分権、反中央の温床ともなっていた州郡県制の現状に対して、隋（581～618年）は郡を廃止して州県二段階制に改めたうえで、地方官には中央吏部による任命制をとって、地方官の有名無実化をはかった。

また、地方官の任期や、本籍地回避などに関する厳格な規定を設けた。地方行政のあり方はここにその様相を一変し、中国地方行政史上最も大きな転機を画することになった。

第三章　民主主義を相対化する中国

　宋代（960～1279年）になると、宗試（解試）・省試・殿試という3段階の試験制度が設けられ、科挙の制度が完成した。

　選抜制度が最も成熟したのは清代である。「生員」という今流でいうと高校生が各地方で三年に一度しか行われない郷試を受ける。合格者は挙人となる。各省の挙人達は翌年の春に北京で会試を受ける。合格者は進士となる。進士達は皇帝の面前での面接試験・殿試を受ける。合格者はその成績によって首席登第者を「状元」、次席を「榜眼」、三席を「探花」のようにランク付けされ、出世する。

　このように、中国の官僚制度はアヘン戦争まで高度に発達していった。つまり、中国は近代に入るまで、長い歴史や伝統があり、そして、高度な文明をも作り出していた。注目すべきは、始皇帝が築いた中央主権体制がほぼ2,000年続き、今日に至っている、ということである。その間、漢、唐、宋、明、清のいずれの時代でも今日のアメリカの歴史を超えて、あわせて製紙、印刷、羅針盤、火薬など古代の中国文明を築くのに貢献していた。強調したいのは、こうした中国の歴史や伝統は西側の民主主義と無縁であることである。この点はいまだに中国の政治制度に大きく影響している。にもかかわらず、多くの研究者はこの点をそれほど重要視していないように私は思う。

　中国の歴史や伝統は西側の民主主義と無縁であると言った。では、儒家思想に大きく貢献した思想家のなかに孟子がいて、彼は「民爲貴、社稷次之、君爲輕」つまり民を貴しと爲し、社稷（国家）之に次ぎ、君を輕（かろ）しと爲すと言っている（「孟子・尽心下」）が、どう理解すればよいのか。

　たしかに「民貴君輕」というのは、中国的「民主主義」と言う人がいる。しかし、それは条件付きの表現であって、無条件なものでは決してないのだ。つまり、国家のためにならなければ、君主を代えても構わないし、国民のためにならなければ、国家を代えても構わないと考えるわけである。また、欧米と違って、昔からアジアでは個人より集団のほうが重要視されてきた歴史がある。したがって、ここでいう「民」は単数の民（たみ）ではなくて、百姓というか万民と理解されたほうが真実に近いかと思う。すなわち、仁政（思いやりのある政治）に尽きる。横山宏章教授によると、それは賢人（皇帝）

111

による政治（支配）である。君軽民貴という考えは当時から実用性がなく、政権に取り入れられてないまま、今日に至っている。超安定した中国の皇帝支配の実質に直視すべきであろう。[27]

3、列強の侵略と中華民国の実践

近代民主主義は中国に影響を与え始めたきっかけが残念ながら、アヘン戦争であった。中国人にとって、西側の議会制民主主義は最初からあまりいいイメージがなかったと言えよう。

アヘン戦争は中国をある程度変えた。それは、それまでの歴史と異なり、産業革命を経験したイギリスが中国に戦争を仕掛け、強引に交流を求めてきたからである。したがって、近代史は中国にとって、列強各国と違って、惨めな歴史を意味するのだ。[28]

誤解を恐れずに言えば、今日の先進諸国はほとんど近代中国を侵略し、場合によっては植民地や勢力範囲まで持っていた国々である。その関係で、中国は西側諸国のように、「民主主義」という表現を素直に受け入れることができず、それをレーニンに言う「ブルジョア的民主主義」と呼んだゆえんである。

詳細を見てみよう。

（一）列強各国の侵略と清朝の崩壊

清とヨーロッパとの貿易は、18世紀末までイギリスがほぼ独占していた。しかし、当時イギリスの物産で中国に売れるものはほとんどなく、逆に中国の安価な茶葉はイギリスに大きな需要があったこともあり、イギリスは貿易赤字に苦しんだ。そこで、イギリスは麻薬であるアヘンを中国に輸出し始めた。その結果、イギリスは大幅な貿易黒字に転じた。

しかし、中国にはアヘン中毒者が蔓延し、この事態を重く見た清朝政府は、林則徐に命じてアヘン貿易を取り締まらせた。これに反発したイギリス政府は「民主主義」の力を発揮して議会投票した結果、清に対して1840年宣戦布告した。アヘン戦争が始まったが、産業化を遂げ、近代兵器を持つイギリス

軍が勝利した。「南京（講和）条約」により、莫大な賠償金が請求され、香港が割譲された。列強による近代中国分割の始まりである。

　これ以降、イギリスをはじめとする列強による中国の半植民地化が進んだ。1860年、英仏連合軍が北京を占領し、略奪し尽した後、北京の北西にある清代の離宮円明園に火をつけた。話が飛ぶが、イギリスの大英博物館には略奪した中国の国宝の数々がいまだに「堂々と」陳列されている[29]。

　また、一連の不平等条約により中国の領土は蚕食され、そのうち、ロシアが一番多くの領土を奪った。さらに、1894年からの日清戦争では、開戦の翌年に、清は敗退した。この戦争の結果、日本と清との間で結んだ『下関（馬関）条約』により、当時の日本の国家予算の４倍強の賠償金が支払われ、台湾が占領された。また、朝鮮の独立が認められ、アジアの既存秩序が崩壊していった[30]。

　その後、清朝政府は改革を進めようとしたものの、沿岸地域を租借地とされるなどの英・仏・露・独・米・日による半植民地化の動きは止まらなかった。結局、1911年、辛亥革命が起こり、清朝は崩壊したのだ。

　要するに、議会制民主主義の下にある今日の先進諸国は、かつて中国に戦争を仕掛け、植民地や勢力範囲とし、そして金、資源まで奪っていた国々だった。したがって、「民主主義」は中国にとって素直に受け入れられるものではない。

（二）混乱と戦争をもたらした民主主義の実践

　1912年、アジア初の共和国として孫文を臨時大総統とする中華民国が成立した。中華民国は西側の民主主義をとり入れた孫文をはじめとする革命派達の最高の作品であったと言える。

　学界はこの辛亥革命を高く評価している。それは皇帝支配の終わりを告げたからである。しかし、評価しすぎだと私は以前から思っているところがある。たとえば、辛亥革命以後、「民主主義が中国国民のこころまで浸透した」という見方が中国にはあるが、果たしてそうであろうか。蔣介石・国民党独裁や毛沢東・共産党独裁、また今日の中国の現状を合わせて考えると、とて

もそんな結論に至らないといわざるを得ない。

たしかに、中華民国時代（大陸では1912年から1949年まで。ちなみに、台湾ではいまも中華民国時代が続いている）の実績を評価する研究者もいるが[31]、各地の軍閥が群雄割拠する状態が続き、列強による中国の半植民地化が止まらなかったことも直視すべき史実であろう[32]。

清朝時代からの権益保持を狙う列強は互いに牽制しあうためにモンゴル地区、新疆ウイグル地区、旧満州地区を中華民国が支配することを認めながらチベットを保護下に収めた。今日、チベット問題が大きくなっているのも、民主主義体制の下での中華民国時代の政権の無力化と無関係ではない。

また、1921年、中国共産党が結成され、北洋軍閥と戦うため、一時蔣介石率いる中国国民党とも協力していた。しかし、後に国共内戦（1927〜1937年）となった。その間隙を狙って、モンゴル人民共和国（1924年成立）に対抗するため、日本は1931年、満州国を樹立させた。また、1937年、日本軍が中国各地に侵入し、中華民国と全面戦争（日中戦争）に入った。

1945年、日本は無条件降伏すると、国民党と共産党との対立が激化し、国共内戦がまたぼっ発し、結果として中国共産党が勝利し、1949年に毛沢東が中華人民共和国の成立を宣言した。内戦に敗れた中国国民党は台湾に撤退し、今日に至っている。

以上、簡単ではあるが、西側の民主主義をとり入れた中華民国の試みを述べた。たしかに、辛亥革命は清朝を崩壊させ、中華民国の誕生をもたらした。その点は評価できる。しかし、その後、成立したアジア初の共和国・中華民国が中国にもたらしたのは政局の安定でもなければ、国民の豊な生活でもなかった。かわりに、軍閥割拠と国民党との内戦[33]、国共内戦、外モンゴル独立[34]、日中戦争が相次いだ。中国側には西側民主主義への不勉強もあるが、西側の民主主義は中国人民を裏切り続けたとも言えよう。

また、孫文の「軍政（軍法の治）・訓政（約法の治）・憲政（憲法の治）」思想を継承した蔣介石（国民）政府は今日の台湾民主化につながった側面もなくはないが、しかし中国大陸を失ったという損失を思い出すと、その代償はあまりにも大きすぎると考えざるを得ない。

第三章　民主主義を相対化する中国

4、五・四運動から天安門事件までの「中国的民主主義」

　古代中国は民主主義と無縁であり、近代以降、列強の侵略・略奪、民主主義を導入してからの混乱、戦争という中国における民主主義の試みを述べた。では、中華人民共和国になってからはどうだったのかを見てみよう。

　冷戦という環境もあって、中国は西側民主主義諸国と違う立場だったため、レーニンの教えにしたがって、民主主義は「社会主義的民主主義」だと位置づけ、「ブルジョア的民主主義」を一蹴した。「新民主主義」を唱える建国初期はともかく、「社会主義段階」に入ってから、人民公社化や大躍進運動[35]、そして、文化大革命は毛沢東支配の頂点を示すものであり、民主主義というより「封建主義」のイメージが強かったように思う[36][37]。

　毛沢東はかつて「憲法のない社会がベストだ」と言ったことがあるという[38]。

　　中国の歴史のなかで、憲法はずっとなかった。漢、唐は繁栄していたが、憲法はなかった。清朝は憲法をつくったため、滅びるスピードが速まった。一部の同志は憲法に盲従し、憲法は治国に必要不可欠だと思い込み、党を憲法に従わせようとする。わしは法律を信じない。国民党も憲法を作ったが、台湾に逃れたのではないか。われわれの党に憲法はないが、天下をとったのではないか。したがって、憲法に盲従してはならない。もちろん、憲法を制定する必要がある。しかし、執行するかどうか、どこまで執行するかは、党の指示にしたがわなければならない。党の指導がなければ、だれしも憲法にしたがわない。

　たしかに、1954年に中華人民共和国初の憲法が作られてから、四回も変わっている。そのうち、憲法の微調整は含まれていない。毛沢東時代の試みを見ればわかるように、憲法は大事にされたというより、むしろ無視されたといったほうが相応しい。いずれにしても、毛沢東時代の中国は「マルクス＋始皇帝」の時代という言い方ができよう。

　いうまでもなく、中華人民共和国建国初期、政治協商制度など中国的政治

体制」の構築にも努めていた[39]。しかし、厳しい環境下で、こうした制度は機能しなかっただけでなく、逆に、強力な共産党政権は築かれたほうが注目されたのだ[40]。

　これまで評価されてきた五・四運動や新文化運動は科学的や民主的といった「建設的役割」が強調され、その破壊的側面を重要視してこなかった[41]。これが陳独秀や李大釗などの中国共産党の創始者や魯迅などの新文化運動のリーダーと無関係ではあるまい。また、中華人民共和国が誕生してから起きた、大躍進運動や文化大革命は五・四運動や新文化運動の延長線上にあることも忘れかけている[42]。私は中国史を学んできたが、西側民主主義の実践として、中国にもたらされたのは、天安門事件の流血だと考えるようになった[43]。

　現代中国の政治体制はこれまで、「共産党独裁だ」「人権弾圧だ」「政治体制が遅れた」などと批判されてきた。たしかに、西側民主主義の視点からすれば、その通りなのかもしれない。しかし、天安門事件は、一部の学生や教員が西側の民主主義を強引に中国にとり入れようとして、失敗に終わった、といった側面もなくはない。民主化を求める学生運動が弾圧を受けたからといって、弾圧を行った共産党に「退場してもらうしかない」という考えは、民主主義的ではあるが、中国的ではないのである。

　したがって、いわゆる「先進国寄りの立場」に立って、中国問題を理解すると危うくなるということになるのだ。民主主義は人類が経験した英知だとしても、個々の国の歴史や伝統があるため、強引に押し付けるのではなく、見合った形で適応させるべきである。しかし、近代以来、欧米化・近代化という発想が人々の精神になり、肉体になった関係で、そこから簡単に抜け出せないのかもしれない。

　中国は長い歴史をもっている国だが、民主主義と無縁であった。近代になってから、西側の民主主義をとり入れ、国づくりをしてきたが、ほとんど順調にいかず、失敗のほうが多く目立っていた。

　毛沢東時代の中国的民主主義の試み、すなわち大躍進運動や文化大革命はある意味で五・四運動や新文化運動の延長線上にあるもので、中国国民に甚大な被害をもたらし、中国社会に災いをもたらしたことはすでに周知の通り

である。そして天安門事件は現代中国の失敗した代表的な民主主義実践としてきざまれているのである。

次に、改革開放以降の政治改革と中国の政治体制との関係を見てみよう。

三、中国の政治体制およびその課題

1970年代になってから、ニクソン・アメリカ大統領の中国訪問もあって、国際情勢は大きく変わっていった。とりわけ、鄧小平が中国の実権を握ったのち、いわゆる改革開放政策を導入した。一方、ソ連では、ゴルバチョフが指導者になってから、ペレストロイカ（改革）を敢行し、かつての社会主義諸国はそれを受けて動くようになった。1989年、中国の民主化運動を政府が鎮圧したのに対して、ソ連は東欧革命を容認した。そのため、革命はソ連自身におよび、やがて崩壊するに至った。

1、反面教師となったソ連崩壊・東欧革命

ベルリンの壁崩壊から、ロシアおよび東欧諸国では政治改革が先に行われていた。しかし、政治や社会・文化の制限を受け、実質的経済の改善がないことに加え、改革は順調に進まなかった。

それに比べると、中国はまず経済改革を行ったため、相対的に安定した環境の下で発展を遂げていった。ベルリンの壁崩壊のプラス要素を否定するつもりはない。事実、筆者自身もかつてソ連改革を支持し、ゴルバチョフを尊敬していた一人であった。

壁の建設と崩壊はともに歴史的意義のあることであった。ベルリンの壁は1961年に建てられた。壁の建設は、第二次大戦後、東西冷戦がピーク期に達したことを意味し、壁崩壊は、自由化、民主化、市場化の波がもはや抑えられないものとなったことを意味する。ソ連および東欧諸国は、チェコの憲章77運動から1980年代のポーランドの独立自主管理労働組合「連帯」、ベルリンの壁崩壊と歴史を塗り替えた。ベルリンの壁崩壊の翌年、すなわち1990年10月3日に東西ドイツが統一した。ソ連でもリトアニア独立を皮切りに、1990年末から加盟諸国は次々と独立していった。1991年の一年間で13の共和

国が相次いで独立し、12月25日、ソ連もロシア連邦と改称され、ソ連邦は幕を下ろした。

　ベルリンの壁崩壊は欧州および世界史の一里塚である。一部専制的政治体制が淘汰され、世界は自由化、民主化と市場化を中心とする新たな秩序に組み込まれていった。

　しかし、歴史の道は決して平坦ではない。一部の古い問題は解決したが、より大きな新しい問題を顕在化させた。

　ベルリンの壁崩壊20年後、アメリカ民間調査機関ピュー・リサーチ・センター（Pew Research Center）が旧ソ連邦加盟13ヶ国の1.5万人を対象に行った調査は意味深い。その調査によると、13ヶ国のうち、6ヶ国の国民の大半は自由・民主に対する情熱が冷め、8ヶ国は自由に対するかつての熱狂がなくなったという。東ドイツでは、63％がここ20年の生活が改善された一方、多くの人は以前より生活がひどくなったと言っている。スロバキアでは、（移行は）97％が政治家やビジネスマンに有利で、庶民にとってよかったと思う人は21％にとどまった。ロシアでは、なんと58％がソ連の崩壊が不幸だったと考えている。[44]

　以上のアンケート調査からわかるように、ベルリンの壁崩壊から20年間、歴史は大きく前進したが、各国にとっては必ずしもすべてプラスばかりだったとは限らない。

　宋魯鄭は「民主必勝還是中国模式必勝」（民主制が勝つかそれとも中国モデルが勝つか）において冷戦終結後の国際情勢と民主化についてこう分析している。

　まず、国際情勢を見ると、冷戦終結後、アメリカだけが目立ち、ソ連崩壊後の空白を埋めるように着々と勢力を伸ばしていった。これにはユーゴの解体、ウクライナ、キルギスなどの「色の革命（Color Revolutions）」、ポーランド、チェコでの迎撃ミサイル防御システム配備が含まれる。トータルな戦略目標としては、北大西洋条約機構NATOの軍事力がロシアの近辺に置かれるようになった。これは「新しい冷戦」が「ポスト冷戦」に取って代わるものである。したがって、ロシアと欧米諸国とのあつれきが増えたというこ

とができる。

　次に、自由化と民主化のプロセスから見ると、外圧のもとでの自由化、民主化は真の自由化や民主化ではない。それぞれの国がみずからの体制や文化に「接ぎ木」した自由化が望ましい。

　ここ20年、ロシアと東欧諸国はあまり民主主義のよいパフォーマンスを見せてくれなかった。ロシアは一種の虚無主義ともいえるナロードニキイズムが台頭し、ポーランドとウクライナはでたらめな政治が続き、中央アジアは専制や腐敗が蔓延している。国民が得られる利益は本当にあったか疑問である。

　市場経済においても、状況は楽観視できない。ロシアは市場化の経験や能力に欠けたため、市場化の名を借りて、特権階級による汚職や腐敗が横行している。ロシアの金持ちは国家の富の分配によって構成されるといわれている。経済の約３割がソ連時代の工作員やマフィアに握られている。東欧やバルト海諸国が借金で生計を立て、ホットマネーが氾濫するため、国民生活は悪化している。とくに、2008年アメリカ発の金融経済危機のあおりで、自由経済への支持がなくなった。したがって、われわれはベルリンの壁崩壊を記念すべき一方、反省すべき点も多くあることを指摘しておかねばならない。

　元ソ連大統領のゴルバチョフはこの20年、払った代償を反省すべきだと振り返っている。なぜなら、平和の利益を分かち合えず、貧富の格差がひどくなり、世界中の不公平やテロがより頻繁に発生し、経済もより不安定になり、なによりもロシアの民主主義が後退したからだ[45]。これらの問題はベルリンの壁が崩壊した際には考えられないものであった。

　一方、1989年は、中国にとっても重要な年となった。中国はまず経済改革を行ったため、比較的に安定した環境のもとで次第に発展を遂げていった。20年経って、中ソの二つのモデルの優劣はもうはっきりしている。

　繰り返すが、私はかつてソ連改革の支持者だった。中国より政治改革が先に行われ、それこそ正しい道だと信じていた。しかし、ソ連はそう簡単にうまく体制移行できていないと認識するようになった。当然ながら、中国は中国なりに多くの問題を抱えている。この点については後述する[46]。

2、突発事件や危機に強い中国の政治体制

　社会主義とは何か、について小論の冒頭でその定義に言及した[47]。経済の側面を強調するなら、市場経済などを導入したこともあって、今日の中国は資本主義だという観点は成り立つ。しかし、共産党支配や公有制の主体的役割などから見てみると、中国は相変わらず社会主義だということができる。

　もちろん、すでに述べた通り、市場も計画もすべて経済発展の手段に過ぎず、市場は資本主義的、計画は社会主義的という意見は時代遅れである。

　2008年は中国にとって期待がもてる一年だった。オリンピックが開催される年というだけでなく、改革開放30年に当たる節目の年でもあったからだ。しかし、過ぎ去った2008年は想像を絶する挑戦と夢が混交した一年となった。

　私のある友人によると、普通の国なら何回も崩壊したはずなのに、中国は崩壊しなかったという。彼に大変だと思わせたのはその年に起きた一連の出来事であった。

　2008年、まず旧暦の正月ころから、中国の南方で百年に一度という雪害が発生した。大半の地域は雪に覆われ、交通が麻痺状態に陥り、里帰りする人々は途中で動けなくなった。

　これは思わぬ突発事態だった。しかし、中国政府は緊急命令を発し、臨戦態勢で臨んだ。最終的に困難を克服し、危機から抜け出した。ちなみに、この突発事態で1億人が影響を受けたが、被害は最小限に抑えられた。

　そして、3月にラサでチベット民族の一部による騒乱が発生し、伝えられた情報によると、少なくとも数十名の死者を出す暴動に発展した。この事件は、欧米での北京オリンピック聖火リレーボイコットと相まって、チベットの人権問題に大きな関心を集めた。中国政府はダライ・ラマ十四世との間での対話再開を約束し、本件は落ち着いた。

　また同年5月、四川大地震が発生し、約9万人の死者や行方不明者、そして被災者が一千万人に及ぶ大災害となった。この突発的災害に直面すると、温家宝首相はもっとも早い時間に被災地に赴き、指揮をとった。中国はみずからの体制の優位をいかし、人、物などを全面的に動員し、救済に当たった。

学校校舎などで手抜き工事などの問題や弁護士連行などの問題も浮き彫りになったが、地震発生後、中国政府がとった行動は一応評価されてよいと思われる。

　中国政府は単に内部の事情に没頭するだけでなく、「外患」にも体制の優れたところをいかし、困難を乗り越えてきた。

　この年の秋、リーマンショックをきっかけとして、アメリカ発の金融経済危機がぼっ発した。中国も免れることはなかった。輸出型経済のため、東南沿海地域で企業が倒産し、2,000万人以上の出稼ぎ労働者が仕事を失った[48]。このような危機に直面し、中国政府は危機に強い体制の特徴を発揮し、世界各国のなかでいち早く４兆元の大規模な経済刺激策を出し、さらなる経済情勢の悪化を食い止めた。その関係で、中国のみならず、世界経済の回復にも貢献し、文字通り世界経済のけん引役を果たしていた。

　ちなみに、繰り返すが中国は、2008年８月に北京オリンピックが開催され、金メダル総数でアメリカを押さえ世界一に輝いた。９月、有人宇宙船が打ち上げられ、露、米に次ぐ宇宙大国の地位を確定した。これらはすべて挙国体制のおかげであった。

　常に批判されたいわゆる「独裁体制」と異なり、中国の政治体制はその優位も明白である。改革開放30年の間、中国は多くの成果を勝ち取っていた。世界２位の経済大国、世界２位の貿易国、１位の外貨準備高国、アメリカの最大の債権国、３位の宇宙国、など。主要な農工製品は世界の１、２位を争っている。世界トップテンの輸出入都市の内、中国は六都市を数える（１位も含まれる）。科学・技術研究において投入された予算は米、日に次ぐ世界３位である。そして世界500強企業にランクインを果たした中国企業はほとんど「央企」つまり中央政府が所有しているものである。

　もっと重要なのは改革開放以降７億人（2016年９月習近平が杭州G20において行った講演）が貧困から脱出していたことである。このことは、いくら評価しても言い過ぎではないと思う。このような成果は、西側の民主主義とほとんど関係がなかった。

2014年中国の貨物輸出相手国トップ5

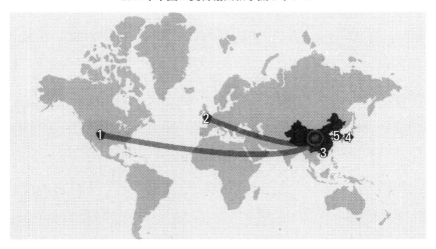

資料：WTO加盟trade or tariff indicatorsより。

2014年中国の貨物輸入相手国トップ5

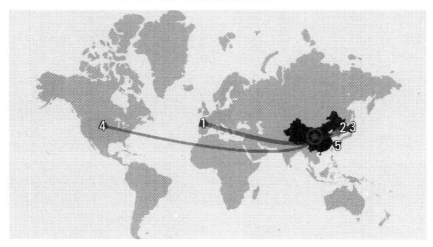

資料：WTO加盟trade or tariff indicatorsより。

第三章　民主主義を相対化する中国

　体制移行して失敗に終わったロシア、東欧諸国、そして途上国のインド、インドネシア、タイ、フィリピンなどと比べても明らかなように、中国の成功は西側の民主主義をとり入れなかったことにある。既存体制こそ中国成功の原因であり、今後の行方を占う試金石になると考えられる。[49]

　一部の新聞では、中国は内政不干渉を口実として、北朝鮮、ミャンマー、スーダンといった独裁政権を援助していると批判する。[50]しかし、これは真実の半分しか言っていない。なぜなら、中国は「社会主義諸国」を救うだけでなく、資本主義諸国をも救っているからである。[51]独立自主は中国の外交方針である。民主主義でない国を援助しないという価値観外交とは異なる。イデオロギー的でなく、他国の内政に干渉しないのが中国だ。多くの人は西側の民主主義が優れているというが、ここ数年に限って見ると、そのような証拠は見つかったとは思えない。

　2010年に入ってから、中米関係は台湾向けアメリカ製武器の売却、アメリカ大統領とダライ・ラマ十四世との会見、人民元の切り上げや中米貿易摩擦、韓国"天安"艦沈没事件への対応などの問題についてギクシャクが続いている。注目すべきは数十年続いたアメリカの台湾への武器売却に対して、中国政府はアメリカの関連企業を制裁したということである。これは初めてのことだった。民主主義の代表格であるアメリカに対する中国の自信の程を示す好例だったと言って差支えない。

3、直面する中国の問題点

　以上は突発事件や危機に強い中国の政治体制を見た。次に、よく指摘されている中国の問題点について考えてみたい。

　中国の役人の腐敗や貧富の格差といった問題がよく取り上げられる。まず役人の腐敗問題について見てみよう。

　1945年、国民党は共産党と国づくりをめぐって争っていた。アメリカは民主主義的な政権の樹立を目指して調停役を演じていたが、結局、両党の関係が決裂し内戦に突入した。この際、アメリカは蒋介石の指導する国民党を支援した。国民党（中華民国）の敗北が明らかになると、国務省は1949年『中

国白書』というタイトルの報告書をまとめ、国民党の腐敗が敗北の原因だったとの分析を示した。[52]

　中国史上、各王朝がくるくる変わっていた。政権崩壊の原因はさまざまだが、そのうち、権力を乱用した役人の腐敗こそ、それに共通するものである。

　かつての共産党が率いる軍隊は清廉さと弱い者、しいたげられている者に対する無私の奉仕精神があった。1930年代にほぼできあがったゲリラ兵の行動規範だった「三大規律、八項注意」がそれを示している。

　三大規律は、①一切の行動は指揮にしたがう、②大衆のものは針一本、糸ひとすじもとらない、③一切の鹵獲品はおおやけのものとする、である。

　八項注意は、①言葉遣いは穏やかに、②売買は公正に、③借りたものは返す、④壊したものは弁償する、⑤人を殴ったり、ののしったりしない、⑥農作物を荒らさない、⑦婦人をからかわない、⑧捕虜を虐待しない、である。

　こうしたきびしいルールがあったからこそ、内戦を勝ち抜いて勝利したわけであった。

　しかし、共産党は権力の座につくと横暴になった。とくに改革開放以降、鄧小平は毛沢東時代の絶対平均主義を廃止し、先富論を打ち出した。先富論とは先に豊かになれる条件の整えたところから豊かになり、その影響で他が豊かになればよいという考え方である。こうして、公権力を乱用し、不正を働いて金持ちになった共産党幹部が多かった。

　1995年に公費流用など組織ぐるみの汚職が表面化し、北京市のトップとして長く君臨した陳希同・共産党委書記（中国共産党政治局員）が解任、検挙された。陳被告には1998年、懲役16年の実刑判決が言い渡された。

　また、陳良宇は元上海の市長であり、共産党中央政治局員であったが、上海市社会保障基金の不正使用や贈収賄の汚職事件に絡む疑惑などで2006年に解任され、二年後、懲役18年の有罪判決を言い渡された。

　さらに、2013年、元重慶市党委員会書記・中国共産党政治局員の薄熙来は公金横領や職権乱用などの罪で無期懲役を言い渡された。薄は2011年に起きたイギリス人実業家殺害事件に妻が関与していたことをきっかけに一家の不正蓄財が発覚し、失脚した。

以上の三人は、みな中国共産党の政治局員であった。政治局は25人で構成される中国共産党の最高指導部であり、共産党を指導し、政策を討議して決定する機関である。腐敗が指導部の中枢に浸透していることが明らかになった。

　2014年、中国共産党指導部は前政権で最高指導部にあたる政治局常務委員を務めた周永康・前党中央政法委員会書記を重大な規律違反の疑いで立件することを決めた。後で明らかになった周の問題点は次の通りである。

　職権を利用して多くの人に違法な利益をもたらしたこと、直接、あるいは家族を通じて、巨額の賄賂を受けたこと、職権を乱用し、家族、愛人、友人らが経営活動で巨額の利益を得るのを助け、国有資産に重大な損失をもたらしたこと、清廉で汚職をしない公務を行うという自律規程に違反し、本人や家族が多額の財産を（賄賂として）受け取り、多くの女性と不倫し、権力と女、金と色の交易を行ったこと。

　中国には昔から「刑不上大夫」（刑は大夫に上らず）ということわざがある（『礼記』）。つまり高級官僚である士大夫の身分にある者は、当然、高い倫理規範を有しているはずだから、刑罰の対象としなくてもよいという。
　中華人民共和国の成立、とくに改革開放以降、刑罰は常務委員に及ばずという黙契があった。しかし、習近平総書記はその黙契を打破し、周永康を逮捕した。これについて習近平指導部による政権基盤を強化するための権力闘争という意見もあるが、共産党指導部の中心メンバーが摘発された事件は、共産党政権の存亡にかかわる深刻な事態ととらえ、2012年に発足した習近平政権が前例を見ない腐敗摘発キャンペーンを徹底する意思がうかがえる。
　かつてのような列強による中国侵略はもはや不可能であり、ありえないことだ。中国がたおれるなら、その理由は外国による侵略ではなく、中国自身の矛盾によるものと考える。歴史も教えてくれたように役人の腐敗がカギとなる。
　役人の腐敗問題はきわめて深刻である。したがって、腐敗を容認しない中

国政府がとった腐敗撲滅キャンペーンは国民に支持されるのである。

一方、世界における中国の腐敗指数を見れば違う側面もわかる。

ドイツのベルリンに本部を置く非政府組織（NGO）「トランスペアレンシー・インターナショナル（TI）」による、2008年世界腐敗指数国家ランキング（Corruption Perceptions Index、世界180ヶ国の汚職の実態を評価した調査）が発表された。役人や官僚による汚職事件が少なくない中国だが、気になるランキングは72位だった。ちなみに、タイは80位、インドは85位、インドネシアは126位、フィリピンは141位、ロシアは147位だった。アフガンやイラクはそれぞれ176、178位であった。[53]

世界における中国等十ヶ国の腐敗指数順位変化図

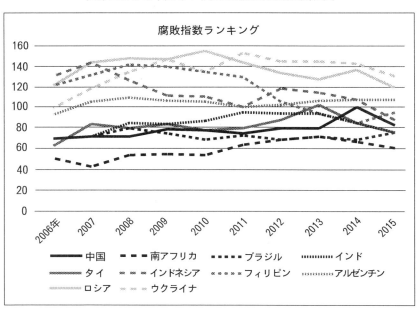

説明：順位は後ろほど腐敗の度合いが高くなる。例えばウクライナは南アフリカより腐敗が深刻だ。

資料：Corruption Perceptions Index year 2006-2015, http://www.transparency.org/より作成。

また、世界における中国等十ヶ国の腐敗指数ランキングの推移を見ればわかるように、中国の順位は2005年の78位、2013年の80位から2015年の83位と、緩やかに上昇し、清廉度が悪化している。2014年、習近平政権下の腐敗撲滅キャンペーンが大々的に行われていたにもかかわらず（清廉度が高くなるはずだが）、しかし結果はまったく逆であり、100位と極端に悪化し、理解に苦しむ。
　一方、インドは2005年の88位から2015年の76位へと上がったが、2011～2013年ころは94～95位と悪化、中国より清廉度が悪い。また、2015年に中印ともに改善が見られるが中国よりインドの方が清廉度が若干高い。いずれにしても、一党支配の中国も、民主主義をとったインドも似たようなものである。
　では、役人腐敗に対する解決策はあるのか。中国政府はこれまでさまざまな措置をとってきた。そのうち、Ⅰ. 政治改革：監督機能の強化、Ⅱ. 教育と国民意識の改善、Ⅲ. 役人の待遇改善などがあげられる[54]。その効果を期待するが、結果が出るまで時間がかかろう。
　次に中国の貧富の格差問題を見ることにする。
　今日、中国最大の問題は貧富の格差だといわれる。改革開放前の「平等」社会、つまりほぼ全員が貧しかった状態に比べれば、豊かになった中国は誇るべきことであって、何ら恥ずかしいことではない。
　当然ながら、問題を無視するわけにはいかない。先進諸国の経験からすれば、格差を是正する唯一成功する途は大がかりな都市化による農村の消滅である。中国政府は政権を取得してから60年が経った。その間中国の都市化は進んでおり、農村人口も減少している。実際、中国の都市化のスピードは世界のそれに比べると二倍の速さで進んでいる。2007年の都市化率は43.7%（1949年は10%弱）となり、平均的世界のレベルに近づいている[55]。
　中国総人口における都市人口比率が上昇し続けている。1978年に都市化人口は18%（約2億人）であるが、2009年に45%（約6億人）となり、2011年中国都市部の人口が史上はじめて農村人口を超えた。さらに2030年に60%、2050年に75%となると予測されている[56]。そのとき、中国の地域間の格差は是正されると考えられる。

しかし現段階の都市化はまだ完成されていない。したがって、都市と農村との格差はしばらく存在する。しかし、少なくとも、中国の方向は正しい。進歩も目立っている。この視点から見ると、格差はむしろ縮小しつつあるということができる[57]。

なお、県を市にするいわゆる「県改市」の動きがある。中国の行政区画はおおざっぱに分類すると、次の通りである。

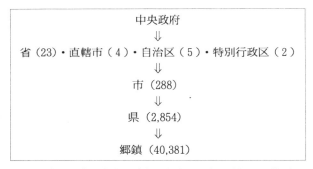

中国行政区画略図（2014年末）

説明：直轄市は北京、天津、上海と重慶。自治区は広西壮族、西蔵（チベット）蔵族、新疆維族、寧夏回族と内蒙古（モンゴル）蒙族。特別行政区は香港と澳門（マカオ）。市と県レベルの市を合わせると649になる。
資料：中華人民共和国国家統計局『中国統計年鑑』中国統計出版社、2015年9月、3ページより作成。

県改市を単純に考えると、それは農民を市民とし、農村を都市にするものである。各県はいろいろな意味でみずからのエリアを市に昇格したがるが、中央政府の許可が下りないと実現できない。現に、1997年、中央政府は県レベルの市における農村人口が占める割合が大きすぎたなどの理由で、それまで11年にわたり実施されていた県改市政策を中断させた。

しかし、2010年、第11回全人代第13次会議で、条件が成熟した地域ではこの県改市政策の再開が宣言され、百くらいの県が市へとシフトしようとし[58]、政府の許可を待っているところである。都市（市）と農村（県）間の格差を埋める都市化の動きに注目するべきである。

第三章　民主主義を相対化する中国

山東省と青海省の人口・面積比較とGRP比較（2014年末）

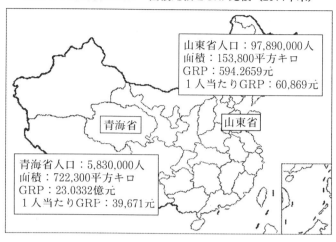

説明：GRPはGross Regional Productの頭文字で域内総生産のことを指す。
資料：『中国統計年鑑』中国統計出版社、2015年9月、36、71、72ページなどにより作成。

　また、東西格差という問題も存在している。これは主に西部の閉鎖した地理的環境、交通の不便さおよび人口の希少さによるものである。たとえば、西部の青海省の面積は約72万平方キロメートルで、東部の山東省の四倍ほどあるが、人口は約600万人（2014年）しかなく、山東省は1億人弱いる（山東省と青海省の人口・面積比較とGRP比較を参照されたい）。このような格差はいかなる制度であっても短期間で解消することができない。また、経験によると、こうした地域に対して、賭博場を設けるか、国が豊になってから交付金を出して扶助するしか道がない。
　最後に、ジニ係数（所得分配の不平等度を示す指標。「ジニ」はイタリアの統計学者の名前。ある国で所得が完全に均等に分配されている場合はジニ係数が0となり、1に近づくほど不平等度が高いことを意味する）と所得高位20％人口の平均収入と低位20％人口平均収入の比率を見ることにする。国際標準では、ジニ係数が0.4％以上だと所得格差が大きいということになる。2012年の経済動向の説明会で国家統計局は初めて、2003年から2012年までの中国のジニ係

数の状況を公表した。2003年から2007年まではそれぞれ0.479、0.473、0.485、0.487、0.484と推移し、2008年に0.491のピークに達した後は低下してきた。2014年は0.469で、前年からわずかに0.004ポイント減り、6年連続の低下となった。とはいえ、中国の所得格差はまだ改善の余地が大きい。

解決法は、従来どおりの経済発展とさらなる都市化にあるのである。とはいえ、絶対多数の貧困人口に直面して、中国政府は財政手段を通じて扶助してきた。たとえば、2009年1月、都市や農村の貧困人口7,400万人に生活扶助として、中央政府は90億元以上の資金を投入していた。そして、中国政府は2020年までに現基準で約5,700万人の貧困人口をすべてなくすと2016年杭州G20において公言している。

実用主義を重んじる中国にとって、レッテルは決して重要ではない。カギは中国の問題を解決できるかどうかだ。したがって、先験的民主主義こそ正解という観点は現実的ではない。

中国がみずから歩む道を決め、開かれたときこそ、成功に向かい、そして今日があったのである。かりに、中国は中華民国の道（民主主義）を再び歩むとなると、内外環境ともに、それを許せない現実があるのだ。

4、中国政治改革の成果と課題

最後に、中国の政治改革とその課題について述べることにする。

中国は改革開放政策が導入されてからすでに30年を経た。旧ソ連の政治から経済へという「ショック療法」と異なり、中国は経済から政治へという「漸進療法」で行われている。そんななか、多くの人は経済改革は一応成功したが、政治改革はそれほど楽観視できないと考えている。

楽観視できないのは、経済改革に比べると、政治改革はより困難な作業だからでもある。政治改革のネックを突破するため、中国政府は体制改革、制度変革、党内民主化、科学的政策作り、腐敗抑制などの分野で絶えず手を打ってきた。しかし、多党制、総選挙、三権分立という西側民主主義の三要素から見ると、中国がとってきた措置は隔靴掻痒に過ぎず、本質にほど遠いものがある。

第三章　民主主義を相対化する中国

具体的に見てみよう。

(一) 中国共産党の（後継）幹部候補の選抜制度

　まず、中国共産党の後継幹部選挙制度について簡単に紹介しよう。後継幹部制度は1980年代初期に起源し、当時、差し迫った幹部の交代問題に応対するため、すなわち、共産党ははじめて制度的に後継者を選抜することが考えられた。当初はおもに省や部における党や政府機関指導者の不足に陥らないよう問題を解決するために設けられたものであった。

　共産党が公布した「党や政府の指導者を選抜任命する活動条例」によると、党や政府指導者メンバーは、後備幹部のなかから幹部を選抜するべき、後備幹部の選抜や選択の範囲は拡大させつつ、国有企業、大学や科学研究機関も含まれるという。

　東ヨーロッパ革命・ソ連崩壊後、中国共産党は倒れないだけでなく、西側に注目された経済発展を遂げた原因の一つはまさに後備幹部のような制度があったからだ。こうした制度は共産党幹部メカニズム・イデオロギーの統一性を維持させ、不安定な要素の出現をもまぬがれた。

　後備幹部制度は幹部抜擢の唯一の方法ではない。たとえば、上層指導者の秘書も公選制度や「差額」選挙を通して、より上級の幹部になれる。だが、高層幹部の履歴を見てみると、後備幹部制度はやはり主流となっていることがわかる。

　共産党の組織メカニズムにおいて、役人は生涯で三つの時期に分けられるのが一般的である。すなわち「入口」、「階段口」と「出口」の三段階だ。いわゆる入口とは役人の初期段階であり、階段口は次第に昇進する段階であり、出口は年齢に達すると引退するということだ。後備幹部の育成は長期にわたるプロセスである。後備幹部になるには、少なくとも三つの条件をクリアしなければならない。すなわち年齢、政治的忠誠心および自身の能力である。

　こうしたメカニズムの下、省や部レベルの後継人材の年齢は45から50歳の間、地、庁レベルは40から45歳の間、県や処レベルの場合は35から40歳の間と定められている。

政治的忠誠心はおもに重大な歴史的事件に関して中央政府との考えが一致するかどうか、八項規定（2012年12月４日、習近平総書記は中共中央政治局会議を主催し、中央政治局の活動方針を改善し、民衆に密接に関係のある項目の規定を決定したものである。おもな内容はこうだ。接待を簡便化し、標語を禁止すること、会議を簡素化し、効率を高めること、文体を簡潔に、文風を改善すること、外国訪問は規範に合致すること、民衆を利する原則は厳持すること、勤勉節約し、清廉な政治を行うこと。）などにしたがうかどうかによる。各レベルの後継幹部になった者は、各レベルにおいての党学校の教育を受けなければならない。マルクス・レーニン主義の学習から革命聖地の見学まで、そして熱い討論も経験する。彼らはイデオロギー的訓練だけでなく、組織からの考察をも全面的に受けなければならない。

　また、後継幹部は「挂職」つまり職位を留保したまま、他機関での業務や研修に参加する必要がある。そのうち、所属地域の経済発展と秩序維持が実践のポイントとなる。

　現在、中国はすでにこうした後継幹部ネットワークが形成され、各レベルまでカバーされている。そのうち、省部レベル後継幹部は約千名、地庁レベルの後継幹部は約６千名、県処レベルは約４万名いる。合わせて５万人近くいる。かりに郷、課レベル、国有企業、大学や科学研究機関などを入れると、総数はさらに増える。

　注意すべきは後継幹部は必ずや一定数を維持しなければならない。抜擢や調整によって不足が起きた場合、随時に補充されなければならない。そのリストは組織部門によって把握され、育成の意図といかに使用されるかは秘密範囲となる。

　18回党大会以降、共産党は広範囲にわたって腐敗反対キャンペーンを展開し今日に至っている。そのために、人材がなくなるのではと心配する声がある。が、以上述べた共産党後継幹部システムを見れば、そうした心配は不要ということがわかる。

　また誤解も少なからずある。たとえば、よく日本は民主主義国であり、中国は共産党独裁国であると言われている。しかし私は常にこの言い方に違和

第三章　民主主義を相対化する中国

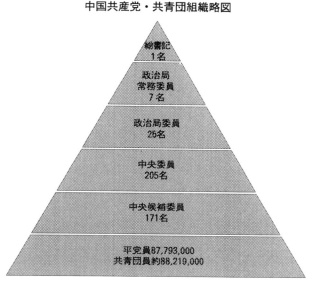

中国共産党・共青団組織略図

説明：データは2012年10月の統計である。共産党員数と共青団員数はともに2014年末の統計である。
資料：人民網、2015年6月29日と新華網、2015年5月3日より作成。

感を覚える。では、日本の自由民主党（自民党）と中国共産党（共産党）と比較してみよう。

　自民党は政権与党であり、共産党は「執政党」である。自民党員数は2012年8月30日の時点で789,348人いるが、中国共産党員数は2012年年末の時点で86,686,000人の党員がいる。一方、日本の人口は約1.2億であるのに対して中国の人口は13億以上いる。単純計算すると次のような結果が出る。それは、約160人の日本人のうち一人が自民党員になるのに対して、約16人の中国人のうち一人が中国共産党員になる、という計算だ。自民党より共産党の方が絶対数はもちろんのこと、相対数も多いわけである。

　また、中国共産主義青年団（共青団）という共産党の若者組織もあり、団員からの入党は出世のエリートコースだ。団のトップの第一書記を務めた胡耀邦、胡錦濤（以上共産党の総書記経験者）、李克強首相ら、後に党指導部入りした幹部経験者は少なくない。実はこの共青団にも88,219,000人の団員が

133

いる（2014年末）。よく中国共産党は日本の自民党に学んでいるというが、青年組織まであるのは自民党ではなく中国共産党なのであり、共産党の後継者が多くいることを忘れてはならない。

（二）党内民主化のスピードアップ

次に共産党はどのような改革を実施したのかを見てみよう。ここは伊銘の「中国政治改革の優れた点およびその限界」（「中国政治改革幾大亮点及局限」）をベースに整理したことを断っておく。

まず、共産党は党内の民主化プロセスを加速させていること。

党内民主は二つの内容が含まれる。一つはリーダーの選挙であり、今ひとつは党内言論の自由である。2009年9月、開かれた中国共産党17回大会第4中総会では、その主要議題は「党建設」であった。具体的な内容は「党内選挙制度を改め」、中国的特色をもつ民主主義の発展並びにそのモデルを模索することだ。その後、共産党はひそかに党内での「公推直選」を行い、いま、県、市レベルでこのテストはすでに行われている。

いわゆる「公推直選」とは、自己推薦、推薦で候補者が選出され、一般大衆の信任投票と党内平党員投票に付するということである。この制度は西側の直接選挙と違うが、上層部による任命という伝統を打破し、幹部選挙において、競争システムを導入するものである。

たとえば、まもなく四川省では選挙を通じた郷鎮（町村）党書記が誕生する。南京では一部の「街道弁事処」（町内会）の書記、副書記がすでに選出されている。これは共産党史上、初めてのことである。

それと同時に、党内での言論自由も議事日程に乗せられた。第16回党大会第4中総会での「決定」は「党内の異なる意見の間で平和的な雰囲気を醸成し、党員間の正直な議論、腹蔵のない討論をすることを奨励し、保護する」とある。従来、党内で「異なる意見を言うことは許されない」という慣習に比べると、この表現は共産党が時代とともに前進することを示している。今回、党内での言論自由化のなかで、これまでなかった方針が現れ、門外漢を驚かせるほど大胆なものであった。

党内民主化の今ひとつの重要な内容は「党内有派」（共産党内にさまざまな派閥を認める）である。このことはいまだにタブーである。実際、党内の派閥は客観的な存在である。かりに、党内での自由言論が今後も許されれば、異なる思想派閥の存在はまったく正しく、党の建設に「利あり害なし」である。

　事実、党内には左派と新左派がずっと存在し、上層部も明文でそれを禁止したり、取り締まったりしていない。党内民主化にもっとも大きな挑戦は共産党の指導体制から来ている。現状からすれば、共産党支配の柱は二本ある。一本は授権メカニズムであり、もう一本は報告メカニズムである。

　授権メカニズムの短所は権力が上層（任命制度）にあり、権力は安定せず、大衆に認められていないことだ。権力が安定しないため、報告メカニズムも偏ってしまう。下層は往々にして上層部の思惑に左右され、真実を報告しない向きがある。

（三）「大部制」の試み

　近年、中国は政治改革に力を注いでいる。すべての体制改革措置のなかで、2008年より導入された「大部制」がもっとも注目されている。いわゆる大部制（大部門体制）とは、政府事務の総合管理と協調を推し進めるため、総合管理の職能にしたがって政府部門を統合し、大きくなる部署を構築する政府組織体制である。その目的は、政府の機構を削減し、行政効率を高め、コストを低減することにある。このことは共産党17回党大会およびその後の２中総会から始まっている。「大部制」は市場化程度のより高い国で普及している政府管理モデルである。

　中国は複数回の組織合理化・統合を行ってきたが、成果はあまりみられなかった。その原因は多々ある。さまざまな部署から命令が出されること、業務に比べて人員が多すぎること、政府の大きさを問わずすべてを管理しようとすることなどがあげられる。「大部制」構想はこれまでの経験、教訓に基づいた、より深い体制改革だと言える。「職能の有機的な統一」は大部制の真髄である。「職能を広め、組織を縮少する」ことが大部制の明確な特徴だ。こうした改革の試みは他の措置と同様、下部から上部へ、点から面へと進め

られる。

いまは「1つの部門が突破する」成都モデル、「多牌同掛」の随州モデルなどが試されている。成都では、農業牧業局、農業機械局が撤廃され、農業委員会が設けられ、1つの部門で管理することで、職能の重なる分割体制が改められた。

随州では、職能の近い組織が統合され、一部は部署名があるのみである。たとえば、外事、華僑事務と観光部門が統合され、「外事華僑事務観光局」が設けられた。文化局、文物局、スポーツ局、新聞出版局が統合され、「文化スポーツ局」が設立された。

そして、どんなモデルにしろ、1つの効果がはかられる。それは行政効率の向上を促すことだ。

大部制構想のもう1つの目的はある程度の「三権分立」にある。もちろん、ここの「三権分立」は一般的に言われる政治学概念の三権分立とは違う。前者は「政策制定権力、執政権、監督権のけん制しあう権力構造と運行メカニズムを設立することにあり」、後者は立法権、行政権と司法権が相互独立、けん制しあうことである。中国の特色をもつ「三権分立」は当然に積極的な意義を持つ。

カギは政府各部署のサポートがあるかどうかだ。かりに、業務（執務）の執行者自身も改革の対象であれば、地方政府は執務を行っていくなかで、改革を阻むものとなる。

そうすれば、たとえ、上層部が大きく改革を決意したとしても、政治体制改革そのものがなければ、真の「大部制」の確立は難しい。なぜなら、その後、さまざまな困難に直面するからである。たとえば、権力のけん制、人員の分流、メカニズムのけん制、運行監督など、一ヶ所が行き詰まると、改革は失敗する命運にあるのである。

（四）「協力民主」は古い皮袋に新しい酒

最後に「協力民主」について考える。

繰り返すが、中国には「政治協商」という表現がある。しかし協商民主を

知る人は少ない。この2つの表現は意味が近いが、ルーツはまったく異なる。前者は60年前の中国独特の政治協商会議からきているが、後者は西側に由来する。協商民主という表現は、近年、一部の中国の学者によって使われ、政治協商の延長として独特な意味を与えられた。中国政治改革の新しいトレンドである。

2006年に全人代第4回会議を通過した「中央政府による全国人民政治協商会議に関する活動を強化することについての意見」は重要なメッセージを伝えている。それは「人民は選挙を通じて、投票行使権利と人民内部の各方面において、重大な決定を下される前に十分な話し合いを行って、できるだけ共通性のある問題について同意を得られることは、わが国の社会主義的民主主義の重要な形式である」という。

同時に、中国的民主主義は「選抜＋協商」へと移行し、それによって「秩序ある公民による政治参加」という現代的民主精神を示すものである。協商民主は20世紀後期に西側で生まれた新しい民主理論と実践の形式であり、伝統的な代議制（議会制）を超えたものと指摘される。

多くの学者はこの概念に注目し、協商民主の価値、直面する挑戦、およびその将来をめぐってさまざまな解釈を与えている。

一般的にいえば、協商民主は適法な政策作り、公民精神の養成、自由民主の行き過ぎの改善、および膨張した行政権の抑制に有利である。中国には協商民主の空間がある。中国の政治改革は、政府が指導権を維持する下での改革だ。また、協商民主は実行するにあたって、低コスト、低リスクという特徴がある。しかし、実際には、そう順調に実行されていなかった。政治協商の「花瓶」（飾り）という役目は根本的に変わっていない。そのうち、最重要の原因は二つあった。

一つは、政治協商は権力の周辺で行われ、その機能は政治参加よりは政治を議論する方が多い。政治協商委員も民意を代表することができず、基本的に大衆の民意が欠如している。

今ひとつは、協商民主は長い間、法律体制の外側におかれ、実施細則も不足しており、具体的な実施プログラムも見えてこない。したがって、安定せ

ず、随意性があり、真の話し合いや十分な民主主義の実現は難しい。多くの場合、協商民主の実施は、党、政府のトップ個人の願望によるものであった。[67]

　以上からわかるように、中国も中国なりに民主主義をとり入れている。この点は強調するべきである。しかし、党内民主にしても、協商民主にしても、大部制にしても、その大前提は西側が言っている総選挙でもなければ、三権分立や多党制でもない。

　西側諸国は数年経つと政党も人材も変わるのに対して、アラブ諸国は長年、党も人も変わらない。一方、中国の場合、人は変わるが、党は変わらない。また、中国の政治改革はあくまでも、共産党権力の維持が大前提で、行政効率をはかることに目的がある。つまり中国の「民主制」は共産党が指導した「民主主義」に過ぎないということだ。これは西側の民主主義とはまったく違うし、アラブ諸国とも異なるものである。

　ここで、この節をまとめておきたい。かつて、ソ連改革は魅力的だった。なぜなら、政治から改革のメスを入れていたからであった。しかし、ソ連は後に崩壊し、国民は苦しんでいるだけでなく、ソ連から変わったロシアも望ましい民主主義体制になったとは思えない。一言でいうと、ソ連・ロシアは中国の反面教師となったということである。

　一方、ここ数年、南方雪害、四川大地震、金融経済危機に対応する方策や効果からわかるように、中国の政治体制は突発事件や危機に強いということができる。北京オリンピックの開催や金融経済危機の克服がこの結論を裏付けたと言えよう。

　中国の政治体制について、西側民主主義諸国だけでなく、中国内部から見ても、われわれは容易に多くの問題に気づく。役人の腐敗、所得の格差はよくとりあげられるが、民意が十分に反映されていないということもある。しかし、そのような問題を解決するには共産党の指導権を抑えるのではなく、逆にその権力およびその構造を強化しつつ、いかに行政効率をアップさせるかがカギとなる。

　また、共産党指導の下で、中国の特色ある政治協商会議の機能をより活性化させることも重要である。中国は経済発展を遂げた関係で、社会のニーズ

第三章　民主主義を相対化する中国

が多様化してきている。これまでのような強硬手段を使って違う考えを抑えることは次第に難しくなる。そこで、国民の声をもっと聴き入れ、さまざまな意見をもつ人々がいられる場が必要となる。建国の頃のように政治協商会議の役割をいかしたうえで、21世紀に相応しい「協商民主」型中国式民主主義が求められよう。

おわりに

フランシス・フクヤマは1989年に『歴史の終り』を出版した際、西側の民主主義は人類史上の政治進歩の終点と言い切った。その後、西側諸国は機会あるたびに、「民主主義」をもって、中国を説教してきた。1989年天安門事件の際、西側諸国はかつて中国の一党支配体制の崩壊がすでに「カウント・ダウン」に入ったと考えていた[68]。旧ソ連崩壊や東欧諸国革命、および伝えられてきた中国少数民族の騒乱、労働者によるストライキなどから、いまだに、この観点はそれなりに支持されていると思われる[69]。

しかし一方、それよりここ数十年にわたる中国の発展のほうがもっと注目されている。経済紙として定評があり、ニュースの信頼性も高いフィナンシャル・タイムズは最近のある論文のなかで、イスラエルのTel Aviv UniversityのAzar Gat教授の面白い観点を紹介している。教授によると、自由・民主主義の効率が優れているという西側の考えは「傲慢すぎる」とし、民主主義が冷戦に勝利したのはたまたま偶然に過ぎないと結論付けた[70]。

そして、最近未来学者ジョン・ネズビッツ氏は、中国の未来を予測する新書『中国大潮流』を出版した。この本によると、アメリカが全力でその国際的地位を取り戻そうとする際、中国はすでにライバルとなり、また将来において、西側民主主義に対抗するモデルとして競争が繰り広げられると予測している[71]。

以上の紹介からわかるように、現代中国をどう見るかについて意見が分かれているということである。最後に筆者の結論をまとめよう。

中国の歴史は長く、3,000年といわれる。しかもその間中断することなく、延々と続いている。これはすばらしいというよりはある程度の合理性があっ

たといったほうが相応しい。そのなかで、中核たる思想は西側の民主主義とは無縁なものであり、その体制は「非民主主義」だったことに注意する必要がある[72]。

一方、近代になってから、列強諸国が中国を侵略した。そのため、一種の過剰反応と言われても仕方がないが、いまだに中国は先進諸国にあれこれいわれたくない傾向が強い。重要なのは中国が多くの先進諸国と異なって、はっきりした目標をもっていることである。それは中国の再興である。その目的を達成するために、安定した秩序が必要不可欠である。その意味で、中国はかつて韓国や台湾が歩んだ道と似たところもある。言い換えると、いわゆる「人権」「自由」「民主主義」という価値はある程度、犠牲にせざるを得ないということになる。

しかし、先進国のようにしばしば大規模戦争を行わないことも史実である。民主主義諸国と比べると、自国民の人権を犠牲にする問題を抱えているが、戦争によって他国民を犠牲にすることはさほどないというのもまた否定できないことである[73]。

一部の人は、中国政府の反体制派取り締まりに関して、国際社会（経済利益ばかり追い求めたこと）に責任があるというが、私はそのような観点に与しない。いわゆる民主主義先進諸国は、まず自分の足元をしっかり見てほしい。他国にいまだに戦争を仕掛け、そして、金融経済危機を作り出し、世界を混乱させながら、中国の体制・中国モデル・北京コンセンサス──世界を危機から救った「政治経済体制」を批判するのは説得力があるとはとうてい思えない。

欧米型民主主義は世界を約二百年支配してきた。それよりもっと長く世界に君臨したのは中国だった[74]。その中国は、世界一の人口を抱えながら、数十年にわたって発展してきたのである[75]。また、この勢いはとどまることを知らない。発展し続けるにはそれなりの理由があって、合理性もあるはずである。大胆に言うと、それは中国が欧米型民主主義を相対化したことである[76]。

もちろん、これまで二百年の間、欧米先進諸国は世界に民主主義をもたらした。中国は列強の侵略を受けながらも、謙虚に「先生」たち（列強諸国）に

第三章　民主主義を相対化する中国

学び続け、民主主義をとり入れる試みを繰り返してきた。したがって、中国は民主主義体制をとってないにもかかわらず、民主主義諸国と交渉を重ねてきているし、そうした中で、利益を得ているということも否定しない。

　中国の将来を考えた場合、二つの要素を考慮に入れる必要がある。Ａ．民主主義と無縁だった長い歴史や伝統は引き続き、中国の行方を左右すること、Ｂ．西側の民主主義のなかで、中国の国情に見合った部分をとり入れること。最終的には以上のＡとＢと調和や格闘をしながら、新しい中国が生まれ変わる、というのが筆者の結論である[77]。

注

1) 新民主主義は毛沢東が『新民主主義論』という1940年に公刊された論文で打ち出した中国革命の理論である。言い換えると、半植民地的な中国社会から社会主義社会に転換する過渡期を支配する革命理論およびその政治組織論である。毛沢東はマルクス・レーニン主義によりつつ20世紀前半の中国社会を分析し、その基本性格を外からの帝国主義の侵略・支配と、それと結びついた国内の封建主義による抑圧と捉えたうえで、それらを覆すために革命は、プロレタリアートの指導革命的階級の連合による新しい民主主義革命でなければならないと主張し、1919年の五・四運動以前の旧民主主義革命の時期に対して、それ以後、新民主主義革命の時代に入ったと規定した。文中の共産党員数は『新華網』2013年6月30日によるもの。

2) Francis Fukuyama, The End of History and the Last Man, Free Press, 1989. 日本語版はフランシス・フクヤマ著・渡部昇一訳『歴史の終り』上下、三笠書房、1992年。

3) 第二章「国際情勢と日中関係」を参照されたい。

4) 2010年に入ってから、中米両国は人民元の切り上げ、台湾へのアメリカの武器売却、ダライ・ラマ十四世とアメリカ大統領との会見、アメリカインターネット検索大手グーグルの中国からのサイバーへの攻撃とされる問題などをめぐって、両国の応酬が続いている。そのため、「Ｇ２論はすでに失敗に終わった」や「Ｇ２幻想論」といった論調が出ている。「中美関係悪化標誌Ｇ２徹底失敗」、（香港）『文匯網』2010年2月20日と『読売新聞』2010年2月14日。

5）アンドリュー・J. ネイサン（Andrew J.Nathan、黎安友）「靭性専制可以持続嗎」、『イギリスBBC中国語版』、2008年12月12日などを参照されたい。
6）李志綏著・新庄哲夫訳『毛沢東の私生活』上、文藝春秋、1994年、187ページ。
7）前掲伊藤正著・拙訳『晩年鄧小平』、266ページ。
8）間接民主制と多数決原理を基盤としている。代議制。
9）権力の専制的・恣意的行使を制限し、国民の権利と自由を守ることを目的とし、権力分立・基本的人権の保障・法治主義などを原理とする。
10）注2）と同じ。
11）Free Houseの統計によると、2000年までに世界中において民主主義国は120にのぼり、世界総人口の63％を占めていたという。What's gone wrong with democracy, The Economist, Mar.2, 2014.
12）しかしフランシス・フクヤマはインドの民主主義をむしろ評価している。前掲書『歴史の終り』下、87～88ページ。
13）『読売新聞』、2010年4月13日。
14）前掲拙稿『中日"戦争交流"研究』、14ページ。
15）台湾の二大政党は国民党と民進党であり、『聯合報』と『自由時報』はそれぞれの政党の利益を代弁するものである。
16）「中華民国台湾化」という言い方もある。若林正丈著『台湾――分裂国家と民主化』東京大学出版会、1992年などをも参照されたい。
17）張維為「別用西方価値解読中国民主」、（中国）『環球時報』2007年10月19日を参照されたい。
18）宋魯鄭「両岸三地視野下的台湾民主」、『博訊』2008年9月4日。
19）劉涛「中国模式――後民主時代的来臨、全球需要新政治制度」、『博訊論壇』2010年1月10日。渡辺勝一『民主主義は究極の制度か』河出書房新社、1996年などをも参照されたい。
20）ルサンチマンとは被支配者あるいは弱者が、支配者や強者への憎悪やねたみを内心にため込んでいること。この心理のうえに成り立つのが愛とか同情といった奴隷道徳である。
21）「民主主義」、『Wikipedia』より。また、フリードリヒ著・中山元訳『道徳の系譜学』光文社、2009年；マックス・ウェーバー著・世良晃志郎訳『支配の諸類型（経済と社会）』創文社、1970年と同『支配の社会学』（Ⅰ、Ⅱ）、創文社、1960年；ロベルト・ミヘルス著・森博他訳『現代民主主義における政党の社会学――集団活動の寡頭制的傾向についての研究』木鐸社、1990年；マルクス＝レーニン主義研究所著『レーニン全集』第10巻、大月書店、1955年；ヒトラー著・平野一郎他訳『我が闘争』上下、角川書店、2011年；

鳴海四朗他訳『ショー名作集』白水社、1966年；ケネス・J・アロー著・長名寛明訳『社会的選択と個人的評価』日本経済新聞社、1977年；吉澤傳三郎訳『ニーチェ全集』第9巻、原佑訳第11巻（上）、理想社、1969、1962年などをも参照されたい。

22) 張維為著・唐亜明他訳『チャイナ・ショック―中国震撼』科学出版社東京株式会社、2013年、138〜158頁を参照されたい。
23) 『馮友蘭選集』上巻、北京大学出版社、2000年、299〜300ページ。
24) 「科挙制度・レポートサイトHAPPYCAMPUS!」http://www.happycampus.co.jp/docs/983429872201@hc06/14124/。
25) 森三樹三郎『中国文化と日本文化』人文書院、1988年を参照されたい。
26) 2008年アメリカ発の金融経済危機以降、中国モデルを提唱する研究が出てきている。Anatole Kaletsky, We need a new capitalism to take on China, The Times, February 4, 2010とWhen China Rules the World: The Rise of the Middle Kingdom and the End of the Western World, By Martin Jacques, Allen Lane, 2009などを参照されたい。
27) 金観濤・劉青峰著・若林正丈・村田雄二郎訳『中国社会の超安定システム――「大一統」のメカニズム――』研文出版、1987年を参照されたい。
28) 前掲拙稿「中日"戦争交流"と近代化」、歴史学研究会『歴史学研究』No.787、38ページ。
29) The British Museum, http://www.britishmuseum.org/default.aspxを参照されたい。
30) 比較史・比較歴史教育研究会編『黒船と日清戦争』未來社、1996年を参照されたい。
31) 久保亨『中国経済100年の歩み――統計資料で見る中国近現代経済史』創研出版、1991年；同『戦間期中国（自立への模索――関税通貨政策と経済発展）』東京大学出版会、1999年と久保亨他編『戦時期中国の経済発展と社会変容』慶応義塾大学出版会、2014年などを参照されたい。
32) 横山宏章著『中華民国』中公新書、1997年。
33) 拙稿「中原大戦と地方軍閥との関係について」、青山学院大学『青山史学』第16号、1998年。
34) 1921年、ソビエトの援助を受けたモンゴル人民党が中華民国からモンゴル国の独立を宣言し、24年にモンゴル人民共和国と改称。久保亨他著『現代中国の歴史』東京大学出版会、2008年、25ページ。
35) 注1）を参照されたい。
36) 蘇暁康他著『廬山会議』毎日新聞社、1992年。

37）矢吹晋著『文化大革命』講談社、1989年。
38）毛沢東「没有憲法的社会是最好的社会」、『博訊』2006年5月17日。
39）中国共産党がリードする多党協力と政治協商制度は中国の基本的政治制度である。中国政治協商会議全国委員会は各民主的党派や、人民団体、各民族及び各界の人々が政治に参加し、協力しあう重要な場所となっており、中国でレベルの最も高い協商諮問機関とされている。中国共産党と中国政府はよくこの機関を通して、政治協商会議と重大な問題を協議し、その意見と提言を聞き取る。その一方、政治協商会議で各参加党派と団体の代表がよく集まり、国家の政策方針を協議するほか、国家機関及び各機関の公務員の活動に対して監督を行い、指摘することになっている。中国政治協商会議全国委員会の委員は、中国共産党や、各民主的党派、人民団体、各少数民族など、あわせて34のジャンルにわたる社会各界の代表からなり、そのうち、香港特別行政区、マカオ特別行政区及び台湾同胞も含まれている。政治協商会議では、異なる意見が自由に述べられ、政治協商委員の民主的権利が十分保護されている。政治協商会議はまた、多党協力の重要な場所でもあり、国家を率いる中国共産党は八つの民主的党派と同じで、政治協商会議の構成部分の一つである。各民主党派は政党の名で意見を述べ、いろんな形で政治に参加することができる。政治協商会議の規則によると、委員は多くの形で政府に対する民主的監督を行い、各民族や各界の人々の意見を述べることができる。そのうち、最も直接的かつ効果的なのは、国家の政策方針や、社会生活の中での重大問題について提案することである。政治協商会議の委員は個人か連名の形で提案を提出し、各加盟党派や、人民団体は自分の党派あるいは団体の名前での提案も可能である。また、政治協商会議の各専門委員会はそれぞれの名義で提案を出すことができる。これらの提案は政治協商会議から政府の関係部門に提出され、提案を受け入れる各部門は必ず規定の時間内にその処理状況を政治協商会議に報告しなければならない。これまで提案された内容は中国政府が制定した政策方針に直接反映されたことが多かったのである。中国では、政治協商会議は「シンクタンク」とも呼ばれている。政治協商会議の委員には、各分野の専門家や、学者などが入っている。これらの専門家は違う角度から中国の発展のため積極的に提案し、その多くの意見が中国政府に採用され、中国経済の発展と社会の進歩に積極的な役割を果たしてきた。中国政治協商会議の任期は5年となり、毎年全体会議を一回開く。China Radio International, http://japanese.cri.cn/1/2005/03/02/1@36186.htm。ちなみに、中国人民政治協商会議は新中国成立の直前に、中国共産党と各民主諸党派、無党派の

民主人士、各人民団体、各界の指導者が共につくり上げたものである。中国人民政治協商会議は「新政治協商会議」とも呼ばれ、1946年に重慶で開かれた「旧政治協商会議」と区別することになった。1948年に中国共産党は人民民主統一戦線を拡大し、強化するため、新しい政治協商会議の開催を呼びかけた。1949年6月に新しい政治協商会議の準備会議が北平（今の北京）で開かれた。そのあと、周恩来は、多くの団体が人民という2字を付け加えているのに、政治協商会議はなぜそれをとり入れないのかと述べ、この意見は受け入れられた。1949年9月17日に開かれた準備会議第2回会議は「新政治協商会議」を「中国人民政治協商会議」に改名することを決定した（チャイナネット）。旧政治協商会議に関しては拙稿「国民党与旧政協関係探析」『山西大学学報』1992年第4期、76〜79ページを参照されたい。

40) この時期については私の一連の研究を参照されたい。「『把戦争限制在朝鮮』的戦略構想及実現的原因」、劉宏煊主編『抗米援朝研究』人民出版社、1990年、54〜59ページ；「『武訓事件』と中国知識人」中国社会科学研究会『東瀛求索』第10号、1999年3月、170〜188ページ；青山学院大学「『秦牧事件』と中国民主同盟」『史友』第32号、2000年、1〜17ページおよび「建国初期の『新型知識人』について」同上第34号、2002年、99〜116ページ。

41) 五・四運動とは1919年5月4日の北京の学生デモを発端として中国全土に波及した反帝国主義運動である。パリ講和会議で日本の対華二十一ヶ条要求が承認されたことに反対し、政府にベルサイユ条約の調印拒否を約束させた。中国の新民主主義革命の出発点である。新文化運動とは中国で、1917年から1921年にかけて展開された文学・思想の改革運動である。科学と民主主義を標榜して中国革命を妨げる儒教的・封建的な文化・制度を批判したが、その過程で五・四運動を導き出し、中国共産党を生みだす思想的基盤を準備した。

42) 末里周平『満州の落陽』文芸社、2008年、195〜196ページ。

43) 張萬舒著『歴史的大爆炸——「六四」事件前景実録』（香港）天地図書有限公司、2009年を参照されたい。

44) End of Communism Cheered but Now with More Reservations, The Pulse of Europe 2009: 20 Years After the Fall of the Berlin Wall, http://pewglobal.org/reports/display.php?ReportID=267。

45) 「戈爾巴喬夫批評俄羅斯民主倒退」、『VOA』、2010年3月7日などを参照されたい。

46) 「柏林圍牆倒塌廿週年反思」、（香港）『亜週週刊』第23巻第45期、2009年11月15日。

47) マックス・ウェーバー著・浜島朗訳『社会主義』講談社、1980年をも参照されたい。
48) 陳錫文「中国約2000万農民工失業」、『ロイター中国版』、2009年2月2日。
49) 社会主義制度が優れていると強調されている。温家宝「政府工作報告」、『ウォールストリート・ジャーナル（The Wall Street Journal、WSJ）中国版』、2010年3月5日。
50) 「中国應為維護国際秩序承担責任」、『Deutsche Welle中国版』、2010年3月1日を参照されたい。この記事によると、中国の外交方針は独裁体制支持、西側に対抗といった特徴が見られるという。
51) 「温家宝総理FT独家専訪全記録」、『フィナンシャル・タイムズ中文網』、2009年2月3日。
52) 国分良成『中華人民共和国』ちくま新書、1999年、128ページ。
53) cpi 2008 table,（ドイツ）http://www.transparency.org/news_room/in_focus/2008/cpi2008/cpi_2008_table。
54) 王輝著・橋爪大三郎他訳『中国官僚天国』岩波書店、1994年、韓紅「腐敗的群衆基礎」『人民網』2001年9月3日と何清漣著・坂井臣之助他訳『中国現代化の落とし穴』草思社、2002年などを参照されたい。
55) 「中国の都市化スピード、世界で最速」、『国連報告書』、2010年3月25日をも参照されたい。
56) 「中国都市人口、2030年に10億人を突破」、『チャイナネット』2008年3月25日などを参照されたい。
57) 経済開発協力機構（OECD）「中国貧富差距在縮小」、『WSJ中国版』、2010年2月3日。
58) 呂宗恕他「撤県設市、16年後再潮涌　標準早過時、百県争名分、国家未開闸」、『南方週末』2013年4月26日。
59) 「ジニ係数6年連続減」、『人民網』2015年1月22日。
60) 宋魯鄭「民主必勝還是"中国模式"必勝」、『博訊』2009年1月14日。
61) 呉敬鏈等は「ソ連はショック療法で、中国は漸進的療法だ」という観点に反対である。凌星光著『中国の前途』サイマル出版会、1991年などを参照されたい。
62) 違う意見も見られる。胡聯合・胡鞍鋼「中国『三権分立』を導入してはならないのはなぜか」、『人民網日本語版』2010年5月10日などを参照されたい。
63) 「中共選択接班人程序曝光」、『多維新聞』2016年8月12日。
64) 「政治局：委員到基層調研要簡化接待」、『新華網』2012年12月4日を参照されたい。

第三章　民主主義を相対化する中国

65）伊銘「中国政治改革幾大亮点及局限」、シンガポール『聯合早報』2009年11月30日。そのうち、代表的論文は中国共産党中央編訳局副局長兪可平「民主是个好東西」（民主はいいものだ）；中共中央党校党史教研部主任郭德宏「毛沢東民主思想的誤区」（毛沢東の民主思想の誤解）；北京大学法学院教授賀衛方「希望共産党形成両派，希望軍隊国家化」（共産党の派閥化と軍の国家化を望む）；法律学者思寧「開放党禁的步驟設想」（党作りの自由化の段階的構想）等が含まれる。

66）左翼とは（フランス革命時、国民公会で急進派のジャコバン派が議長席から見て左側に座ったことから）急進的・革命的な政治勢力や人物。ことに、社会主義的または共産主義的傾向の人や団体である。新左翼とはイギリスの（ニュー-レフト）誌に集まった、新しいマルクス主義理論家の集団。先進資本主義諸国で、1950年代末から60年代末にかけて、高度資本主義が生み出した管理社会的状況に反発するとともに、既成左翼を批判して登場した左翼勢力の総称である。中国の新左翼については烏有之郷サイト http://www.wyzxsx.com/およびLi He著・盎山訳「中国的新左派」、『中国選挙与治理』2008年10月21日、http://www.chinaelections.org/NewsInfo.asp?NewsID=136206を参照されたい。

67）注63）と同じ。

68）ゴードン・チャン（Gordon G. Chang・章家敦）著・栗原百代他訳『やがて中国の崩壊が始まる』（The Coming Collapse of China）草思社、2001年などをも参照されたい。

69）中国の特徴を強調せず、むしろ中国は世界の一部だと主張した観点もある。陳志武『陳志武説中国経済』山西経済出版社、2010年などを参照されたい。

70）Gideon Rachman「政治民主与経済繁栄究竟是什麼関係？」、『フィナンシャル・タイムズ中国語版』、2010年2月25日。

71）（韓国）『朝鮮日報』2010年1月7日。As China Rises, Economic Conflict With West Rises Too By KATRIN BENNHOLD, NewYork times, January 26, 2010などをも参照されたい。

72）アンドリュー・J. ネイサン氏は今日の中国政権を「柔軟性のある独裁」と位置づけている。注5を参照されたい。

73）本書付録1「伊藤正『鄧小平秘録』読む」を参照されたい。

74）後藤末雄著『中国思想のフランス西漸』平凡社、1969年などを参照されたい。

75）前掲『日本人眼里的中国』を参照されたい。

76）欧米型モデルは中国に合わないという言い方もある。瀟陽「没有適合中国的外套」、『ドイチェ・ヴェレ（Deutsche Welle）中文網』、2007年5月18日。

77) 姜克實『現代中国を見る眼』丸善ライブラリー、1997年、231ページを参照されたい。

第四章　《反国家分裂法》の制定から
　　　　　《経済協力枠組協定》の締結までの中台関係

はじめに

　2016年1月に台湾で4年に一度の総統選挙が行われ、国民党は負けて、野党に転落した。一方、民進党は返り咲いて、8年ぶりに政権の座に就いた。

　国民党は中国が一つという原則を堅持し、中国共産党の持論、つまり中国は一つであり、台湾も大陸もともに中国に属するという方針に一致するため、これまで、中台関係は比較的に順調だった。2015年11月7日に習近平と馬英九がシンガポールで歴史的対話を実現したのは良好な中台関係を象徴するものであった。

　しかし、一方民進党は台湾の独立を党是として1986年に設立された政党である。また、2000年から2008年までの8年間において、台湾の独立を目指して政権を掌握した過去がある。したがって、民進党政権の下で、今後の中台関係はどうなっていくのか心配する声が上がっている。

　本文は今世紀に入ってから中台双方が歩んできた筋道を明らかにすることによってこうした声に応えたい。

　2010年は中国にとって、国際関係が厳しい一年となった。台湾への武器売却やチベット亡命指導者ダライ・ラマ十四世との会談をめぐって、アメリカとのあつれき、日本との尖閣諸島（「釣魚島」）漁船衝突事件、ベトナムなどとの南沙諸島領有権の対立、劉暁波のノーベル平和賞受賞をめぐる世界人権団体とのトラブルなどがそれを如実に物語っている。

　しかしながら、長年、冷めていた台湾との関係は逆に急速に緩和しつつあり、2010年6月に《中台経済協力枠組協定》が調印されたように、中台（以下、『両岸』と記す）関係は急接近している。

　馬英九が2008年に中華民国総統になってから、両岸関係は改善されており、政府間および民間での交流も盛んになってきている。両岸間はいわゆる「三

通」つまり通信・通航・通商が実現し、中国人観光客(「陸客」)、中国資本(「陸資」)、大型製品購入団体(「採購団」)は台湾を訪れ、中国側の窓口交渉機関である「海峡両岸関係協会」会長陳雲林(当時。以下同じ)、上海市長韓正など中国側の要人は相次いで台湾を訪問していた。

台湾側も副総統蕭万長、国民党主席呉伯雄、高雄市長陳菊などの中国訪問も実現していた。また、前台湾国家安全会議事務総長蘇起は中台両岸共同市場基金の最高顧問として、2010年4月9日から11日にかけて、中国海南省で開催されるボオア・アジア・フォーラム(博鰲亜洲論壇)に出席していた。

以上述べたことからもわかるように、両岸間で大きな変化が起こっている。本章では、主に中国は2005年に《反国家分裂法》の制定から、2010年に《両岸経済協力枠組協定》の締結までの5年間の両岸関係を振り返ることによって、強硬路線から柔軟路線へとシフトする中国の対台湾方針・政策を整理し、今後の両岸関係を展望したい。

一、《反国家分裂法》とは

《反国家分裂法》(「反分裂国家法」)は2005年3月14日に中華人民共和国第十回全国人民代表大会(以下《全人代》と記す)第三次会議において通過し実施に移された両岸関係に関する法律である。

まず、《反国家分裂法》の内容から見てみよう。《反国家分裂法》の内容は次の通りである[1]。

第1条 「台独」分裂勢力(「台湾独立」をめざす分裂勢力)が国家を分

裂させるのに反対し、これを阻止し、祖国平和統一を促進し、台湾海峡地域の平和・安定を守り、国家の主権および領土保全を守り、中華民族の根本的利益を守るため、憲法に基づいて、この法律を制定する。

第2条　世界に中国は一つしかなく、大陸と台湾は同じ一つの中国に属しており、中国の主権および領土保全を分割することは許されない。国家の主権および領土保全を守ることは、台湾同胞を含む全中国人民の共同の義務である。

台湾は中国の一部である。国は「台独」分裂勢力がいかなる名目、いかなる方式で台湾を中国から切り離すことも絶対に許さない。

第3条　台湾問題は中国の内戦によって残された問題である。

台湾問題を解決し、祖国の統一を実現することは、中国の内部問題であり、いかなる外国勢力の干渉も受けない。

第4条　祖国統一の大業を達成することは、台湾同胞を含む全中国人民の神聖な責務である。

第5条　一つの中国の原則を堅持することは、祖国平和統一実現の基礎である。

祖国統一の平和的方式による実現は、台湾海峡両岸同胞の根本的利益に最も合致する。国は最大の誠意をもち、最大の努力を払って、平和統一を実現する。

国家の平和統一後、台湾は大陸と異なる制度をとり、高度の自治を行うことができる。

第6条　国は次の各号に掲げる措置を講じて、台湾海峡地域の平和・安定を守り、両岸関係を発展させる。

1、両岸の人的往来を奨励、推進し、理解を増進し、相互信頼を強める。

2、両岸の経済交流と協力を奨励、推進し直接通信・通航・通商によって、両岸の経済関係を密接にし、相互利益・互恵をはかる。

3、両岸の教育、科学技術、文化、衛生、スポーツ交流を奨励、推進し、中華文化の優れた伝統を共同で発揚する。

4、両岸の犯罪共同取り締まりを奨励し、推進する。

5、台湾海峡地域の平和・安定の維持および両岸関係の発展に有益なその他の活動を奨励し、推進する。

国は法によって台湾同胞の権利および利益を保護する。

第7条　国は台湾海峡両岸の平等な話し合いと交渉によって、平和統一を実現することを主張する。話し合いと交渉はしかるべき段取りを追い、いくつかの段階に分けて行うことができ、方式は柔軟多様であってよい。

台湾海峡両岸は次の各号に掲げる事項について話し合いと交渉を行うことができる。

1、両岸の敵対状態を正式に終結させること
2、両岸関係を発展させる計画
3、平和統一の段取りと進め方
4、台湾当局の政治的地位
5、その地位に相応しい台湾地区の国際的な活動空間
6、平和統一に関連するその他のあらゆる問題

第8条　「台独」分裂勢力がいかなる名目、いかなる方式であれ台湾を中国から切り離す事実をつくり、台湾の中国からの分離をもたらしかねない重大な事変が発生し、または平和統一の可能性が完全に失われたとき、国は非平和的方式その他必要な措置を講じて、国家の主権と領土保全を守ることができる。

前項の規定によって非平和的方式その他必要な措置を講じるときは、国務院（政府）、中央軍事委員会がそれを決定し、実施に移すとともに、遅滞なく全人代常務委員会に報告する。

第9条　この法律の規定によって非平和的方式その他必要な措置を講じかつ実施に移す際、国は最大の可能性を尽くして台湾の民間人および台湾にいる外国人の生命・財産その他の正当な権益を保護し、損失を減らすようにする。同時に、国は中国の他の地区における台湾同胞の権益と利益を法によって保護する。

第10条　この法律は公布の日から施行する

第四章　《反国家分裂法》の制定から《経済協力枠組協定》の締結までの中台関係

　《反国家分裂法》は十条から構成される。この《反国家分裂法》はまず「世界には中国は一つしかなく、中国大陸も台湾も中国に属し、中国の主権も領土も分割されることを許さない」とし、主権の保護、両岸の統一を促すのは台湾同胞を含む全体中国人の「共通の義務と神聖な職責」であると明言している。

　第３条は台湾問題を「中国の内戦によって残された問題」であるとし、中国の内政として「外国勢力の干渉を受けない」と規定。また第５条は、一つの中国という原則が（両岸）平和統一の基礎とし、統一後の台湾では「大陸と異なる制度および高度な自治を実行できる」という。

　第６条は、政府を促し、両岸人員の往き来を促進させ、経済協力や直接の「三通」を奨励し、教育、科学技術、文化などの事業の交流を奨励、推進し、台湾商人の利益を保護するとある。

　第７条は、話し合いで両岸の問題を解決し、しかも敵対状態の終結、台湾の政治的地位、国際的空間など６つの分野を協議し談判を行うと表明した。

　もっと注目されるのは、第８条である。第８条によると、中国政府は次の３つの状況下で、「非平和的手段および必要な措置をもって、国家の主権と領土の保全を守る」という。

　いわゆる３つの状況とは、台湾は中国から分裂した事実が形成し、台湾は中国から分裂した事実をもたらした「大事変」、および平和統一の可能性が完全に喪失したこと、である。

　一部の国は、こうした３つの状況のうち、最後の一項、すなわち「平和統一の可能性が完全に喪失したこと」に焦点を当てていた。なぜなら、この表現は解釈の幅が広いと考えられるからだ。

　また、第８条は、「非平和的な手段および必要な措置を取った際に」、できるだけ台湾人民および外国人の生命と財産を守るとし、台湾の民衆や国際社会に配慮することをにじませた。

　いずれにしても、《反国家分裂法》は中国が台湾の独立を認めず、非常時に「非平和的な手段および必要な措置をとる」決意が示されたものと言ってよい。

二、《反国家分裂法》制定の歴史的背景

　以上は《反国家分裂法》の内容であった。では、中国はなぜ《反国家分裂法》を制定したのか。換言すると、中国が《反国家分裂法》を制定した歴史的背景は何だったのか。以下は1、台湾の歴史と九二合意、2、アメリカの国内法《台湾関係法》、3、台湾の民主化と中華民国の台湾化に分けて《反国家分裂法》の制定の歴史的背景を整理してみる。[2]

　1、台湾の歴史と九二合意
　1884年、清朝政府は台湾を「省」として設置した。日本が沖縄を併合した1879年の5年後のことである。1895年に日清戦争での《下関条約》によって、日本は台湾をも併合した。1945年、日本が降伏した後、中華民国政府は台湾を接収した。後に、共産党との内戦で負けた国民党＝中華民国政府は台湾に逃がれ、今日に至っている。

　一方、1949年に建国された中華人民共和国は台湾との統一を考えていたが、1950年に朝鮮戦争のぼっ発をきっかけに、中国は北朝鮮を支援した。これに対抗する形で、アメリカは第7艦隊を台湾海峡に派遣させ、両岸分離の事実が確定された。

　とはいえ、蒋介石は死ぬまで「大陸反攻」の目標を放棄していなかったし、毛沢東も時々金門砲撃を行ったりして、表面上、両岸はそれぞれの主張があったが、双方とも「一つの国」に属しているという「合意」があった。

　1970年代半ば頃になると、両岸の指導者はそれぞれ変わったが、統一についての話し合いが水面下で行われていった。

　まず、中国大陸側は積極的に動いた。

　1978年12月31日、葉剣英・中国全人代委員長は「台湾同胞に告げる書」（「全人大常委会告台湾同胞書」）を発表し、統一が前提条件であれば、台湾は特別行政区として高度な自治権の享受、軍隊の所持ができる、また、中国は台湾の地方事務を干渉せず、国共両党のルートを通して、通信、通商、通航、親族訪問、旅行および学術、文化、スポーツの交流を行うと表明した。これ

第四章 《反国家分裂法》の制定から《経済協力枠組協定》の締結までの中台関係

がいわゆる「葉九条」である。

続いて、1995年1月30日に国家主席江沢民は「為促進祖国統一大業的完成而継続奮闘」（祖国統一の大事業の実現を促すため引き続き奮闘せよ）講話を発表し、台湾との敵対状態を正式に終結させ、平等に協議し、両岸の経済交流と協力を発展し、「三通」の実現を速めるなどいわゆる「江八点」を表明し、台湾側との統一を呼びかけた。

台湾側も中国側の呼びかけに対応していた。

1978年から中国が改革開放政策を取り入れた。外資と技術の導入を目的として設置された四つ（後に五つになる）の経済特区のうち、台湾の離島・金門島に接して厦門（アモイ）経済特区が含まれた。ちなみに、1983年より台湾企業は初めて中国大陸に進出したといわれる。

両岸略図

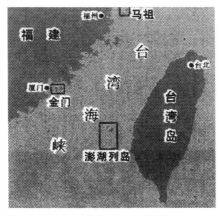

説明：中国福建省厦門（アモイ）に接している金門もそしてその東北にある馬祖もいまだに中華民国（台湾）に支配されている。
資料：「離厦門六公里 有駐軍両三万 台軍重兵守金門」、『環球時報』2001年8月28日より。

1987年、蒋経国・台湾総統はまず1940年末蒋介石とともに台湾に渡った元（中華民）国軍兵隊たちの中国大陸への帰省を認めた。多くの元軍人は後に台湾に戻ったが、一部は中国大陸にとどまった。私もかつて地元に戻った元

軍人に会ったことがある。両岸の民間交流が進展した。

　1988年、李登輝が台湾総統になってからも、両岸交流の流れはしばらく続いた。翌年の天安門事件でそれなりの支障が生じたとはいえ、両岸関係はその後、回復された。

　1990年11月21日、海峡交流基金会という中華民国政府の対中国交渉窓口機関が設立された。一方、一年後の1991年12月16日、中華人民共和国政府は対台湾交渉窓口機関・海峡両岸関係協会が設立された。

　そして、1992年に海峡両岸関係協会と海峡交流基金会が香港で協議し、「一つの中国」に関して、合意に達したのである。いわゆる「一個中国、各自表述」(中国大陸と台湾がともに「一つの中国」に属することを認めつつ、その解釈は中台それぞれに委ねるとしており、中国について共産党は「中華人民共和国」、国民党は「中華民国」と解釈するのである)これは世にいう「九二合意」(「九二共識」)である。

　2、アメリカの国内法《台湾関係法》
　第二次大戦後、アメリカをはじめとする資本主義陣営とソ連をはじめとする社会主義陣営との間で冷たい戦い、つまり冷戦があった。朝鮮戦争をきっかけに台湾はアメリカについて、中国はソ連についた。

　1950年代後半に入ると、イデオロギーなどをめぐって中ソ対立が強まっていく。中ソ関係が悪化し、局地戦争まで起きてしまった。珍宝島衝突である。

　毛沢東はソ連との核戦争に備えて中国国民に「防空壕を掘れ」と号令した。筆者は小学校から中学校までの間、防空壕を掘り続けたのを鮮明に覚えている。毛沢東はソ連の圧力をかわすために、アメリカなどとの関係緩和に動いた。

　一方、1970年代になると、ベトナム戦争から抜け出すために、アメリカは中国の助けを求めた。

　1972年2月、ニクソン・アメリカ大統領は初めて北京を訪れ、毛沢東と会談した。後に中米上海コミュニケ(「上海公報」)が公表され、そのうち、中国は一つであり、台湾は中国の一部である、といった項目が含まれた。中米関係の緩和にともなって、日本は直ちに行動を起こした。同年9月、田中角

第四章　《反国家分裂法》の制定から《経済協力枠組協定》の締結までの中台関係

栄首相は訪中し、《日中共同声明》を締結、日中関係は正常化した。そして、1979年1月、一つの中国、「一中一台」あるいは「二つの中国」を認めないと合意の上、中米国交が成立されたと考えられた。

しかし同年4月、アメリカの国会は大統領をけん制する形で、《台湾関係法》という国内法を通過させた。その内容は台湾が第三国の侵攻を受けた場合、アメリカは台湾を助けるというもの、いわば米台軍事同盟の宣言である。そのために、アメリカは台湾に武器を売却していくと記されている。

アメリカとの関係正常化を急ぐ鄧小平はかつて台湾との統一を楽観視し、1980年代の三つの目標の一つとして掲げていた。しかし《台湾関係法》の存在やアメリカによる台湾への武器売却などもあって、結局、実現せずに終わった。

アメリカとの国交成立を優先し、台湾問題を後手にしたという批判も当時からあったが、いずれ後の後継者に残された課題の一つとなったのである。

3、台湾の民主化と中華民国の台湾化

1950年代から、台湾に逃がれた国民党政権は大胆な農地改革を実施していた。またアメリカも台湾援助を続け、1950年から1965年までの15年間に約15億米ドルを提供した。いわゆる対外輸出戦略に成功した台湾は経済が離陸し、1970年代になると、東アジアエリアの四小龍のひとつとして活躍し、中産階級も誕生していく。1986年、野党民進党の設立が企図され蔣経国がそれを許した。後に台湾は民主化していく。これをアメリカ型モデルという。

いわゆるアメリカ型モデルとはまず、経済を発展させ、それによって、中産階級が誕生する、続いて、中産階級は政治権力を求め、最終的に二党政治あるいは多党制が成立し、そして民主化を達成するというプロセスを指すのである。

1980年代末から1990年代初頭にかけて民主化が猛威を振るい、世界的に旋風を巻き起こした。「天安門の春」、東欧諸国の革命、そしてソ連崩壊が相次いだ。蔣経国なき台湾は世界的民主化の波に乗りながら、李登輝は積極的に民主化を実行していった。李が「台湾民主化の父」と呼ばれるゆえんである。

しかし、一方、台湾の民主化は中華民国の台湾化とともに進行していく。繰り返すが、それまでの両岸関係はギクシャクしていたが、異なる解釈があっても、一つの中国というコンセンサスがあった。しかし、李登輝による中華民国の台湾化という流れは、両岸が共有していた「中国は一つ」というコンセンサスが挑戦を受けるようになった。

　李登輝の在任中（1988～2000年）、力を入れて、推進したのは中華民国の台湾化（「本土化」）、そして1996年に中華民国の歴史上初めて民衆による総統選挙が行われた。

　両岸関係では中華民国国家元首・国民党主席の立場から中国統一政策を標榜したが、しかし1996年に総統に再選された後は両岸関係に対する態度を変え、「台湾独立」を意識した発言を強めていくことになる。1999年7月、ドイツの放送局ドイチェ・ヴェレのインタビュー中で李登輝は（台湾と中国の）「二国論」を展開した。

　大陸の中華人民共和国と台湾の中華民国は従来、一方と外交関係を結ぶと他方とは断交しなければならないことを原則としてきた。それは互いに「一つの中国」の原則のもと、どちらが正統な「中国」であるかを長年にわたって争ってきた歴史がある。しかし前述した李登輝総統は1999年7月のこのインタビューで、両岸の関係を「特殊な国と国の関係」と表現した。中国はこれを「二国論」と呼んで、実質は「独立論」だとして強く非難した。

　李登輝が二国論を打ち出したというならば、陳水扁は「一辺一国論」の持ち主である。

　2000年、陳水扁候補が総統に当選し、二期八年の民進党政権を発足させた。民進党は1986年に設立され、台湾の独立を党の綱領として掲げている。2002年8月2日、陳水扁は「一辺一国論」を打ち出し[3]、両岸の緊張関係をもたらした。

　いわゆる一辺一国論とは、中華民国側より提出された両岸関係を規定する表現の一つで、台湾と中国はそれぞれ「別の国」であるというものである。これはすでに述べた中国側の「中国はひとつであり、台湾も中国大陸も中国に属する」という持論に背くので中国政府は受け入れられないことがはっき

第四章 《反国家分裂法》の制定から《経済協力枠組協定》の締結までの中台関係

台湾・金門島にある看板（三民主義で中国を統一しよう）

説明：三民主義は孫文が唱えた中国革命の理論であり、中国国民党の基本綱領でもある。ちなみに、三民主義とは民族主義、民権主義と民生主義である。一方、中国側は「一国二制度」で中国を統一せよと主張してきた。
資料：「両岸同属中国本是台北説法」『四川広播電視台サイト』2009年11月27日より。

りしている。

　台湾は「独立国家か」それとも「中国の一部なのか」、意見が分かれる問題である。1945年、日本降伏後、かつて日本の植民地だった台湾が中華民国政府によって接収されたが、1949年に共産党との内戦で敗れた蒋介石率いる国民党および国民政府は台湾に逃れ、今日に至っている。そういう意味で、台湾問題は、中国側が言う「内戦の産物」説にも一理あると思う。

　たしかに、かつての毛沢東率いる共産党も蒋介石率いる国民党も「中国はひとつ」という「コンセンサス」があった。また、その後、鄧小平や蒋経国時代も両岸統一についての話し合いが秘密裏に行われ、また、海峡両岸関係協会と海峡交流基金会の間で九二合意がなされ、中国側は「一国二制度」（中国というひとつの国家で社会主義と資本主義との二つの制度が並存する）方針を制定し、その後、香港（1997年）もマカオ（1999年）も、こうした方針の下で、中国に戻った過去がある。

しかし、問題はそう単純ではない。台湾問題は中国側が言う国共内戦の産物との事実が正しいと言っても、台湾は1980年代後半から民主化するようになった側面と、中華民国の台湾化という側面が同時進行したのだ。
　1996年、李登輝は初めて住民による総統選挙を実施し、当選した。中国は李を「独立派」とみなし、総統選挙に合わせ、台湾周辺沖に向かってミサイル演習を実施した。両岸関係に緊張が走った。
　また、2000年5月20日、陳水扁総統は就任演説で「四不一没有」（自分の任期中において、独立を宣言せず、国号を変更せず、両国論を憲法に加えることは進めず、統一か独立かの国民投票は行わず、国家統一綱領と国家統一委員会の廃止という問題もない）と宣誓しながらも、実質的に「（中国からの）分裂活動」に力を入れようとしていた。「一辺一国」論はまさにこうした背景の産物であった。

　4、国民提案、政府法制化
　こうした事態に直面した中国は、当然ながら、焦っていた。事態の深刻さに気付いたのは政府だけでなく、中国国民もだ。
　「一辺一国」論が現れると、中国湖北省武漢市江漢大学台湾問題専門家の余元洲教授は《中華人民共和国統一促進法》をまとめ、全人代および国務院台湾事務室に提出した。ここで、「主権対等論」の観点がだされる。
　いわゆる主権対等論とはこうだ。すなわち、中華人民共和国は台湾をひとつの省とみなし、中華民国政府（台湾）も中国大陸地区を特別政治区とみなしてもいいというものである。これは、それまで中国大陸は主権国家で台湾政権は正統性がないという中国政府の持論を否定しかねない考えだが、双方ともに対等だという意味で、最終的に統一ができれば、中国は若干譲歩してもよいという案だったと考えられる。
　続いて2004年3月、北京で開催されていた全人代および政治協商会議において、上海代表・華中師範大学教授周洪宇は《できるだけ早めに「統一法」を作るべきとする案》を提出し、文字通り、法律をつくり、両岸統一をはかるという内容だった。
　余元洲も周洪宇もただ感情的に中国は一つ、台湾は中国と同様、中国の一

部だと主張するにとどまらず、法律を制定することによって台湾の独立を阻止しようとする決意が見て取れる。

　両岸統一についてはただ単に国内だけでなく、海外にいるいわゆる華僑たちにとっても大きな関心事である。2004年5月9日、温家宝首相のイギリス訪問中、華僑で、中国統一促進会会長・単声が「台湾独立勢力が盛んでいるなか、できるだけ早めに法律をつくり、統一を促進するべきだ」と要請したという[6]。

　中国政府はこうした内外の声に答える形で、素早く行動を起こし、「われわれは法律をもって統一を促進する手段を含む提案をまじめに議論し取り入れる」と宣言した。これは中国政府がはじめて法律をもって「台湾独立勢力」を抑える態度を明確にしたものであった。

　また、《反国家分裂法》は、長い時間をかけて議論されてきたという。最初は「統一法」とされたが、その後《台湾基本法》、《反国家分裂法》と変わっていった。最終的に《反国家分裂法》にされたのは、主に両岸に関する中国政府の考えを反映したものと考えられる。

　すなわち、両岸は現在「分治」つまり「統治権は統一していない」が、「分裂でない（主権は統一しない）状態」である。新法作りの目的は、中国の分裂した状態を免れるためとされた。注目すべきは、この草案は台湾に限定されており、香港やマカオ、そしてチベットや新疆には及ばないということだった[7]。

　2005年3月14日、中華人民共和国第十期全人代第三回会議の最後の日程はこの《反国家分裂法》についての票決であった。結果は賛成2,896票、反対ゼロ票、棄権2票、投票せず3人というものだった。国家主席胡錦濤は当日、第34号主席令に署名し、即日、《反国家分裂法》は発効された。

三、台湾側の反応、分かれた国際世論と中国の苦悩

　では、《反国家分裂法》通過後の台湾側はどんな反応を示したか。また、国際世論はいかなるものだったかを見てみよう。

１、台湾側の反応

台湾側の反応はすさまじかった。

2005年3月14日、《反国家分裂法》通過直後、中華民国大陸委員会主任委員呉釗燮は声明を発表し、《反国家分裂法》は台湾に対する「重大な挑戦」とし、これに反対する意思を表明した。呉によると、「中華民国の現状は主権独立」にあるという。したがって、「現状を改めるいかなることも、台湾人民の賛同がなければ無効である」とし、中国共産党は「(両岸は)一つの中国という原則を直接法律に盛り込んだのは（台湾にとっては）厳重な挑戦であり、武力で台湾を飲み込む手形となる」と強く批判した。

また、3月16日、陳水扁総統は国際僑胞団体である「全僑民主和平聯盟」のメンバーと会見した際、中国が制定した《反国家分裂法》に対する見解を示した。その中で陳総統は、「中国の措置は両岸関係を悪化させるだけ」と批判し、「台湾2,300万国民のみが台湾の前途を決定する権利を持つ」ことを強調した。

続いて、3月29日、中華民国外交部は《反国家分裂法》に反対する立場を再び表明した。中華民国外交部によると、《反国家分裂法》は「台湾主権を軽視し、一方的に両岸の現状を変更、緊張を高め、中台海峡危機を引き起こす」ものとし、《反国家分裂法》制定の狙いは「一方的な支配をもくろみ、武力（台湾）侵攻の法的な基礎を作り、国際社会に強硬な立場を示し、偽制民主政治の正当性を標榜する」と非難した。

また、この《反国家分裂法》は、「国際法に違反し、台湾の民主主義を妨害し、両岸関係を破壊し、地域の安全に脅威を与えたもの」と指摘した。そのうえ、EUの中国への武器輸出解禁の動きに関連して「台湾は民主・自由を愛するすべての国々が、中国への武器売却を無くし」、「台湾が国際組織への参加に協力する」行動によって、「台湾の民主主義、繁栄、平和を守ろう」と国際社会に要請した。

そして2005年3月26日、台湾の与党民進党、台湾団結連盟、および多くの民間団体が参加する「台湾保護大連盟」が台湾各界にデモ参加を呼びかけ、

《反国家分裂法》に反対する意思を明示し、「台湾の将来は台湾人民が決めるべきで、他人が代弁することは許せない」とした。

　台湾側の反応をこうまとめられる。それは「中華民国の現状は主権独立」「中国の措置は両岸関係を悪化させるだけ」「台湾2,300万国民のみが台湾の前途を決定する権利を持つ」（中国の法律は）「偽る民主」（法律の制定は）「地域の安全に脅威を与えるもの」などである。

　台湾の立場に立ってみると、以上の指摘はすべて理解できよう。しかし、現状はそう甘くない。「中華民国の現状は主権独立」なのかもしれない。しかし、アメリカや日本などに認められていない。台湾のこれからを決めるのは台湾住民だということに異存はないが、中国国民と関係ないと言えばそうでもないと思う。また両岸関係の悪化は地域の安定に脅威を与えるものという言い方にも同意するが、《反国家分裂法》制定の背景に触れないで、批判するのもややフェアとはいえない。台湾の民主化とともに、中華民国の台湾化がもたらした両岸関係の変動が《反国家分裂法》の制定につながったのではないか。

２、分かれた国際世論
　国際社会は《反国家分裂法》の通過に対してどういった反応を示したのか。これはまさに「十人十色」だが、大きく言うと反対論と賛成論の二つに分けられる。まず反対論から見ていこう。
　アメリカは反対する意思をいち早く表明した。《反国家分裂法》の草案が全人代に回され、審議を受けた後、ホワイトハウス報道官スコット・マクレランは声明を発表し、「《反国家分裂法》は両岸関係にいい影響を与えない」と批判した。
　全人代でこの《反国家分裂法》が通過した後、アメリカ政府は再び評論を発表した。ホワイトハウスのマクレラン報道官は「今日、中国の指導者は全人代で反分裂法を通過させた。この法案は両岸関係の平和にそむくものであり、アメリカはそれを不幸だと考える」としている。
　また、彼は「この法律は双方の立場を硬化させるだけである。アメリカ政

府は非平和的な手段で台湾の未来を決めるいかなるたくらみにも反対であり、引き続き双方の間での平和的対話や問題解決を奨励する」と付け加えた。[11]

　なお、アメリカ国務長官コンドリーザ・ライスはその後訪問先の南アジアでも《反国家分裂法》は両岸関係の緩和に不利益であり、助けにならず、中国の軍事力の増強が両岸の安定した情勢に影響を与えると懸念を示した。[12]それと同時に、アメリカ議会は、一方的に両岸の現状を変えようとする『反国家分裂法』を批判する決議を採択・可決した。

　前述した通り、1972年、アメリカはベトナム戦争から抜け出すために中国に接近し、ニクソン大統領が北京を訪問した。その延長線上にあるのは1979年1月の中米国交の成立だった。その際、中国の立場に配慮し、台湾との関係を断絶した。アメリカ政府は「一つの中国政策」、「三つのコミュニケ」を堅持し、台湾の独立を支持しないと公式に表明している。[13]しかし一方、1979年4月、「台湾関係法」というアメリカの国内法が可決された。その内容は、台湾が第三国の侵略を受けた場合、アメリカは台湾を援助する、いわゆる米台軍事同盟だった。いうまでもなく、両岸の問題は平和裏に話し合いで解決されることを望むというのがアメリカの公的立場である。実質上、アメリカは両岸の統一を望んでいないし、むしろ、「分治した」現状を作り出した張本人だと言ってよいと思う。そういう意味で、アメリカの《反国家分裂法》への反対意思の表明はむしろ当たり前のことだったと思われる。

　ただし、アメリカの国益から見ると、反対一辺倒ではないことも指摘しておきたい。両岸は適度に緊張関係があるのがアメリカにとって都合がよい。そうすれば、両岸はともにアメリカを必要とするからである。台湾は常にアメリカから武器や装備品などを購入し、中国も台湾の独立に反対するためにアメリカの力が欠かせない。またアメリカは中国に国債を買ってもらうことで国力を維持する。両岸関係の現状維持の最大の受益者はアメリカである。

　日本政府も懸念を示し、反対意思を表明した。そして『産経新聞』は《反国家分裂法》採択について、「反対ゼロとは恐ろしい」という社説で「台湾の反発や国際社会の懸念を無視し、武力行使権を規定した反分裂法の制定は極めて遺憾だ」と述べ、痛烈に批判した。[14]

第四章　《反国家分裂法》の制定から《経済協力枠組協定》の締結までの中台関係

《反国家分裂法》を批判するワシントン・ポストの評論

資料：The Washington Post, March 12, 2005.

　いうまでもなく、批判するばかりではなく、中国の《反国家分裂法》に賛成する国々もあった。フランスは《反国家分裂法》の通過を支持し、ドイツとともにEUの対中国武器禁輸令の解除に動き出した。ロシア外務省も声明を発表し、法案について理解を示している。またある統計によると、賛成する国々は数十にものぼったという[15]。

　3、中国の苦悩
　では、こうした分れた国際世論をいかに見るべきか。
　中国側からすれば、国民党の李登輝政権、とくに民進党陳水扁政権の二期目に入ってから（2004年より）、中国から離れてゆくいわゆる「脱中国化」（「去中国化」）という目標のもとで、台湾「正名運動」（台湾の名を正す運動である。国号も含めて公共機関や団体の「中国」を含意する名称を台湾を含意するものへの変更を求める）の公開化、台湾の本土意識や台湾優先が強調されていった。
　そうしたなかで、中国は強烈な危機意識が生まれた。そして民意を速やかに取り込み、中国政府は《反国家分裂法》を制定したのであった。

中国側は独立志向の強かった李登輝や陳水扁民進党政権の「暴走」を食い止めるために、国内法をつくったということができる。温家宝首相の言葉を借りると、それは「《反国家分裂法》は両岸関係を強め、推進する法律であり、平和統一法である」ということになる。また、この法律は「台湾人民に向けたものではなく」[16]、独立勢力を阻止するものだと温首相はつけくわえた。
　一般論として、《反国家分裂法》は両岸の現状を「維持」するためのものであり、その目的は両岸の交流を促進し、最終的に平和「統一」を促したものであり、《反国家分裂法》は「戦争授権法」とみなされるべきではない。
　なぜなら、北京にある中華人民共和国は「宣戦権」をもっており、しかも「台湾独立勢力」に対しての武力を「放棄しない政策」が以前から広く知られているからである。したがって、この《反国家分裂法》を制定することによって戦争権が授与されると改めて宣言する必要はない。逆に、《反国家分裂法》は「独立勢力」に明確なメッセージを送り、衝突が生じる可能性が抑えられるという思惑も込められている。
　また、中国の学者はアメリカが《台湾関係法》をつくり、台湾問題に対処していることを引き合いに出し、中国も当然ながら、国内法を制定し、台湾問題に対処するべきであると考えていた。しかも、中国側からすれば「アメリカの《台湾関係法》は中国の内政を干渉」することに当たるから、なおさらである[17]。
　もちろん、中国は《反国家分裂法》の制定を通じて、対台湾政策の法律化をはかり、「台湾独立勢力」が情勢の誤った判断によって戦争までに発展することを免れることができると多くの人は考えていた。したがって、中国側は《反国家分裂法》の目的は「台湾独立」の防止にあり、「台湾との統一」を急がせることではないと考えてよい[18]。
　なお、《反国家分裂法》は胡錦濤・温家宝政権が台湾問題に多くのエネルギーを費やしたくないというシグナルであるという中国の学者もいる。なぜなら、李登輝・陳水扁時代以来、北京政府は台湾の一挙手一投足に追われてきた経緯があるからだ。
　海外の一部マスコミが《反国家分裂法》に対する誤解や反発ないし憂慮を

示したことに関しては、それは中国への「無理解」によるものであると一部の中国の学者は考えた。中国は《反国家分裂法》をもって、何をしようか理解されていないためだったとし、中国政府は外国との交流を継続させ、理解や信任を促進させるべきだと主張した。

　当然ながら、中国政府は台湾問題を国共内戦の産物だということを強調しすぎて、台湾の政治的情勢の変化および台湾の民意への理解の不足、またすべての責任を李登輝や陳水扁および民進党に押し付けるという強硬姿勢もやはり問題だと思われる。台湾問題は複雑で細心な注意を払わなければならない。レート・ラインを引くと同時に、台湾住民に善意を示す必要もある。したがって、中国側は《反国家分裂法》を制定し、いわゆる「独立勢力」を抑えるとともに、台湾の汎藍に対しては、積極的にアプローチをするようになった。

　「汎藍」とは台湾独立反対、現状維持、親中国、中華文化の伝承を内容とし、今まで統一を大々的に強調してきたが、台湾主体意識の影響を受け、近年、公の場で中国との統一の勢いが衰え、取って代わって、両岸の平和発展を主張するようになった勢力である。

　汎藍もこの《反国家分裂法》で両岸の現状を改めるということで反対の声を上げた。しかし、彼らは台湾独立を主張しないため、中国側の統戦（統一戦線）活動の突破口となった。中国共産党と国民党両党間の関係が、むしろこの《反国家分裂法》の制定をきっかけとして緩和される結果をもたらした。

　国民党副主席（当時）江丙坤は《反国家分裂法》制定の直後、初めて中国を訪問し、その後、国民党主席連戦（同）もこれに続いた。主席同士の会談は国共両党の1949年内戦以来56年ぶりのことである。中国国営テレビは連戦訪問の様子を中継し、国民党との関係改善をアピールした。また、統一を主張する親民党主席宋楚瑜も私的な立場で中国を訪問し、歓迎を受けた。《反国家分裂法》の制定直後、国共両党交流の再開、とりわけ、2008年に台湾政権交代をきっかけに中国は対台湾政策を改め、強硬姿勢から柔軟姿勢へとシフトしていった。

四、《両岸経済協力枠組協定》の締結

1、両岸経済協力枠組協定の内容

両岸経済協力枠組協定（Economic Cooperation Framework Agrement, 略称ECFA）とは、2009年、中華民国政府が提出し、積極的に推し進めた経済協定である。2010年1月6日、中華民国総統馬英九が両岸経済協定と正式に宣言し、同6月29日に中国四番目の直轄市で、1945年に毛沢東・蒋介石による国共談判が行われていた重慶で調印され、2011年1月1日より、実施された両岸の経済協力を強めるものである。

まずECFAの内容を見てみよう。ECFAの内容は次の通りである。[19]

序言

財団法人海峡交流基金会と海峡両岸関係協会は、平等・互恵、順序を踏まえた漸進の原則に従い、海峡両岸の経済・貿易関係強化の念願を達成させた。

双方は、世界貿易機関（WTO）の基本原則に基づき、双方の経済条件を考慮し、双方間の貿易と投資の障害を段階的に軽減あるいは除去し、公平な貿易と投資環境を創造し、「海峡両岸経済協力枠組み協議」（以下、本協議）の調印を通して、双方の貿易と投資関係をより一層増進させ、両岸における経済繁栄と発展にプラスとなる協力メカニズムを構築することに同意した。

協議を経て、以下の通り協議を達成した。

第一章　総則

第一条　目標

本協議の目標は：

一、双方間の経済、貿易、投資協力を強化および増進する。

二、双方の製品貿易とサービス貿易のさらなる自由化を促進し、公平、透明、簡便な投資およびその保障メカニズムを段階的に確立する。

三、経済協力の分野を拡大し、協力メカニズムを確立する。

第二条　協力措置

　双方の経済条件を考慮し、以下を含むがこれらに限定されるものではない措置を採り、海峡両岸の経済交流と協力を強化することに双方は同意した。

　一、双方間の実質的な数多くの製品貿易の関税と非関税障害を段階的に軽減あるいは除去する。

　二、双方間の多くの部門に関わるサービス貿易の制限的な措置を段階的に軽減あるいは除去する。

　三、投資保護を行い、双方向の投資を促進する。

　四、貿易投資の簡便化および産業交流と協力を促進する。

第二章　貿易と投資

　第三条　製品貿易

　一、双方は、本協議第7条規定による「製品貿易におけるアーリーハーベスト（早期の実施・解決項目）」の基礎の下、本協議発効後、遅くとも6ヶ月以内に商品貿易を行うと共に、速やかに完成させることに同意した。

　二、商品貿易協議の内容は、以下を含む：

　（一）関税の引き下げあるいは免除の形式；

　（二）原産地規則；

　（三）税関のプロセス；

　（四）非関税措置は、「貿易の技術的障害に関する協定（TBT）」、「衛生植物検疫措置（SPS）」を含む。

　（五）貿易救済措置は、世界貿易機関（WTO）の「1994年の関税及び貿易に関する一般協定第6条の実施に関する協定（反ダンピング協定）」、「補助金及び相殺措置に関する協定」、「セーフガードに関する協定」の各措置および、双方間の製品貿易において適用される双方のセーフガード措置を含む。

　三、本条に基づき、製品貿易協議に盛り込む製品は、ゼロ関税即時実行対象商品、段階的に減税する商品、例外あるいはその他の商品の3種

類に分ける。

　四、いずれの側も、製品貿易協議規定による関税引き下げ公約の合意の下、関税引き下げの実施日程を自主的に加速できる。

第四条　サービス貿易

　一、双方は、第8条規定による「サービス貿易におけるアーリーハーベスト」の基礎の下、本協議発効後、遅くとも6ヶ月以内にサービス貿易協議についての話し合いを行い、速やかに完結させることに同意した。

　二、サービス貿易協議は以下の面において尽力する：

　（一）双方の多様な部門に関連するサービス貿易の制限的な措置を段階的に軽減あるいは撤廃する。

　（二）サービス貿易の幅と内容の深度を継続的に拡大する。

　（三）双方のサービス貿易分野における協力を促進する。

　三、いずれの側も、サービス貿易協議の規定において開放を公約した合意の下で、制限的な措置の開放あるいは撤廃を自主的に加速することができる。

第五条　投資

　一、双方は、本協議の発効後6ヶ月以内に、本条第2項で述べている事項について協議を行うと共に、速やかなる合意形成することに同意した。

　二、同協議は以下の事項を含むがこれらが全てではない：

　（一）投資保障メカニズムを確立する；

　（二）投資関連規定の透明化を向上；

　（三）双方の相互投資の制限を段階的に減少；

　（四）投資の利便化を促進；

第三章　経済協力

第六条　経済協力

　一、本協議の効果を強化し、拡大するために、具体策として以下を含む各項の協力強化について双方は同意した。：

　（一）知的財産権の保護と協力；

　（二）金融協力；

（三）貿易促進および貿易の簡素化；

（四）税関協力；

（五）電子ビジネスの協力；

（六）双方の産業協力戦略と重点分野を研究し、双方の重要項目の協力を推進し、双方の産業協力の中で発生する問題を調整し、解決する；

（七）双方の中小企業協力を推進し、中小企業間の競争力を強化する；

（八）双方の経済・貿易組織による出先機関の相互開設を推進する；

二、双方は、本条の協力事項の具体的計画と内容について、速やかに協議を行うようにする。

第四章　アーリーハーベスト

第七条　製品貿易におけるアーリーハーベスト

一、本協議の目標実現を加速するために、付属文書1に記された製品に対し早期実現計画を実施し、同計画は本協議発効後6ヶ月以内に実施を開始することに双方は同意した。

二、製品貿易における早期実現計画の実施については以下の規定に従う：

（一）双方は付属文書1で明記しているアーリーハーベスト製品および関税引き下げに基づき、関税引き下げ実施の手配を行う。しかし、双方が各自、その他のWTO全加盟国に対して普遍的に適用している非臨時的な輸入関税の税率が比較的低い場合には、同税率を適用する。

（二）本協議の付属文書1で記している製品は、付属文書2で記した臨時原産地規則に適応する。同規則に基づき認定されたものは、一方で生産された上述の製品となり、もう一方は輸入時にそれに対し関税の優遇を行う。

（三）本協議の付属文書1に記している製品が適用される臨時貿易の救済措置は、本協議第3条第2項第5細目で規定した措置のことを指し、その中で双方のセーフガード措置は本協議の付属文書3に盛り込まれている。

三、双方は、本協議第3条に基づき達成した製品貿易協議の発効日か

らは、本協議の付属文書2の中で明記した臨時原産地規則と本条第二項第三細目規定による臨時貿易の救済措置規則は適用を終了する。

第八条　サービス貿易におけるアーリーハーベスト

一、本協議の目標実現を加速するために、付属文書4で記したサービス貿易部門に対するアーリーハーベスト計画を実施し、アーリーハーベスト計画は本協議発効後、速やかに実施することに双方は同意した。

二、サービス貿易のアーリーハーベスト計画の実施は下記の規定に従う：

（一）一方は、付属文書4で明記されるサービス貿易のアーリーハーベスト部門および開放措置に基づき、もう一方のサービスおよびサービス提供者が実行する制限的な措置を軽減あるいは除去する。

（二）本協議の付属文書4で記されたサービス貿易部門および開放措置は、付属文書5で規定したサービス提供者の定義を適用する。

（三）双方は、本協議の第4条に基づき達成したサービス貿易協議の発効日より、本協議付属文書5で規定するサービス提供者の定義は適用が終了する。

（四）もしサービス貿易のアーリーハーベスト計画実施により、一方のサービス部門が実質的なマイナス影響をもたらした場合、影響を受けた側は、相手側と協議を求め、解決案を求めることができる。

第五章　その他

第九条　例外

本協議のいかなる規定も、一方がWTO規則と同様の例外措置を採るか維持することを妨害する解釈をしてはならない。

第十条　争議の解決

一、双方は、本協議発効後遅くとも6ヶ月以内に、争議解決の適切なプロセス確立について、話し合いを行うと共に、速やかに協議を達成させ、それにより本協議のいかなる解釈、実施、適用についての争議を解決していく。

二、本条の第一項で示した争議の解決協議の発効前においては、本協

議のいかなる解釈、実施、適用についての争議も、双方が協議を通して解決するか本協議第十一条において設立される「両岸経済協力委員会」により、適切な方法で解決を図っていく。

第十一条　メカニズム構築

一、双方は、共同で「両岸経済協力委員会（以下、委員会）」を設立する。委員会は双方が指定した代表により組織され、本協議と関連のある件（→事項）についての処理を担当し、以下を含むものとする。

（一）本協議の目標を実現するために必要な話し合いを行う；

（二）本協議の実行を監督ならびに評価する；

（三）本協議の規定を解釈・明確化する；

（四）重要な経済・貿易情報を通知する；

（五）本協議第十条の規定に基づき、本協議に関するいかなる解釈、実施、適用の紛争を解決する；

二、委員会は重要性に基づき作業チームを設立し、特定分野の中で本協議に関連する事項を処理することができる。

三、委員会は毎年半年毎に１度例会を開催し、必要時には双方の同意により臨時会議を招集できる。

四、本協議に関連する実務事項は、双方の実務主管部門が指定した連絡担当者が連絡の責任を担う。

第十二条　文書の書式

本協議に基づいて行なわれる業務連絡には、双方が取り決めた文書の書式を使用する。

第十三条　付属文書および後続協議

本協議の付属文書および本協議の調印に基づく後続協議については、本協議の一部として構成される。

第十四条　修正

本協議の修正は、双方の協議の同意を経ると共に、書面形式で確認する。

第十五条　発効

本協議の調印後、双方は各自の関連手続きを完成させると共に、書面で相手側へ通知する。本協議は双方が相手側の通知を受領した翌日より発効する。
　第十六条　終了
　一、一方が本協議を中止するには、書面で相手側に通知する。双方は終了通知発送後、30日以内に協議を開始する。もし、協議において一致が得られなかった場合、本協議は通知した側が終了通知を発送した日から180日目に終了する。
　二、本協議終了後30日以内に、双方は本協議終了により生ずる問題について協議を行う。
　本協議は6月29日に調印し、一式4部あり、双方は各2部ずつ保管する。4部の本文中の対応表現が異なる言葉の意味は同じであり、4部の本文は同等の効力を持つ。
付属文書1　製品貿易におけるアーリーハーベスト製品リストおよび関税引き下げ計画
付属文書2　製品貿易におけるアーリーハーベスト製品に適用される臨時原産地規則
付属文書3　製品貿易におけるアーリーハーベスト製品に適用される双方のセーフガード措置
付属文書4　サービス貿易におけるアーリーハーベスト部門および開放措置
付属文書5　サービス貿易におけるアーリーハーベスト部門および開放措置が適用されるサービス提供者の定義

　いずれにしても、ECFAは関税減免、投資・貿易・サービス、および知的財産権保護、早期収穫に分けられ[20]、所轄項目は806にのぼる協定である[21]。
　実はそれに先立つ約5ヶ月前の2010年1月26日、北京で両岸専門家会議（海峡両岸関係協会、略称「海協会」と海峡交流基金会、略称「海基会」）が開催された。双方は協議の内容が貨物貿易、サービス貿易の市場開放、原産地規

制、初期収穫計画、貿易救済、紛争解決、投資や経済協力などを含む両岸間の主要な経済活動をカバーし、また、今後、業務ごとに協議する方針も話し合われた[22]。

ECFAの具体的な内容は各国間で締結された自由貿易協定（FTA）に似ているが、具体的な時間制限がないことがFTAとの違いである。

とりわけ、両岸が推進しているECFAの前例は2003年に中国本土と香港との間で調印された経済交流を活発化するための協定、つまり《経済貿易緊密化協定》（「CEPA《Closer Economic Partnership Agreement》と記す」）ということに言及する必要がある。

CEPAは香港と中国本土との、経済・貿易面での協力関係をより緊密なものにすることを狙った協定であり、両地域間の貿易関税の段階的撤廃、香港企業による中国本土進出の規制緩和、貿易・投資の手続き簡素化などの内容からなっている[23]。

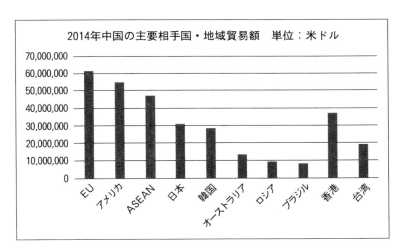

説明：貿易額は2013年と比較して香港・ブラジルそれぞれ6.2％、4％減少以外に、EU、アメリカ、ASEAN、日本、韓国、オーストラリア、ロシア、台湾それぞれ9.9％、6.6％、8.3％、0％、5.9％、0.6％、0.3％、6.8％増加した。ちなみに、両岸の貿易額は19,831,435億米ドルである。
資料：中国税関総署2015年1月16日公布データより作成。

また、2010年1月から実施されたASEAN＋3（ASEAN10ヶ国＋日中韓）協議、関税免税の分野は、台湾が中国に輸出する石油化学、機械、紡績品、および自動車パーツが含まれている。ECFA締結で、中国側が石油化学製品や自動車部品など539品目、台湾側が267品目の合計806品目、貿易額で計約167億ドル分の関税について、2011年から段階的に引下げ、2013年1月までに関税ゼロを実現することに合意した。

　2、目的と意義
　2009年12月9日、馬英九は台北にある総統府で《ドイチェ・ヴェレ》（《ドイツの声》）のインタビューを受けた際、ECFAが将来の台湾への影響について次のように答えた。[24)]

　　両岸間の貿易額はすでに1,300億米ドルに上がっている。貿易量はこれほど増えたにもかかわらず、双方は貿易に関する取り決めやさらに推し進めるルールもなかった。したがって、われわれは中国大陸との間で経済協力枠組協定を締結する必要がある。また、アジアにおいて、二国間の自由貿易協定づくり（FTA）は時代の流れであり、あわせて50（2010年3月26日までに56——筆者）にものぼっている。外交的孤立の中で、台湾はアジア各国とこうした協定を締結するチャンスに恵まれなかった。中国は台湾最大の貿易パートナーである。そのため、中国大陸と最初に経済協力枠組協定について話し合うことが正しいやり方である。これによって、両岸の経済や貿易関係の正常化、制度化がはかられ、またアジア地域の経済一体化の流れの中でも台湾の「周辺化」や孤立が避けられる。

　なお、重複部分もあるが、台湾経済部（省）国際貿易局はECFA締結の必要性について次のように説明している。[25)]

　　両岸経済協定を推し進める主な目的は台湾の経済競争力を強化するためにある。2010年より、ASEANは中国と自由貿易協定を実施することで、

第四章　《反国家分裂法》の制定から《経済協力枠組協定》の締結までの中台関係

（中国とASEAN）双方の貿易の大部分がゼロ関税を実現する見通しである。しかし、台湾から中国へとの輸出商品は5～10％の関税が課せられるため、台湾商品の競争力は弱まるに違いない。そのため、台湾企業は外国へと移転せざるを得ず、移転できぬ企業は破綻に追い込まれてしまう。これは台湾の雇用および国民生活に重大な衝撃をもたらす。

　ある研究機関のレポートによると、ASEAN＋1（中国）、ASEAN＋3（日中韓）は台湾経済に衝撃を与え、国内総生産（GDP）に－1％成長をもたらし、数万人の雇用を失うという。したがって、台湾政府が推し進めている《両岸経済協力枠組協定》は台湾民衆の生活を守り、雇用機会の創出だけでなく、経済のグローバル化の流れにも対応し、責任ある行動だと言ってよい。

総じていうと、台湾側から見ると、ECFAの締結は三つの狙いがあった。[26]
まず、両岸の経済貿易関係の正常化を実現するため。両岸ともに世界貿易機関（WTO）のメンバーであるが、しかし双方の貿易は多くの制限を受けてきた。ECFAの締結によりそうした制限を取り除くか減らすことができる。
　次に、地域経済の一体化という流れのなかで、台湾の周辺化・孤立化が避けられる。当面、世界中で230のFTAが締結されていたが、加盟国間は相互に免税されている。かりに、主要貿易国との間で、FTAを締結しなければ、今後、台湾の孤立・周縁化は免れず、主要市場での競争力を失いかねない。中国大陸は台湾の最大の輸出先である。そのため、中国と協定を締結することで、今後台湾が第三国との間で予測されるFTA締結にもプラスになる（現に、その後、台湾はシンガポールやニュージーランドと相次いでFTAを締結していた――筆者）。
　最後に、台湾経済貿易投資の国際化を促進する。台湾は中国や他の国と協定や協議締結することで、世界経済システムとの一体化を促し、外国企業は台湾を東南アジア投資拠点として利用できるのである。
　以上は台湾側から見たECFA締結の三つの目的であった。では、中国にとっては、《中台経済協力枠組協定》の締結の狙いは何だったのか。それは温

家宝首相が言っている「利益を」台湾に譲るだけではないことはたしかである。そうではなくて、利益を台湾に譲ることで、最終的に両岸のいわゆる「WIN-WIN関係」の構築を目指していると理解すべきであろう。

また短期的に、台湾側に利益を提供することを通して、両岸関係を深化させたうえで、長期的な目標、つまり両岸統一の実現に基礎を築くことにあると言ってよい。言い換えると、「やさしいことを先に、次に難しいこと、先は経済優先、而後政治」ということになると思われる。

なお、話は前後になるが、李登輝や陳水扁政権時代に比べると、中国の対台湾政策がたしかに強硬姿勢から柔軟姿勢へと変わったということができる。

3、ECFAの是非

ECFA締結の是非に関して、賛否両論があった。まず、ネットにある関連資料などを整理しながら賛成派の考えを紹介しよう。

(一) 賛成派

政権与党国民党は賛成派である。馬英九総統はこのECFA協議はみずからの選挙政見のひとつとして、当選後、必ずや実現しなければならないものと考え、また、「国民投票によって協定の内容を決める」という野党・民進党の主張には反対する意思を表明した。彼は協定締結後、立法院（国会）で審議すればいいと言っている。

大陸委員会が2009年4月19日に公表したアンケートによると、70％の台湾市民は中国とこの協定を締結する必要があると考え、半数以上はこの協定が台湾の主権を矮小化するとは思わないとする結果が明らかになった[27]。実際に、2010年7月6日にECFA締結直後の台湾大陸委員会の統計によると、やはり60％以上の台湾市民はECFAを評価したとの結果が出ている[28]。

かりに、台湾は中国の農産品を市場開放した場合、必ずや台湾に悪影響を与えることの可否については、農業委員会主任陳武雄は中国農産品開放項目を「絶対に増やさない」と胸を張り、ECFA締結に反対の立場をとる民進党に歩み寄る姿勢も示している。

第四章 《反国家分裂法》の制定から《経済協力枠組協定》の締結までの中台関係

　また、大陸委員会主任頼幸媛は2009年4月5日、台湾は中国と締結する《経済協力枠組協定》が「雇用、輸出、域内流通業者、伝統産業を守る」ことを堅持するとともに、「主権の縮小、中国労働者、農産品の輸入」をしないことを保証するとも明言している。[29]

　2009年9月10日、新しく行政院長に就任した呉敦義は、ECFAは馬英九総統が提出した「台湾が中心で、人民に利益を」という原則にしたがって、「国家需要」「民衆支持」「国会監督」の条件に基づいて、中国と交渉していくものという考えを示した。

　政権与党とはいえ、国民党は野党・民進党に配慮した部分が随所にあることがうかがえる。

　ECFAのプラス効果を主張する声は台湾内部にとどまらず、国際的にも肯定的にとらえる考えがある。韓国の『朝鮮日報』は両岸のECFA締結について次のような論評を掲載している。[30]

　国共両党の指導者はかつて2005年5月28日に会談を行った（「胡連会」）。これは（国共内戦以来）59年ぶりのことである。これは両岸関係の緩和を意味することで、その後の両党指導者の会見は双方の「蜜月時代」の到来を象徴するものである。

　まず、両岸指導者はECFAに焦点を当て議論していた。双方は、今後両岸経済協力を速めるため、早速ECFA協議を始めることに合意した。

　次に、両岸は「大三通（通信・通航・通商）」を実現した。このような経済協力は「両岸経済時代」の到来を象徴するものである。「両岸の経済時代」は2008年5月に総統に当選した馬英九が積極的に「先ず経済、次に政治」政策を実施してから始まっている。馬英九は就任演説で、両岸関係については「統一せず、独立せず、武力を用いず」（「三つのノー」）原則を打ち出した。彼は在任中、中国と統一問題を含む政治協商を行わないとし、中国と「三通」を実現し、経済協力を強めた。

　胡錦濤が積極的に「三通」提議に応じることにともなって、両岸関係は和解の雰囲気が現れ始めた。2008年7月から両岸は週末直行便が開通、同年12月に毎日のようにチャーター便が直行するようになった。

179

さらに、2009年4月、両岸は会談で、チャーター便に代わり、毎週定期便を運航することを決めた。8月、双方間の定期便が実現し、直行便を利用する旅客は大幅に増えた。[31]これは台湾経済の活性化につながるという。ちなみに、2016年3月現在毎日120の定期便を運行している。

　また、両岸の海運直行効果も明らかである。中国の63の港湾都市と台湾の11の港湾都市との間で直行便が運行され、運行時間が最大27時間を短縮でき、年間に12億台湾ドルを節約できる。これまで香港を経由したため、中国から台湾への通信は7～10日間かかった。しかし今後、直行便のため、当日に届けられるようになる。

　また、台湾は中国による直接投資を許可した。その意義は大きい。2009年7月に中国資本（「陸資」）が直接台湾に投資できるようになった。第一段階の開放項目は100項目だが、そのうち、製造業は64項目、サービス業は25項目、公共事業は11項目である。製造業は紡績、石油化学製品、パソコン、携帯電話、船舶、自動車、機械などの業種が含まれる。

　サービス業に関しては問屋、卸業、家電や家具の小売、運輸業が含まれる。また、陸資の空港や港に投資してもよいとされる。一方、台湾当局は安全保障や技術漏洩を防ぐ目的から、一部のハイテク産業などを盛り込まないとした。

　とはいえ、新華社などの中国のマスコミはこの協定を評価している。台湾は中国からの投資制限を撤廃する一里塚と持ち上げた。事実上、台湾の資本市場は中国に完全に開放されることにつながるからである。

　こうして、両岸経済協力は進んでいる。中国資本と台湾の技術とがリンクすることで、今後、絶大な効果が期待できる。とくに、両岸経済協力は戦略分野まで広がるため、国際競争力の大幅な強化が望まれる。今後、中国は台湾に対して積極的に投資していくであろう。

　中国にしてみれば、かりに、世界的水準にある台湾のIT、通信およびハイテク分野と協力を強めれば、中国経済は更なる飛躍を遂げるであろう。実際、2008年、台湾の輸出品のうち、7割がハイテク製品であった。それとともに、陸資と協力すれば、トラに翼を添えたように、台湾経済の飛躍も期待できよう。

第四章　《反国家分裂法》の制定から《経済協力枠組協定》の締結までの中台関係

両岸主要政党主張・政策略図

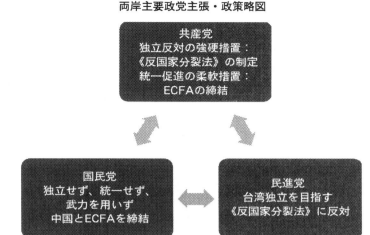

説明：2005年に中国は《反分裂国家法》を制定、2010年に両岸間でECFAを締結。
資料：筆者作成。

　また、ECFA締結で、次の効果が期待され、中国側は台湾に経済利益を提供することで「一つの中国」に一歩近づけることになると考えられる。[32]

　　ECFAの締結は中国と台湾、つまりチャイナとタイワンによる「チャイワン」時代の幕開けで、中国、台湾、香港、マカオを含む中華経済圏が本格的に始動することになる。域内総生産（GDP）が5兆5,000億ドルに達する巨大経済ブロックの誕生だ。
　　ECFAで中国は台湾製品539品目の関税を2年以内に撤廃する。これは年間輸出額にして138億ドルに相当する。台湾も中国製品267品目の関税を廃止する。輸出額は同じく28億5,000万ドルに相当する。台湾が品目数で2倍、輸出額では5倍も有利な条件だ。また、台湾農産物の対中輸出は認められるが、中国農産物の台湾への輸出は見送られた。サービス分野でも中国は11業種、台湾は9業種を優先的に開放することを決めた。台湾との経済統合を実現するため、中国が大幅に譲歩した格好だ。
　　中国はその見返りとして、中国中心の経済共同体の形成をもくろんで、

「一つの中国」に一歩近づく政治的実利を得た。台湾も世界的に自由貿易協定（FTA）の締結が進む中、孤立してしまう危機から脱した。中台はこれまでさまざまな問題を乗り越えてきた。中国は1979年に軍事的対立の終結と中台間の三通を提案し、台湾側に先じた。1958年から続いた金門島砲撃も中断した。台湾は中国と「接触せず」「交渉せず」「妥協せず」とした「三不政策」を転換し、1987年に中国本土出身者の親族訪問を認め、民間交流の道が開かれた。現代の台湾経済は香港を含む対中輸出への依存度が40％を超え、海外投資先の60〜70％を中国が占めるほど、中国経済と深く結び付いている。今回の経済統合は、こうした土台のうえで可能となった。

馬政権の中国へのアプローチという政策は積極的な効果がただちに出た。2010年、台湾は中国向けを中心に輸出が伸びたほか、民間投資が30％以上増えて雇用が改善され、ここ数年低迷していた消費も回復したため、同年の台湾の経済成長率は10.82％に達し、24年ぶりの高い成長となり、一人当たり域内総生産は初めて2万米ドルの大台に乗る2万783米ドルにのぼった。[33] ECFAは台湾の中小企業および市民に利益をもたらしただけでなく、ECFA締結の影響で、台湾の世界における競争力は初めて史上最高の第6位に付けた。ちなみに、香港・アメリカは第1位、中国は19位、日本は26位であった。[34]

（二）反対派

続いて、ECFAに反対する考えをまとめたい。

ECFA締結に反対しているのは主に「汎緑」である。いわゆる汎緑とは民進党と協力関係にある党派や支持者のことをさす。汎緑がECFAに反対する主な理由は次の通りである。

第一に、政治的リスクが高いこと。

経済は政治とリンクしており、ECFAは経済協力とはいえ、政治と無関係ではない。反対派の主張によると、ECFAは政治的リスクが高く、台湾にとっては「耐えられない」。また馬政権の「終局的な統一」が「もっとも危険だ」という。[35]

第二に、失業者や貧富の格差を広げること。各種の自由貿易協議は常にみずからの市場開放＝輸入品が増え、一部の産業の破綻、失業率の上昇、給与水準の低下をもたらす。ECFAの締結後、台湾の伝統的な産業（製靴、家具、寝具、陶磁、農林魚牧）は被害を受けやすくなり、失業者の増加も避けられない[36]。その影響は「強烈なもの」という。

　第三に、ECFAの締結により、受益は少なく、欠損のほうが大きいかもしれないという懸念。汎緑系の学者はECFAの締結後、優遇税率の増加は政府が宣伝しているほど「多くなく」、国民党が言っている優遇措置はすでに享受しているという。たとえば、WTOによると、通信電子製品ゼロ関税に関して、他の輸出製品も各国の輸出税の払い戻しでゼロ関税を享受している。したがって、台湾はECFAを通してさらなる国際協力や関税減免を得られないと考えている。

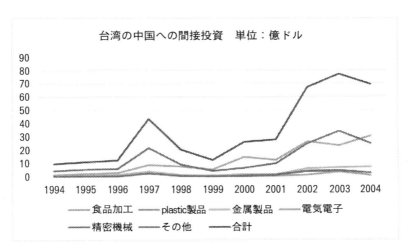

説明：中国への間接投資は1990年より認められた。また、1991年4月8日の登録期限までに中国への間接投資を行った企業が事後登録した数は2,503社、投資額7.53億ドルであった。
資料：台湾財政部統計処『経済統計年報』2005年。ここは前掲渡辺利夫他『台湾経済入門』勁草書房、2007年、161ページ表より作成。

第四に、東南アジア諸国連合（ASEAN）への影響。汎緑はECFAへの期待が大きすぎると強調したこと。なぜならば、ASEANのなかで、各国間の意見が分かれており、利益の調整が求められ、とくに、「原産地証明」で行政的コストが関税減免の効果を相殺されるからだ。しかも、経済において、ASEAN諸国は中国との競争が台湾とそれより激しいため、影響力は「それほど大きくはない」としている。

　第五に、時間が経てば経つほど台湾が「不利」になること。ECFAは農産品に開放しないのは十年間である。WTOのルールによると、加盟から十年経つと、必ずや大多数の貿易障害を撤廃しなければならない。今のところ、「一部のものしか開放しない」。商業習慣によると、締結十年以内、よほど強固な対策を講じなければ、台湾にとって不利な結果が出る「可能性が高くなる」という。

　第六に、FTAとの関係について。汎緑はこう考える。中国とECFAを締結しても、（中国が許さなければ、台湾は）他国とFTAを締結できない。したがって、中国こそ「台湾経済を阻害する要因」だと批判した。

　また、反対派によると、ECFAは企業の中国シフトを促すことになる。なぜならば、各国に輸出するものや台湾への輸入商品はすべて関税障壁がないからだ。FTAこそ台湾製品の海外への輸出障壁を減らし、ECFAを締結するがFTAを締結しないのは「最悪の選択」だと断じた。

　そのうえ、馬英九総統の主張するECFA締結がFTA締結に有利だという説について、反対派はまずECFA、その後FTAとのタイム・ラグが問題だと考えている。つまり、中国共産党はわざと時間を伸ばし、「台湾経済にダメージを与えることができる」とし、また、共産党は「中国とFTA締結しない国が台湾とFTAを締結してはならない」という手段をとり、台湾は主要貿易国とFTAを締結できないようにすることができるという。

　さらに、ECFAを締結するため、必ずや多くの基本条件が満たされなければならない。ただちに台湾の主要貿易相手国との間でFTAを締結することが一つの選択肢である。現に、「台湾独立勢力」よりの『自由時報』が馬英九総統をインタビューした際、ECFAがFTAを保障できるか（中国とECFAを締

結すれば、他国とのFTAを締結できるという保障)との質問に対して、馬は否定的な見解を示している。[38]

　賛成派はECFA締結のメリットを強調するとともに、反対派に譲歩する姿勢が随所に見られるが、反対派はECFA締結のデメリットばかり訴え、妥協しないことが、見てとれる。ECFA締結後、順調に実施に移されないことを察知しうる。

　以上はECFAに関する各方面の反応を簡単でありながら整理を試みた。ECFAに関して、賛否両論だが、ECFA締結が両岸関係緩和の産物だというのが事実であろう。逆に言うと、ECFAの締結は却って両岸の相互理解や交流を促進するものと考えられる。一方、台湾の輸出製品の4割強が中国大陸向けという現状を見ると、これ以上中国市場に頼ると危ないという懸念も理解できないわけではない。2010年、ECFAをめぐって国民党と民進党によるトップ・ディベート(国民党の馬英九と民進党の蔡英文の「双英会」)は台湾の世論が分断されている事実を示している。

　しかし、民進党政権時代(2000〜2008年)において、WTOの加盟や台湾経済の中国への依存を強めたプロセスからもわかるように、経済のグローバル化は時代の流れであり、ECFAはまさにこうした流れの行く末だと考えてよい。もちろん、馬英九政権がこの流れを推し進めたことも見落としてはならない。ECFAの締結は、「他国と一緒に中国に進出する」という民進党の政策が「先に中国に進出し、それから他国と経済協定を結ぶ」という国民党の政策に負けた格好だった。

おわりに

　両岸関係は複雑である。

　1979年にアメリカが中華人民共和国と国交成立した際、アメリカ内部で《台湾関係法》という国内法が可決されたことからもわかるように、台湾問題は中国の「内政」であるとともに、きわめて外交問題でもある。また、中国側が言っている今の両岸関係は国共内戦の「産物」という側面と、1980年代後半より台湾が民主化した側面と中華民国の台湾化という側面とが並立し

ているのだ。[39]

　内戦の産物、つまり中国は一つであり、台湾は中国の一部であるという視点からすれば、2005年に中国共産党と中国国民党の二つの政党のトップ会談（胡錦濤・連戦会談）による関係緩和は大きな意味があり、ここに両岸関係は大きく前進した側面があったと言える。

　しかし、ことはそう単純ではない。

　まず、二つの中国の政党（共産党と国民党）の関係は安定しつつあり、中国は一つであるというコンセンサスに達したが、しかしながら、その「一つの中国」論の中身は双方の認識（意味づけ）が異なる。つまり、中国側の言う「一中」は「中華人民共和国」を指すのに対して、国民党側の言う「一中」は「中華民国」を指すのである。いわゆる「一中各表」（一つの中国は堅持しつつ、その意味の解釈は各自で異なることを認める）である。

　また、台湾は民主化していく中で、次第に「脱中国化」という向きが強まっている。換言すると、それは「中華民国の台湾化」（「中華民国在台湾」）である。とりわけ、李登輝や陳水扁におよぶ20年の政権（李登輝政権は1988～2000年、陳水扁政権は2000～2008年）のもとで「二国論」「一辺一国論」がそれぞれ打ち出され、両岸関係に悪影響を与えていた。

　問題を複雑にしたのは、台湾の独立を「綱領」として掲げる民進党が伝統的な「外来党」たる国民党の腐敗、不正を突き止め、台湾人の本土意識をうまく利用し、勢力を大きく伸ばしたことであった。大きく変わった台湾情勢に直面し、中国政府は民意を素早く取り入れ、台湾の独立を阻止しようとした結果、《反国家分裂法》を制定したのである。その意味で中国が制定した《反国家分裂法》は台湾の民主主義＝台湾独立化と衝突するものである。

　民主主義はメリットとデメリットの両方がある。台湾民衆は分裂した国民党に代わり、2000年に民進党を選んだのと同様、2008年に腐敗した民進党に再び投票せずに、大陸との関係を重視する国民党を選んだ。これまで、ギクシャクした両岸関係を比較すると、「華人・中華民族の一員」と自称した馬英九・国民党候補の当選は、中国にとって、チャンスであった。国共双方は「異を残し、同を求める」ようになり、両岸関係の緩和を見ることができ、

第四章　《反国家分裂法》の制定から《経済協力枠組協定》の締結までの中台関係

　そして、2010年6月、ECFAが締結された。
　かりに、《反国家分裂法》は中国が台湾独立を阻止する強硬な措置であるならば、ECFAは国共両党が努力して、歩み寄った結果だったと言えよう。
　その理由は台湾の政局変化、すなわち独立を求める民進党が与党から野党へ、「一つの中国」原則を求める国民党はふたたび政権を手に入れたことと密接な関係があったことは言うまでもない。それと同時に、中国の対台湾政策の変化も重要な役割を果たしたと思われる。
　ここ数年、中国の台頭が注目され、国際的地位も向上し続けている。2007年、中国はドイツのGDPを抜いて世界三位の経済大国となり、2010年、日本を抜いてアメリカに次ぐ経済大国となった。また、中国の外貨準備高は約3兆ドルに上り、世界一であり、アメリカ最大の債権国にもなっている。それとともに、中国は最初から金融危機を克服し、不況から抜け出して、世界経済の回復にも貢献した。このような状況下で、2009年に入ると、中国モデル説が世界中でもてはやされた[40]ことがすでに述べた通りである。
　いずれにせよ、中国のプレゼンスは大きくなる一方である。しかし妙なことに、中国の国際的地位が上昇しつつあるが、台湾に対しては逆に低姿勢をとるようになった。また、中国はアメリカの台湾への武器売却を批判するが、武器を購入しようとした台湾を批判しない。ちなみに、最近、アメリカでは「台湾を放棄せよ」という声も出るほど対中関係に神経をとがらせているようである。[41]
　中国の柔軟な対台湾政策の狙いは明確である。それは土台を築き、条件を整え、台湾との「統一」について話し合おうというメッセージである。それに合わせたように、2008年末、中国国家主席胡錦濤は「郷土・台湾意識はイコール独立意識ではない」などといういわゆる「6点主張」を提出し、台湾よりの政策を打ち出した。[42]これは注目すべき変化であり、民主化した台湾に対する中国の自信を示した格好である。
　一方、それまで中国とは政治について話し合わないと明言した馬英九総統も、「かりに、2012年にふたたび当選を果たし、必要であれば」と前置きしながらも、中国との政治関係についての話し合いを「排除できない」と繰り

187

返し表明している[43]。

　ここに国共両党の歩み寄りが見てとれよう。

　以上の整理からわかるように、21世紀初頭以来、中国の対台湾政策は「独立阻止」から「統一促進」へと変わった。そのため、共産党は「中国は一つであるが、それについて国共双方がそれぞれ解釈できる」という「九二合意」（「九二共識」）を主張すると共に、「中華民国がなくなった」という古い観点を捨てた、少なくとも、それを曖昧にしようとしているように見える。ここに独立を綱領として掲げる民進党の存在は大きいと言わざるを得ない。

　共産党は決して二回も戦火を交えた国民党を好まないが、しかし独立を唱道する民進党よりはマシだと考えているに違いない。そこで、国民党、実質的に言うと、中華民国まで認めるかあるいは否定しないという曖昧な戦略の下で交渉するようになったのだ。

　台湾側から見ると、民主化が実現以来、すでに4回（2016年は5回目）の総統選挙を経験し、政治制度も次第に成熟に向かいつつある。いうまでもなく、台湾の民主化は中国を「牽制」する重要なパワーであり、中国の対台湾政策の変化もこれと無関係ではないと考えられる。これまで、中国は民進党を無視する傾向が強かったが、今後、民進党を含む台湾全体と向き合っていかねばならないであろう[44]。

　しかし、中国を相手にする際、台湾の民主化は過大評価してはならない。つまり、いわゆる「民意」を武器として、中国から独立を試みようとすれば、成功はしないであろう。《反国家分裂法》はそのために制定された中国の法律であるからだ。

　一方、ECFA締結は台湾の民進党に対して「足かせ」にもなっている。最近、出された民進党の今後10年の政策綱領は中国との経済交流を強化すると明言している[45]。これまでECFAにずっと反対だった民進党にすれば、かなり大きな変化と言えよう。2012年の総統選挙を控えて、現実路線にかじを切った形である。

　中国の対台湾政策は「台湾解放」から「一国二制度」を経て、「まず経済、次に政治を」というプロセスを経験してきた。両岸は相互理解を深め、交流

を増やし、協力を強めるべきである。今後の両岸関係は経済のみでなく、おそらく政治や軍事分野にもおよんで話し合われるに違いない。経済や文化関係に比べると、より難しい課題であるため、両岸民衆や政府の知恵に一層求められよう。

　しばらくは中国は台湾を統一できず、台湾も中国から独立できないという両岸関係が続くであろう[44]。しかしいつまで現状維持できるかも気になるところである。温かく見守っていきたい。

（記：本稿は2010年3月26日に白鷗大学において台湾・南台科技大学訪日団体を対象に行った講演内容を加筆、修正したものである。）

注
1 ）「反分裂国家法」、『人民網日本語版』2005年3月15日。
2 ）若林正丈「主権国家への指向と民主体制の苦悩」、『台湾の政治――中華民国の台湾化戦後史』東京大学出版会、2008年、215〜265ページ。二国論と一辺一国論については同書390〜400ページに詳しい。卓慧菀「中国《反分裂国家法》暨其影響之研析」、『全球政治評論』2009年1月、第25期、53〜80ページ；洪嘉仁「中共『反分裂国家法』之研究―併論分裂国家模式及両岸関係―」台湾国防管理学院、2006年、http://nccur.lib.nccu.edu.tw/bitstream/140.119/33846/6/98102206.pdf；黄清賢「従反分裂国家法看全球化下的両岸関係」、http://www2.nsysu.edu.tw/sis/discuss/3C-3.pdf；松田康博「胡錦濤政権の対台湾政策と中台関係―「反国家分裂法」と第17回党大会報告の分析―」、若林正丈編『台湾総合研究Ⅱ―民主化後の政治―』調査研究報告書、アジア経済研究所、2008年；岡田充「研究報告　台湾海峡の『現状維持』とは何か――反国家分裂法にみる中国の姿勢変化――」、立命館大学『政策科学』、2005年10月、13-1、159〜174ページなどをも参照されたい。
3 ）「台湾与中国　一辺一国」、『中国時報』2002年8月4日。
4 ）余元洲『中華人民共和国国家統一促進法』・学者提議案、ネット版、2002年11月1日を参照されたい。
5 ）周洪宇『関於尽快制定「反対台独，実現中国完全統一」第三個対台白皮書的建議』、ネット版を参照されたい。
6 ）「単声博士の『吾土吾民』を参照されたい。ちなみに、単声は台湾籍の妻とともにイギリスで生活している。

7）中国の現行法律によると、中国で国を分裂させる行為が現れた場合、《刑法》の「国家を分裂させる罪」あるいは「国家分裂を扇動させる罪」に適応され、香港やマカオでは《香港特別行政区基本法》や《マカオ特別行政区基本法》に適応される。

8）「反分裂国家法」、『維基百科』中文版。

9）「陳総統が中国の愚挙に見解示す《反国家分裂法》に六つの正式見解」、2005年3月16日、http://www.gio.gov.tw/taiwan-website/4-oa/20050316/2005031601jp.html。

10）「中華民国（台湾）対中国制訂『反分裂国家法』之立場」、中華民国行政院大陸委員会、2005年3月29日、http://www.mac.gov.tw/ct.asp?xItem=61934&ctNode=6226&mp=1。

11）China says US has misunderstood anti-secession law, THE ASSOCIATED PRESS, 8, 3, 2005. また「美称反分裂法或導致台海緊張」、『VOA』2005年3月15日をも参照されたい。

12）「頼斯：美国愈加関注中国軍事拡充」、『VOA』2005年3月16日。

13）上海コミュニケ、第二次米中共同声明、第三次米中共同声明を指す。

14）「『反対ゼロ』とは恐ろしい」、『産経新聞』、2015年3月15日。

15）結局、反対多数で中国に対して欧州から中国への武器禁輸措置は解除されなかった。なお、「《反国家分裂法》制定をロシア、パキスタンなど評価」、『人民網日本語版』2005年3月15日と「フランスなど、中国をバックアップ」、《ドイチェ・ヴェレ》2005年3月24日などを参照されたい。実は78ヶ国が支持を表明したという。前掲朱新民主編『胡温主政下対台政策与両岸関係――兼論中共《反分裂国家法》、113ページ。60あまりの国が支持するという説もある。前掲卓慧苑「中国《反分裂国家法》暨其影響之研析」などを参照されたい。ちなみに、台湾外交部の統計によると、『反国家分裂法』に反対を表明したのはアメリカ、日本、カナダ、オーストラリア、ニュージーランドとEUのみである。前掲「中華民国（台湾）対中国制定「反分裂国家法」之立場」、中華民国行政院大陸委員会、2005年3月29日をも参照されたい。したがって、中国は「反国家分裂法」で孤立した、あるいは中国の思惑とは逆に、台湾の安全に寄与する結果をもたらしたという言い方は正しくない。中川昌郎『馬英九と陳水扁　台湾の動向2003〜2009.3』興学社、2010年、284ページを参照されたい。

16）「温家宝総理の内外記者会見」、『チャイナネット』2005年3月14日。《反国家分裂法》＝戦争法については陳永昌「台聯：反分裂国家法是侵略法和戦争法」http://www.epochtimes.com/b5/5/3/14/n848186.htm などをも参照

されたい。

17) 李家泉「対台"統一法"展現胡錦濤温家宝対台新思惟」などを参照されたい。ちなみに、1862年アメリカ大統領であったエイブラハム・リンカーンが、南北戦争終戦前に、連邦軍の戦っていた南部連合が支配する地域の奴隷たちの解放を命じた宣言・奴隷解放宣言（Emancipation Proclamation）をいう。また、李龍他「中国『反分裂』国家法与美国『反脱離聯邦法』的比較研究」、『政治与法律』2005年第4期、30～34ページをも参照されたい。

18) 朱新民主編『胡温主政下対台政策与両岸関係』財団法人両岸交流遠景基金会、2006年9月、34ページをも参照されたい。

19) 両岸経済協力枠組協議（ECFA）に関するQ&A（定義、内容）、Portal of Republic of China Taiwan Dipolomatic Missionsと「中華民国経済部即時新聞」、(http://www.roc-taiwan.org/ct.asp?xItem=87093&ctNode=2237&mp=1) と (http://www.moea.gov.tw/Mns/populace/news/News.aspx?kind=1&menu_id=40&news_id=19038#)。

20) 「馬英九透露両岸経済協力協定内容」、『京華時報』2010年2月10日。また李長勛「技術和資本相結合両岸経済時代即将開啓」（『朝鮮日報』中文網、2009年7月27日）および台北駐日経済文化代表処「『江・陳会談』でECFAおよび知的財産権保護協力に調印」、2010年6月29日、http://www.roc-taiwan.org/JP/ct.asp?xItem=148396&ctNode=3591&mp=202&nowPage=10&pagesize=50を参照されたい。

21) 木日「ECFA商談展現誠意」、『人民日報海外版』、2010年1月28日などを参照されたい。

22) 「ECFA？就従"叫什么"談起」、『国際金融報』2010年1月27日。なお海協会と海基会の公式サイトはそれぞれhttp://big5.arats.com.cn/とhttp://www.sef.org.tw/mp1.htmlである。

23) CEPAとは、香港・マカオと中国本土との間で締結された、経済交流を活発化するための協定のこと（2003年6月29日と10月18日に調印）。経済貿易緊密化協定（Closer Economic Partnership Arrangement）の略である。香港・マカオと中国本土との、経済・貿易面での協力関係をより緊密なものにすることを狙った協定であり、地域間の貿易関税の段階的撤廃、香港・マカオ企業による中国本土進出の規制緩和、貿易・投資の手続き簡素化などの内容からなっている。

24) 「馬英九総統へのインタビュー」、『Deutsche Welle』2009年12月9日。

25) 「総統拍板ECFA正名：両岸経済協議」中国広播公司、2010年1月6日。

26) 台湾大陸委員会のアンケートによると、七割の民衆がECFAを締結する必

要があるという。中央社。
27) 頼幸媛は「四保三不」を堅持する。「両岸綜合性経済合作協定」、『東森新聞報』、2009年2月22日。
28) 台湾「行政院大陸委員会：台湾の60％以上がECFA調印を評価」、http://www.taiwanembassy.org/JP/ct.asp?xItem=149979&ctNode=1453&mp=202。
29) 注25)と同じ。
30) 前掲李長勳「技術和資本相結合両岸経済時代即将開啓」。
31) 現に、航空機を利用して、台湾を訪れる中国人は2010年に初めて日本人を上回り、約163万人にのぼった。NHK、BS1番組2011年5月13日。ちなみに、2015年に約400万の中国人観光客が台湾を訪れていた。
32) 「韓半島の現実と中台の経済統合」、『朝鮮日報』日本語版、2010年6月30日。
33) 『朝日新聞』2011年2月17日。
34) 「台湾全球競争力排名第6」、『VOA』2011年5月18日。なお、徐莽「ECFA已為台湾中小企業及民衆帯来実際利益」、『中国網』2011年5月7日をも参照されたい。
35) 『自由電子報』によると、製靴業界は主導してECFA締結に反対。学者も台湾農業に懸念を示しているという。
36) 童振源「強推ECFA国内將爆更大衝突」、台湾『自由時報』2009年12月21日。
37) 台湾が中国とECFAを締結しても、他国とFTAを締結することができないという論理。
38) 「ECFA対台湾是禍是福」、『Deutsche Welle』2011年4月8日。
39) 若林正丈教授は、台湾問題は国共内戦が残した問題と言いながらも、東西冷戦という取り巻く環境も注目している。前掲若林正丈「主権国家への指向と民主体制の苦悩」、『台湾の政治――中華民国の台湾化戦後史』411ページと張麟徴『泥泥潭与新機――台湾政治与両岸関係』台湾海峡学術出版社、2005年、182ページなどを参照されたい。
40) 中国モデルについては第三章に譲る。
41) Charles Glaser「外交事務」2011年3・4号、『環球時報』2011年5月17日。
42) 「胡錦濤提出進一歩発展両岸関係六点意見」、『中国新聞網』2008年12月31日。松田康博は《反分裂国家法》の制定は胡錦濤政権の対台湾政策の軟化・後退（江沢民政権に比較すると）だったといったニュアンスのことを言っているが、逆に法律をもって台湾問題に対処する強硬な側面も見て取れる。そうでないと、《反分裂国家法》可決後の台湾側の反発は理解できないと思う。松田康博「胡錦濤政権の対台湾政策と中台関係―『反国家分裂法』と第17回党大会報告の分析―」、若林正丈編『台湾総合研究Ⅱ―民主化後の政

第四章 《反国家分裂法》の制定から《経済協力枠組協定》の締結までの中台関係

　　治一』調査研究報告書、アジア経済研究所、2008年、93〜109ページをも参照されたい。
43) 総統候補馬英九は「選挙期間中、彼は中台関係の改善を保証するが、統一に関して中国と話し合わない」と強調した。また、台湾は中国の独裁制に反対するため、われわれが生きている間に統一はありえない。台湾人は中国と経済的協力を行いたいのみである。馬英九「今生難談統一」、香港『明報』2008年5月17日。
44) 第二章「国際情勢と日中関係」と李正修「大陸『反分裂法』対台湾情勢影響的分析」、財団法人国家政策研究基金会『国政評論』2007年4月10日などを参照されたい。また、李登輝は「台湾経験」を過大評価したように思われる。李登輝『台湾の主張』PHP、1999年、120〜122ページ。
45) 「台湾野党『中国と交流』」、『読売新聞』2011年8月24日。

補記：「中台服務（サービス）貿易協定」

　台湾の馬英九政権が誕生して以来、両岸は人的交流・通商の分野で急接近している。2009年には「三通」（通信・通商・通航）が現実、翌2010年には、ECFAが結ばれ、合計806品目（中国539品目、台湾267品目）の関税引き下げ・撤廃が段階的に進められた。

　「中台サービス貿易協定」は2013年6月、中国と台湾の間で調印されたもの。関税撤廃を原則とするECFAの協議事項の一つ。金融・通信・出版・医療・旅行など、サービス関連の市場を相互に開放し、新規参入を促すことで、経済・貿易の活性化を図ることが目的。中国は80項目、台湾は64項目を開放する予定。

　双方は早期の実現を目指していたが、台湾の中小事業者の間からは、資本力がある中国企業の進出に強い不安の声が上がっている。また、通信・出版分野の開放によって、台湾の言論の自由が損なわれる、と懸念する声も多いなか、馬政権が2014年3月17日、強行採決に出ようとしたため、翌18日、これに反対する学生100人以上が立法院（国会）に乱入。協定の撤回や審議のやり直しを求め、議場を占拠し、ひまわり運動へと発展。

　これを受けて馬政権は、学生の要求項目の一つ「協定を監視するシステム」をつくる提案を受け入れ、学生も24日間に及んだ議場占拠を解除、撤退した。「中台サービス貿易協定」の発効には、台湾の立法院に提出された「中台協定監督条例」案の成立が条件になっている。

第五章　中国が見た日米同盟

はじめに

　日米同盟は、よく言われるように、「東アジア地域の安全保障の公共財」であり、また、今後もしばらく維持されるものと考えられる。だが、国際情勢が大きく変わった。アメリカは相変わらず世界最強国でありながらも、アフガン戦争、イラク戦争によって、その力を浪費、そして2008年、ぼっ発したアメリカ発の今世紀最大の金融経済危機で生まれつきの矛盾の深刻さが現れた。したがって、アメリカのパワーは縮小を余儀なくされた。

　経済のグローバル化が進むなか、今回のアメリカ発の危機は世界各国に悪影響を及ぼした。これまで、社会の安定化を目的に創設されたEUだが、いわゆる中央銀行がうまく機能しないなどの理由から、域内で起きたギリシャ・スペイン経済危機も救済できずに、欧州でさえ、経済危機に直面した際の無力さを露呈していた。

　アジアでは、日本はそれまで貿易立国というスローガンの下で、良質な商品を製造し、長年輸出で黒字を維持していたが、今回の危機で経済は大きな落ち込みを見せ、1980年代末のバブル崩壊から数年前までいわゆる「失われた歳月」が続いていた。

　一方、先進諸国の衰退とは好対照的なのは新興国の台頭である。ブラジル、ロシア、インド、中国、南アフリカといったBRICS諸国を代表格に新興国が成長してきた。とりわけ、中国は世界一の人口を抱えながら、共産党指導の下で改革開放政策を導入し、企業改革を断行、市場経済を取り入れ、WTO加盟を果たし、四兆人民元という大型の経済刺激策によって今回の危機をチャンスに変え、台頭・再興してきた。

　また、最大の製造国としての中国は、大半の国の最大の貿易相手国でもある。言い換えると、中国の利益はとっくに中国国内にとどまらず、世界のい

第五章　中国が見た日米同盟

たるところで見るようになった。さらにいえば、中国は域内大国から世界大国に成長・変身し、世界の表舞台に戻ってきたということができる。

　いうまでもなく、中国は多くの問題を抱えている。日本やベトナム、フィリピンといった近隣諸国と領海主権をめぐってトラブルを抱え、この地域を不安定化させている。

　中国の立場からすれば、今東シナ海や南シナ海における領海、領空をめぐる主導権争いは、アメリカが日本を利用する、また日米がベトナムやフィリピンを利用し、台頭する中国を抑え込もうとする側面もある。つまり、中国だけでなく、日米同盟の影響力も見え隠れするのである。

　本文の課題に結びつけていうならば、日米は戦後、みずから主導してきた（とくに東アジアの）秩序を守ろうとしているが、中国は発展にともなってその利益を拡大し、今や新たな秩序を構築しようとしている。つまり中国は世界の表舞台に戻ってきた際、この地域において強大な日米同盟に遭遇したわけである。中国にとって日米同盟は最初で最大の関門でもあるのだ。

　中国からすれば、日米同盟は第二次世界大戦後の米ソ冷戦の産物である。しかしながら、1970年代に入ると国際情勢は大きく変わり、中米和解、日中関係正常化、とりわけ、1990年代のソ連崩壊にともない、日米同盟に変化が現れた。

　かりに、それまでの日米同盟が主に対ソ同盟だったと言えるのであれば、今日の日米同盟は対中同盟に変化したと言えよう。また、中国はいわゆるみずからの「核心的利益」にかかわる部分を明確にし、日米同盟の弱みを狙って分断させようとしている。中国の本音はできれば「平和的台頭」を通じて発展しようとしているが、日米同盟に「邪魔」されるために、力で対抗せざるを得ないのである。

　本稿は以上の問題意識に基づいて日米同盟と冷戦との関係、中国が日米同盟を「受け入れられない」から「容認」「取り込み」へのプロセス、また、中国側が見た冷戦後の日米同盟、「韜光養晦」（自分の能力を隠して外に出さない）から「有所作為」（なすべきことはなす）への方針転換と日米同盟との関係、最後に日本の「普通の国」になることとそれに対する中国の思惑、中国

と日米同盟の将来といった項目に分けて整理し、先行研究を踏まえながら、中国が見た日米同盟について考えてみたい。

一、日米同盟と冷戦との関係

1、日米同盟とは

日米同盟とは1951年9月、サンフランシスコ講和条約調印と同時に日米間で締結された条約を根幹とするものであり、「安保条約」と略されるものである。日米同盟の根幹——日本とアメリカとの間の相互協力及び安全保障条約（Treaty of Mutual Cooperation and Security between the United States and Japan）は、日本とアメリカの安全保障のため、日本にアメリカ軍を駐留することなどを定めた二国間条約である。通称、日米安全保障条約（旧安保条約）。また1960年1月、日米間の相互協力及び安全保障条約（新安保条約）が署名され、新安保条約に基づきアメリカ軍の駐留を引き続き認めるもので、実態的には改定とみなされ、これにより60年安保条約ともいわれる。

60年安保条約はその期限を10年とし（以降10年毎の自動延長）、以後は締結国からの1年前の予告により一方的に破棄出来ると定めた。締結後10年が経過した1970年以後も破棄されず、現在も効力を有している。安保条約は、同時に締結された日米地位協定によりその細目を定めている。日米地位協定には、日本がアメリカ軍に施設や地域を提供する具体的な方法を定める他、その施設内での特権や税金の免除、兵士などの裁判権などを定めている。一方、この条約は、ソ連・中国・インドと言った国々の反対を無視する形で、米英などで草案を作成し、会議も討議も一切認めない議事規則で強行、調印の翌年、1952年4月に発効した。

2、冷戦の産物

サンフランシスコ講和条約は戦争を経て日本がアメリカなど連合国から独立した象徴だという考えがある。したがって、講和条約を結んだうえで、そのアメリカと同盟関係を締結し、アメリカとともに日本、そして東アジア、ひいては世界の安全・平和を守り、貢献するものと日米同盟の役割は語られ

第五章　中国が見た日米同盟

てきた。日米同盟は「東アジア地域の安全保障の公共財」だと言われるゆえんである。

　戦前あるいは戦時、東アジアを支配していたのは「大日本帝国」であった。日本列島はもちろんのこと、朝鮮半島も台湾も「満州」を含む中国の一部の地域なども日本が占拠し、他の列強諸国と世界を分割し、コントロールしていた。しかし、戦争終結後、日本軍は引き揚げ、こうした地域にできた空白が中ソ米によって占領・接収されていった。

　まず、「日ソ中立条約」を破ってソ連軍は満州や朝鮮半島に進出し、勢力を伸ばしていった。そして、ソ連は中華民国、その後、中華人民共和国と相次いで「中ソ友好同盟条約」と「中ソ友好同盟相互援助条約」を締結するに至った。

　むろん、アメリカもしかりだ。その直前、欧州では対ドイツ戦、アジアでは対日本戦においてアメリカは勝利したものの、その成果は自身の独り占めができず、当時は強かったソビエトと世界を分割し、分かち合わざるを得なかった。

　その結果、大戦後、アメリカをはじめとする資本主義陣営と、ソ連をはじめとする社会主義陣営がそれぞれ影響力を行使、世界はこうした二大陣営に分かれた。両陣営間でいわゆる冷たい戦い（「冷戦」）が行われていった。ソ連はアメリカをはじめとする西側の資本主義世界を敵視したと同様、アメリカ、日本もソ連をはじめとする社会主義陣営に対決する姿勢を強めた。そういう意味で、日米同盟は戦後始まった「冷戦の産物」だったという中国の考えは当たっている側面があろう。

二、日米同盟を「受け入れられない」から「容認」「取り込み」へ

1、中国にとって容認できない日米同盟

　1945年、日中戦争が終結した際の中華民国は力があまりなかった。中華民国は「抗日戦争」に勝利したものの、惨めな勝利いわば「辛勝」に過ぎなかった。また、抗日戦争に勝利したことで、日本という最大の「外憂」がなくなったが、「内患」＝内部統一、つまりいかに中国共産党勢力を抑えるかが

最重要課題となった。言い換えると、中華民国を統治する中国国民党も毛沢東をはじめとする中国共産党も戦後の国づくりに熱中し、これがやがて新たな国内戦争につながった。

　1951年、中華人民共和国はすでに建国されていたが、アメリカと朝鮮半島で戦っていた最中であった。中華民国は相変わらず、日米に認められたとはいえ、内戦に負けて台湾島に退いたため、アメリカに付いて、日本と「日華条約」などを締結し、実質上、アメリカに守ってもらうという立場しかなかった。

　いろいろな意味で、中国にとって日中戦争は近代史上無視できない大きな出来事だった。しかし「日本独立」の象徴という重要なサンフランシスコ講和条約の締結セレモニーにも呼ばれていなかったし、中華民国もこれに参加しなかった。今もギクシャクしている日中二大国の関係はこれが遠因すると考えた人はどれほどいたであろう。

　いずれにしても、中国から見れば、この時の日米安全保障条約は容認しがたいものであった。激化する東西対立の中、毛沢東は"ソ連一辺倒"を宣言していたし、50年2月に締結された中ソ友好同盟相互援助条約は、日米をけん制する思惑が強いということはよく知られている。現に当時、周恩来中国首相によれば、日米安全保障条約は「日本の軍国主義を復活させ、中ソを敵視し、アジアを威嚇し、新しい侵略戦争を準備する条約にほかならない」と批判している[7]。

　同時に、1958年5月に長崎のあるデパートで中国切手・切り紙展会場に飾られていた中国の五星紅旗が「右翼青年」に引き下ろされた。そのため日中関係は悪化した。日本とほぼ完全に断交状態となっていた中国にとって、安保条約は容認できるものではなかった[8]。

　2、「安保容認」へ

　1953年からソ連をモデルとして、第一次五ヶ年計画を導入・実施した中国だが、50年代後半に入ると、急速な人民公社化や無謀な大躍進運動を敢行したため、大量の餓死者を出し、社会経済に混乱が生じた。

また、廬山会議において国防大臣彭徳懐が失脚させられた。それとともに、対ソ関係も悪化し、1950年に締結された「中ソ友好同盟相互援助条約」は形骸化されたのみでなく、その後に起きた中ソ論争が世界に衝撃を与え、国際共産主義運動は二分化された。
　そして、文化大革命にともなって、中ソのあつれきは深まり、ついに中ソ武装衝突に発展した。中ソ関係の悪化は社会主義陣営内にイデオロギー問題を抱えていたことは言うまでもないが、毛沢東をはじめ当時の中国政府の過激な政策などが大きく関係したことはすでに多くの先行研究が指摘している通りである。
　一方、資本主義陣営も決して盤石ではなかった。とくに戦後「軍事国家」として知られるアメリカはベトナムと戦争中であった。泥沼化したベトナム戦争からの脱却をはかったアメリカは上述した中ソ対立のチャンスを逃さず、中国に接近しようとした。その結果、1972年2月、ニクソン大統領が訪中し、中米和解が実現した。
　国際環境の変化は中（社会主義）米（資本主義）対立の基軸を根本的に変え、日米安保体制にも好影響をもたらした。つまり、それまで日米安保体制を敵視していた中国が一転して日米安保体制を容認するようになったのである。
　1972年は国際関係において重要な意味を持つ年となった。2月のニクソン・アメリカ大統領の訪中に続き、同年9月に戦後、日本の首相が初めて中国を訪れた。国交正常化のため訪中した田中角栄首相に対して周恩来首相は、「中国側としては、今日は日米安保条約にも米華相互防衛条約にも触れない。日米関係については皆様方にお任せする。中国は内政干渉しない。我々は日米安保条約に不満を持つが、しかし、日米安保条約はそのまま続ければよい。国交正常化に際しては日米安保条約に触れる必要はない。日米関係はそのまま続けばよい。我々はアメリカをも困らせるつもりはない」と語ったという[9]。中国が日米同盟に対してみずからの考えを変えたのだ。
　日本は朝鮮戦争においてアメリカの強い助言の下、警察予備隊（のちの自衛隊）を創設した。その後、徐々にではあるが、日本は確実に高度経済成長の軌道に乗り、それを謳歌していた。国内では異論も出たものの、日米安保

条約は高度経済成長を基に確実なものとなっていった。1964年、東京オリンピック開催を機に、日本は先進国の仲間入りを果たした。

反共で有名だった共和党のニクソン大統領がキッシンジャーを起用し、中国訪問にこぎ着けたという事実は、中国には最適だったかもしれないが、日本にとっては衝撃だった。というのは、同盟国でありながら、アメリカ大統領は北京訪問を事前に日本に知らせなかったからである。日米関係はこうした史実からもわかるように、決して一部の人が考えたような「盤石のもの」ではなかった。国益最優先はどの国にも当てはまるのだから。

面白いことに、その直後、すでに述べた田中角栄首相の北京訪問、そして「日中共同声明」の発表が続き、中米関係の正常化も実現した。アメリカ大統領訪中直後の日本首相の訪中は素早く反応する日本人がもつ性格を如実に反映したものであったが、日米関係は時には中米関係に「優先される」と思うや否や、日本は直ちに変わった情勢に対応して行動に出た好例だったといってよかろう。

この節をまとめよう。戦後の国際情勢が大きく変わっていくなかで、中国の対日米同盟への姿勢も変わった。すなわち建国直後の中国はソ連側の陣営に立ったこともあって日米同盟に反対したが、その後、これに賛成する立場へとシフトしていった。なぜならば、中国は相変わらず社会主義という看板を掲げながらも、かつてのボスだったソ連はすでに「兄貴」から「最大の脅威」となって、中ソ国境地域に百万以上の兵力を置いたからだ。中国はソ連の圧力をかわすため、アメリカや日本との関係を緩和させた、つまり日米同盟を取り込んで利用したのだ。中国の対外戦略が変わった瞬間であった。

3、日米を取り込みへ

日米同盟にとって、日本の高度経済成長期を経て、世界第2位の経済大国になった日本の重要性がますます高まっていった。世界はだいたい一位と二位の国によって「決まる」時代で、日米同盟は世界一、二位の国により構成されるため、世界最強の同盟と言ってよい。しかしそれにともなって、日米関係は複雑で多層的な特徴をもつようになった。同盟国の日米間で貿易問題

など利益の不一致やあつれきも現れた。中国はそれを見落とさず、逆にそれを狙って、時には日米関係を分断したり利用したりもしている。

 改革開放政策を取り入れる直前、1978年10月、中国の実力者鄧小平は初めて日本を公式訪問した。訪日は、同年8月に締結された日中平和友好条約の批准書交換式に出席するためだった。「われわれは中日条約の締結で、中米正常化の早期実現が促されるよう望んでいる。1972年のニクソン訪中は中日の国交樹立を促したが、中日条約の締結によってアメリカが正常化に積極的になったことに注目している」と鄧小平は言っている。

 また、中国は当時、日米の資本が中国市場をめぐって競争関係を強めると分析し、日中条約の締結で日本が対中関係でさらに先行することを、アメリカは警戒していた。

 結果的には、日中条約の締結と鄧小平の訪日は、中米正常化交渉を促進させた。アメリカ側は最大の障害になっていた台湾問題で譲歩し、妥結の方向に進んだ。鄧小平は、日本ばかりかアメリカをも取り込むことに成功し、改革開放への自信を深めた。鄧小平の訪日は「日中関係の新たな出発点」となったのである。

 似たような例は他にもある。

 1989年に天安門事件が発生した。若き学生が民主化を求めて立ち上がった。しかし、中国政府はそれを武力で鎮圧した。先進諸国は人権弾圧という名目で中国を制裁した。中国は天安門事件をめぐる日米の対応が異なるのを見て取り、この危機をチャンスに変えるのに成功した。

 中国の外相経験者であり、中国外交を見守ってきた銭其琛の著書『銭其琛回顧録』にこう記されている。1989年7月のアメリカ大統領特使スコウクロフトの訪中は、1971年7月の電撃的なキッシンジャー訪中時よりも厳重な秘密保持が図られたといい、この2人のアメリカ大統領補佐官の訪中には根本的な違いがあったと述懐している。

 つまり後者は訪中1ヶ月後、ニクソン大統領自身が劇的な発表をして世界を驚かせ、アメリカ国内はむろん同盟国からも高く評価された。しかし前者は1989年12月にスコウクロフトが公に訪中した後、CNNテレビが暴露する

まで完全に秘匿されたという。

　理由ははっきりしている。1989年6月の天安門事件後、アメリカ世論と議会は中国非難一色になり、アメリカ政府自身も武力行使を非難し、制裁措置を発表していたからだ。ブッシュ大統領（父）が鄧小平に親書を送った日に、高官交流の停止も発表したばかりだった。

　一方、日本も中国に接触していた。1989年6月の天安門事件に、日本は欧米諸国と同様、鎮圧に強く反発、対中渡航制限、無償援助凍結、通商規制強化、対中ODAの凍結などの措置をとったが、その後の先進7ヶ国首脳会議が近づく中で、対中制裁への慎重論が出始める。財界首脳に加え、中曽根康弘、鈴木善幸、竹下登ら首相経験者の意向を受け、宇野宗佑首相はサミットで強硬論に反対した。8月1日にパリで会談した三塚博外相から「サミットで日本は制裁を強化しないよう主張した。中国が安定すれば、1990年には第3次ODAを復活する」とまで言ったという。

　ではなぜ日本はこのように発言し、行動をとったのか。

　ある外交筋は「それは当然、日本自身の利益のためだが、日本は西側の対中制裁連合の弱い環だった。自ずと中国が西側の制裁を破る最良の突破口になった」と伊藤正氏は著書で書いている。

　また、中国は1989年9月の日中友好議員連盟会長の伊東正義元外相らの訪中を皮切りに外交を本格化する。鄧小平ら中国首脳と会談した伊東は、北京への渡航制限解除や対中援助再開を主張した。これを受けて日本政府は9月から渡航制限を解除する。その後は訪中ラッシュになった。

　鄧小平はこうした2つの日本代表団に、天安門事件は内政問題であり、制裁は不当な干渉であること、中国情勢は安定し、改革開放は不変なこと、中国は日本との友好関係を重視していることなどを語っている。当時、日本の対中ODAは中国にとって最大の資金援助だったが、それ以上に日本をアメリカなどの対中制裁を解除する突破口にする必要があった。日本が凍結していた1989年度の対中無償援助約50億円の供与に正式調印したのは12月だった。

　以上は20年弱中国に滞在した経験をもつ日本人の中国研究のエキスパート伊藤正の著書『鄧小平秘録』からの引用だ。日本人の視点からの記述のため、

第五章　中国が見た日米同盟

どうしても「日本寄り」というきらいがあるかもしれない。それにしても、日本はアメリカと中国との関係を考える際、時には主導的な役割を果たせるということは見て取れよう。

　日米両国は、人権問題を提起しながら、中国と付き合っていく中で、なるべく自国の利益などを最大限に確保することが自然である。日本もアメリカも対中強硬論一辺倒ではなく、ハードとソフトの両面あるいは建前と本音の二つの方法を交互に使用していた。

　一方、中国も日米両国と交渉していく中で、日米同盟の違い、不一致を巧みに使い分けし、両国を上手に取り込んで、危機をチャンスに変え、中国の国益の最大化をはかった。ある意味で、日中米三ヶ国の関係の「相互補完性」を見ることができる[11]。この点については後ほどまた述べることにする。

三、中国が見た冷戦後の日米同盟

1、危機を機会に

　繰り返すが天安門事件後、先進諸国は中国政府を人権弾圧という口実で制裁を強行した。当然なことに、西側の制裁をいかに打破するかが中国の最重要課題となった。中国は「内政干渉」としてこれに反発しながらも、強力な日米同盟に直接チャレンジせず、足元を固め、実益を図ろうとした。

　まず、中国は台湾から大量の投資を引き出すのに成功した。面白いことに、天安門事件で西側諸国が中国制裁を行った際、中国は活発な周辺外交を展開していた。韓国との国交樹立はこの頃に行われたし、中国側から見れば、「同胞」たる台湾との経済関係や人的交流もこの時期に強まっていた。中韓関係については後述するが、ここはまず両岸関係について述べることにする。

　1987年、中国大陸訪問の解禁をきっかけとして、1991年には台湾住民の大陸訪問者数が約百万人に達した。政治において、李登輝時代の中台関係はぎくしゃくしていたが、経済関係や人的交流においては1987年に在台湾中国軍人の里帰り解禁と重なって、強まっていた。

　話が飛ぶが、2012年現在、日本の対中貿易額は対外貿易総額の約2割を占めているが（外務省HPを参照されたい）、台湾の対中貿易額は対外貿易にお

いて4割前後で推移している。実際、両岸はすでに経済が一体化していると言ってよい状態である。かりに、今後両岸関係は経済レベルを超えて、政治や軍事分野について話し合われることがあれば、その基盤を築いたのは、皮肉なことに、天安門事件頃の李登輝時代だったということになる。

　続いて、中国と南北朝鮮との関係について述べたい。

　同じ時期に、中国と朝鮮半島との関係も変化が起きた。近隣の韓国は1980年代の民主化後、経済発展を遂げて、プレゼンスも大きくなっていった。しかしながら、朝鮮戦争以降、伝統的な友好国北朝鮮に配慮し、中国は韓国と没国交のままの状態が続いた。しかし、中国は先進諸国からのいわゆる経済制裁を打破するため、韓国との国交回復に踏み切ったのである。

　中韓秘密交渉は1992年2月に始まり、7月には基本合意した。同年8月、中韓は国交を樹立、台湾は韓国と断交した。ちなみに、中韓国交成立以来、2014年現在で22年が経った。今日の中韓関係は22年前には想像できないほど緊密となった。中国に留学している外国人学生は数年前から韓国が一位を維持し、訪韓外国人のなかで、中国人は最大である。経済関係もしかりだ。中国は韓国最大の貿易相手国であり、中韓貿易額はすでに日韓貿易額と米韓貿易額の合計を抜いた。韓国にとって中国はもう欠かせない存在となっているのだ。

　日本の立場に立ってみれば、韓国は中国に傾きすぎるという見方もあるが、中国からすれば全く逆である。就任後、日本より先に中国を訪問した朴槿恵大統領の選択にしても、習近平中国主席が北朝鮮より先に韓国を訪問したことにしても、中韓間の「蜜月ぶり」を如実に物語っている。また、アメリカの反対があったにもかかわらず、2015年に韓国は中国主導のアジアインフラ投資銀行（AIIB）に参加した。今日の強い中韓関係、そのきっかけをつくったのは20年前の西側諸国の中国への「制裁」だったと私は考える。

　かりに、アメリカがアジアに「回帰」し、「アジア防衛」を強めようとするならば、まず、この中韓関係を「分断」させ、日韓関係を好転させることではないか。なぜならば、米韓関係は日米関係と同じく、同盟関係だからだ。しかし、今日の日韓関係は周知の通り、領土問題や歴史認識、そして慰安婦

問題等を抱えてギクシャクしているのである。アメリカや日本はまだやるべきことは大いにあるのだ。

　もちろん、南北朝鮮は今も分断国家である。かつての中朝両国は朝鮮戦争で共に戦い、今の日米同盟に似たような関係であった。しかし中国が北朝鮮の「敵国」韓国と国交を樹立することは、北朝鮮にすれば裏切り以外のなにものでもなかった。ソ連は崩壊し、中国も頼れなくなった。一方、アメリカに認められないだけでなく、いつアフガンやイラクのように体制変更が迫られるかわからないなかで、北朝鮮は核実験を敢行したのではないかと考えられる。ちなみに、その関係で六ヶ国協議は中断している。

　繰り返すが、六ヶ国協議は中、米、日、露、韓、北朝鮮の六ヶ国による北朝鮮の核問題についての話し合いの場である。2003年からの中米朝三ヶ国による話し合いに由来しており、2006年の北朝鮮による核実験強行をきっかけとする国連制裁を機に、中断されている。しかし東北アジアにおける安全保障問題を考えた場合、六ヶ国協議はやはり有効である。そのため、六ヶ国協議は今後復活される可能性も否定できない。

　脇道にそれるが、長期政権を目指している安倍首相には、北朝鮮訪問を強く勧めたい。朝鮮労働党金正恩第一書記と「安倍・金平和声明」に合意し、関係を正常化する。そうすれば日本人拉致問題の解決につながるし、植民地支配問題の清算もできる。さらに中韓両国との関係も改善される可能性が出てくる。ひいては東北アジアにおける日本のリーダーシップを取り戻すこともできるかもしれない。まさに今がチャンスだ。アメリカに反対される可能性も否定できないが、「属国」でない、あるいは「属国」から抜け出すために行動しなければならない。中国や韓国ともめるよりは、私からすれば、アメリカと腹を割って話し合うべきである。安倍首相の英断に期待したい。

2、中国の目標を「妨害」する日米
　90年代初頭、冷戦構造が解体する中で、日米安保体制にも変化が見られるようになり、中国の日米同盟への視線にも変化があった。
　そもそも冷戦後の中国では日米安保に対する認識はやや複雑なものになっ

ていた。中国は、一方で、日米安保が日本の"軍事大国"化を防止する側面があることを認識しつつも、他方、日米安保の矛先が中国に向かうのではないかとの懸念を持つようになっていたからである。「日米安保共同宣言」から「新しい日米防衛協力の指針（ガイドライン）」の策定へと日米両国が取り組む過程で、中国では後者の懸念が強く表明されるようになっている。

　また、日米両国にとっても、高度経済成長を続ける中国は、脅威ではないにしても、安全保障上の大きな要因であることは間違いない。日米双方は、中国に対して、「日米安保共同宣言」や「ガイドライン」が中国に向けられるものでないことを強調しつつも、日米が協力するとしている"周辺事態"について、これを「地理的概念ではなく事態の性質に着目した概念」として、どの地域を含めるとも含めないとも明言せず曖昧にしていた。[14]

　一方、経済発展にともなって中国の国益は世界に広がっていった。また、台湾の未統一、とくに政治体制の違いからアメリカや日本を意識し、時には反発もし、そしてこれが「軍拡」を強める側面もあった。けっきょく、それが今日の東シナ海、南シナ海における領土、領海の覇権争いにつながっているのだ。

　日本の防衛省は「防衛白書」に「中国の海軍艦艇が頻繁に日本近海に出没しており、日本にとって脅威となっている」と90年代以降しばしば懸念を表明。第一列島線はすでに日本の注視する海域となっており、[15]中国海軍の一挙一動が日本の敏感な神経に触れるようになった。

　中国から見れば、アメリカやロシアの艦隊は日本の周辺海域で軍事力を「誇示」しており、たとえ日本の練習船がアメリカの潜水艦に衝突されて転覆しても、日本人は何も言わない。それなのに、「なぜ日本は、中国海軍が第一列島線を出て公海上で正常な訓練をすると、緊張するのだろうか？」と不満げだ。

　列島線の概念はアメリカが第２次世界大戦時に提起したもので、当時は日本に対するものだった。朝鮮戦争以降、アメリカとその同盟国は、この列島線を用いて中国や旧ソ連を封じ込めた。それは北アリューシャン列島、日本列島、沖縄諸島、台湾、フィリピン、インドネシアからなる列島線で、旧ソ

第五章　中国が見た日米同盟

連の進攻を防ぐと同時に、彼らの太平洋への進入を塞ぎ止めたのだ。第一列島線の海域には海底ソナー網や各国海軍の防衛探知システムが設置されており、潜水艦は第一列島線に近づけばすぐに発見・追跡された。

第一列島線の外には、伊豆・小笠原諸島からグアム・サイパンを含むマリアナ諸島群などを結ぶ第二列島線がある。つまり「列島線」は地理的意味もあるが、それよりも政治的・軍事的意味が強いと中国は見ている。アメリカや日本は「列島線への軍配備によって、アジア諸国に対する海上包囲網を形成し、中国海軍艦隊の活動領域を圧迫しようとするものだ」と考えている。

繰り返すが、台湾問題はそのひとつである。台湾問題は「中国の核心的利益」に関わることで、中華民族の平和発展における「重大な障害」でもあり、日本は第一列島線が中国海軍の台湾東部海域への進入を「阻止する有効な障壁」だと中国側は考える。

中国が見た第一、第二列島線略図

資料：「中国島鏈突破 VS 美日自由防御線」、http://www.kankanews.com/a/2013-11-30/0043347781.shtmlより。

かつて「台湾との平和的統一」には反対しないというのが日本による中国の「祖国統一」に対する緩やかな視線だった。しかし中国は異なる考えをもっている。つまり日本は中国の統一を「阻止」するため、「アメリカ軍と極力協力し、中国海軍の太平洋への出入口に各種の偵察警戒レーダーや水中ソナー探知システムを設置して、中国海軍の動向を常時監視している」。中国の軍艦が第一列島線に近づいたり、越えたりするたびに、日本はEP-3電子偵察機やP-3C対潜哨戒機で「偵察」を行っている。また、軍艦を派遣して「護送」することも忘れない。

　なお、中国海軍艦隊が宮古海峡に接近した時、自衛隊はF-4戦闘機まで出動させて「嫌がらせ」をした。中国海軍艦隊が第一列島線を出て西太平洋上で訓練航海を実施した際は、自衛隊の各種戦闘機が常に監視し、近距離で「追跡・妨害」した。さらには、わざと中国側の訓練隊形に突進し、正常な訓練の邪魔をした。したがって、中国側からすれば、日本のすべての行動は、中国の台湾統一への「妨害行為」に映るのだ。

　アメリカは中国の台湾統一を「妨害」するために日本を利用しただけでなく、台湾のいわゆる「分裂勢力」をも支持し、中国の統一行動を干渉していると中国は見る。1995年に李登輝が台湾総統としてアメリカを訪問し、そして1996年、市民による初の総統選挙も行われた。中国はこれを「分裂行為」として反発し、台湾海峡で軍事演習とミサイル実験を敢行し、李登輝の「分裂活動」を支援するアメリカをけん制した。

　しかし台湾の行動に合わせるように、日米は1996年4月に「日米安全保障共同宣言」に合意し、中国を刺激した。

　日米安保共同宣言とは1996年4月の日米首脳会談で署名されたもの。アジア・太平洋地域には不安定性と不確実性が存在するとし、日米安保関係が地域の安定と繁栄維持の基礎だと位置づけた。「日米防衛協力のための指針」（ガイドライン）の見直しと並んで、日本周辺で有事となった場合の協力の研究も盛り込まれた。後にそれぞれ、新ガイドラインの策定（1997年）、周辺事態法の成立（1999年）という形で具体化された。

　また、クリントン政権は露骨にも二隻の航空母艦を台湾近海に派遣し、中

国をけん制して見せた。日米からすれば、両岸間の問題は平和裏に解決してほしいが、中国からすれば、この際の日米安保の再定義（周辺有事）が中国を「抑制」し、台湾との統一を「阻止」する以外のなにものでもなかったのだ。日米は軍事同盟を強化して、中国を抑え込もうとしていた。近年中国の軍事大国化はある意味で、こうした日米軍事同盟に対抗するもので、中国の目標達成を妨害するものへの反動だった。

四、「韜光養晦」から「有所作為」へ

1、中国の台頭・再興とそれを抑えようとする日米同盟

1992年初頭、鄧小平は武昌、深圳、珠海、上海などの中国の南方都市を相次いで視察し、更なる改革を断行せよという大号令を発した。これは後にいう「南巡講話」である。2年後、中国は市場経済を取り入れた。それ以降、中国経済は二桁の成長を遂げていく。

1997年、アジア通貨危機があったにもかかわらず、中国は人民元の切り下げをせず、世界にその実力を見せつけた。そして、21世紀に入って、WTO加盟を契機に、世界の工場、世界の市場へと変身した。またその後の数年間、中国のGDPは仏、英、独を相次いで超え、2010年、遂に日本を抜いてアメリカに次ぐ世界二位の経済大国となった。

2014年、中国は購買力平価で計算すると、アメリカを抜いて世界一の経済大国となった。また、中国は外貨準備高で約4兆米ドルを記録、世界一となり、アメリカの最大の債権国でもある。なお、中国は世界一の貿易大国であり、世界中120以上の国の最大の貿易国である。今日の中国経済は世界に欠かせない存在となった[18]。

では、台頭・再興してきた中国の民衆は日米同盟をどう見ているか。2005年2月に実施されたあるアンケート調査によると、九割を超えたネット・ユーザーは強化された日米同盟が中国にとって「脅威」だとする認識を示している。

一方、2009年に日本は政権交代で民主党が政権与党となった。鳩山由紀夫・小沢一郎コンビが東アジア共同体の構築に力を入れて、当時幹事長だった小

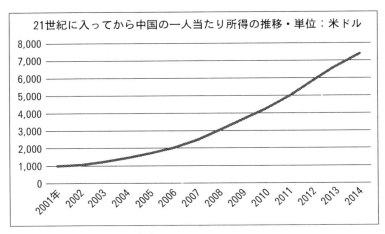

資料：世界銀行データより作成。

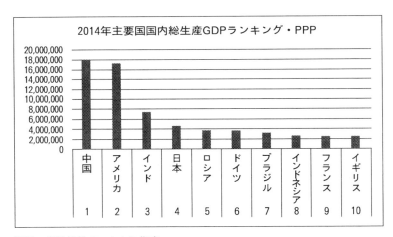

資料：世界銀行データより作成。

沢が大型代表団を率いて中国を訪問した。しかし、まもなく沖縄米軍基地問題で追い込まれ、鳩山は首相職を辞し、政権は崩壊した。

　新たな首相になった菅直人の下で東シナ海においていわゆる漁船衝突事件が起きて、2012年、日本は尖閣諸島（中国名「釣魚島」）の一部国有化をきっかけに日中関係は全面的に悪化した。その後、政権はさらに交代し、自民党

が返り咲きし、政権を手に入れたものの、日中関係は好転せず、むしろ両国関係は国交樹立以来、最悪の状態に陥った。そうしたなかで、両国国民は相手国への好感度を悪化しつづけ、ある意味で、日中間の「冷戦状態」が続いていると言える。

　日本側から見ると、漁船衝突事件にしても、尖閣諸島の一部の国有化にしても、トラブルを引き起したのは中国であり、すべて中国が悪かった。しかし、中国側からすれば、まったく逆である。つまり日本が約束を破って中国船長を逮捕したり、勝手に中国領土釣魚島を売買（国有化）したり台頭・再興する中国を抑え込もうとしているのだ。

　2010年頃、民主党時代の防衛省の長島昭久政務官は、新たな「防衛計画の大綱」で、「武器輸出三原則」の緩和や、増強しつつある中国軍備への対応、南西諸島の防衛強化などが重要な課題だと述べ、「潜水艦の能力増強や、哨戒部隊、陸上自衛隊の問題を真剣に考えなければならない時だ」と語った。

　日本の潜水艦増強について中国の軍事専門家尹卓は「第二次世界大戦中の日本は潜水艦大国だった。太平洋戦争では潜水艦が重要な役割を果たしたことから、日本は水中戦を非常に重視しており、独自に潜水艦の装備を開発するなど、相当しっかりした技術を持っている。世界初の航空機搭載潜水艦は日本が造ったもので、今も潜水艦は依然として海上自衛隊の支柱だ」と話している。

　尹卓は1945年生まれの中国海軍少将・軍事専門家で、2013年に「日中両国の開戦徴候はない。中国の最大の脅威はアメリカである」と断言し、また中国共産党機関紙・人民日報は安倍首相が米CNNの取材に応じ、「中国の軍拡問題」に言及したのに対し、「日本の１人当たり軍事費は中国の５倍だ」と反論した中国では有名な人物でもある。さらに、尹卓少将は「日本の防衛大綱の主要な焦点は、もともとロシア、朝鮮、そしてもう一つは中国だった。しかし、今回は中国に対応するという一面もあるだろう」と説明した。

　中国からすれば、日本は日本海に限らず、東側の太平洋や南西側（台湾付近）の海域、東シナ海海域でも常に活動しており、これは中国の海上航路やエネルギー航路、対外貿易航路を脅かすことになる。[19)]そのために、中国は日

本に対して不信感を深めているといえよう。

　日中は世界２、３位の経済大国である。協力すれば互恵関係になれるはずなのに。では、なぜ日中関係がこれほど悪化したのか。いくつかの理由があげられる。

　まず領土問題だ。尖閣諸島（釣魚島）は最近起きた問題ではなく、数十年あるいは百年前からすでに存在している問題である。この問題は今解決できる見込みがないため、棚上げ以外に道はないかもしれない。

　次に、領土問題にも関係するが、歴史認識の問題だ。日本は民主主義国だからいろいろな意見の持ち主がいることは事実である。だから、日本に不利益をもたらしてはならない。しかし、残念ながら現実は全く逆である。つまり、靖国神社参拝にしても、南京虐殺否定にしても、外交問題に発展する可能性がある限り、首相の参拝や発言を控えるべきではないか。たしかに、日本の首相が靖国神社を参拝することについてよその人に言われる筋合いはない。それは内政干渉に当たるから拒否すべきだ。しかし、それは問題の一面にすぎず、近隣諸国との関わりをもっている側面をやはり見落としてはならない。

　その次に、日本との逆転である。近代以降、アジアのナンバーワンはずっと日本だった。つい最近まで日本の援助を受けていて、未だに途上国・中国に追い抜かれるなんて誇り高い日本にとっては簡単に受け入れられることではない。

　しかし一方、中国は５年前からすでに世界二位の経済大国であり、そのうちに、アメリカを抜いて世界一の経済大国となると言われている。かつて世界に長年君臨し、その後、列強諸国に侵略され続け、そして今日、力強く台頭・再興しようとしている中国は世界の敬意を集めたい意志も強い。そこで日中二強が激突したわけである。これまでの日中関係はお互いに師弟関係あるいは全く逆の立場であり、対等な立場で相手を見つめる時代は初めてである。したがって、互いに相手の立場や態度を納得するまでは時間かかると思う。

　最後に、アメリカの役割だ。アメリカはありとあらゆる意味で世界をリー

ドしてきた。とりわけソ連崩壊後、資本主義は冷戦において全面的に勝利し、アメリカ時代の到来を謳歌していた。しかし、好景気は長く続かなかった。アフガン、イラク戦争、とくにこの前の金融経済危機の影響で、アメリカは余儀なくそのパワーの衰退を見せつけた。しかし、アメリカはみずからの衰退を座視せず、あらゆる手を使ってそのトレンドを防御するのに懸命である。そのうちの一つは日本などの国々を利用し、台頭する中国を抑えようとすることだ。中国側からすれば、日米同盟の強化にしても、尖閣諸島が日米安保条約に適用されるというアメリカからの意思表明にしても、すべてアメリカの「アジア回帰」戦略・中国封じ込め方針に映るのである。

2、「韜光養晦」から「有所作為」へ

　繰り返すが、中国からすれば、自身が台頭し、再興したため、尊重してもらいたい。しかし日米両国からすれば、同じことについても考えやとらえ方が異なる。たとえば、中国の外交方針は、これまでは「韜光養晦」（自分の能力を隠して外に出さない）だったが、最近は「有所作為」（なすべきことはなす）が前面に出てきた。対して、近隣の日本は真正面から中国に対抗して見せた。東京大学高原明生教授は「尖閣諸島（釣魚島）」が「核心的利益」に該当するという中国の言い方を撤回すべきだと公言している。

　中国は従来、主に台湾やチベットの問題について核心的利益との表現を用いてきた。しかし、習近平国家主席は2013年初頭の共産党内の会議で、釣魚島問題などを念頭に「平和的発展の道を堅持すべきだが、正当な権益を放棄したり、国家の核心的利益を犠牲にしたりすることは絶対にできない」と強調した。

　日中間は東シナ海という主権問題を抱えている。日本の立場からすれば、日本の領土（尖閣諸島）が中国自身の「核心的利益」に該当するのは許さない。だから、その言い方を「撤回すべきだ」という論理である。しかし、中国の立場に立ってみると、領土問題は日本の立場と同じく、譲れないのだ。とりわけ、近代の屈辱の歴史もあって、日本に譲歩する余地はあまりない。また、「核心的利益を撤回するのは」みずからの顔に泥を塗ることに等しいため、

できるわけがない。

　たしかに数十年にわたる高度経済成長のおかげで力をつけることにともなって、中国のパフォーマンスも慎重さが薄れてきた。「平和的台頭」という主張から「新しい大国関係」へ、「韜光養晦」から「有所作為」へと変わってきたということはある。しかし一方、ソ連崩壊後、日米同盟は相対的に弱体化したにもかかわらず、新興国の台頭を素直に認めてはいない。それどころか、日米同盟はしばしば中国を封じ込もうとしてきた。そのうえ、中国を仮想敵国と見なしている事情もなくはない。その敵国は時には「悪の枢軸」と呼ばれる国々であり、時にはロシアであり、中国であった。

　そういう意味で、一般論として、中国は当然ながら、北朝鮮、イラン、イラク、ロシアとの関係を維持すべきだとし、また維持してきた経緯がある。最近、良好な中ロ関係はそれを物語っている。こうした国々があったからこそ、中国が助けられたのだ。また、中国にとってアメリカとの「緩衝地帯」としてこうした国々を使う手もある。

　中国の立場は「日米同盟は冷戦時代の二国間の取り決めであり、中国の領土主権と正当な権益は損なうべきではない。釣魚島を日米安保条約の適用対象とすることに中国は断固反対する」というゆえんである[20]。

　東シナ海における尖閣諸島（釣魚島）の領有権をめぐる日中のあつれき、南シナ海の領有権をめぐるベトナムやフィリピンと中国との紛争は、日本から見れば、中国は力づくで国際秩序を変えようとしているように映るが、中国からすれば、日本こそ台頭していた際、力をもって中国の領土を「奪い取った」のだから、いまの中国はそれを「取り戻そう」としているにすぎないのであり、どこか悪いのだということになる。

　また、南シナ海における中国の領有権の主張は歴史的根拠があると中国は考えている。その間、ベトナムやフィリピンが不法に中国の島嶼を占拠し、埋め立てを行ったにもかかわらず日米は何も言わなかった。しかし中国はベトナムやフィリピンと同様、島嶼などの埋め立てを行うと、なぜかただちに日米の反対反発を受けるのだ。

　もしかすると、近代において日本が勃興した際、中国という関門を乗り越

第五章　中国が見た日米同盟

えなければならなかったと同様、台頭・再興しようとしている中国もまた日米という関門を通過しないと世界にたどり着かないのかもしれない。

　もちろん、中国が見た日米同盟は大きく言うと二つの意味があるように思う。一つ目は、前述したアメリカが日本を第三国の侵略から守ることであり（尖閣諸島は日米安保条約第五条に適用されること）、二つ目は日本の「暴発」を抑えるものである。世界における東アジアのアメリカの覇権や利益を守るために、アメリカは日本を「手先」として使うが、一方平和憲法をつくって日本を永遠に抑え、「再起不能」にするという役割もある。アメリカは日米同盟のこうした二つの役割を状況によって使い分けるのである。

　一方、日本はいつまでたっても受け身だという受動的な立場に終始するわけでもない。戦後の日本はアメリカの保護下で復興したのは事実である。しかし、1985年のプラザ合意など、強引に日本が「不平等条約」を受け入れさせられたということも忘れられない。とくに、中国や南北朝鮮などの近隣諸国との歴史問題を抱えるために、日本はアジアにおいて経済的リーダーとしての役割が果たされたにもかかわらず、政治・軍事あるいは「モラルの面」では孤立する状態が続いている。EUのアジア版が再現できない一つの原因はやはりこういったアジアの事情があるからである。

　日本の立場からすれば、みずから日米同盟を強化することによって中韓からの反発をかわそうとする「戦略」があるのかもしれない。

　総じていえば、ソ連崩壊・冷戦終結後、中国の台頭・再興はかつてなく注目されている。それは東シナ海や南シナ海の領有権を強く主張することにつながっていると思う。一方、日本やアメリカからすれば、中国の台頭や再興は「韜光養晦」から「有所作為」へという方針転換として映る。したがって、当然ながら、日米は「拡張」「膨張」する中国を監視・抑制し、けん制の対象とするのは当然のこととなろう。だが、中国からすれば、台頭・再興してきたのだから、みずからの主張を貫き、なすべきことをするのがどうして悪いのかということになる。

五、日本の国家「正常化」と日米同盟の将来

　中国が台頭・再興する一方、日本は宿願だった「国家の正常化」つまり「普通の国」になることに懸命であり、アメリカも簡単にナンバーワンの地位を譲るわけにはいかない。

　1、「普通の国」を目指す日本とそれを許さない中国
　日本は「普通の国」になろうとしているが、それを中国は認めない[21]。ではなぜこうした日本の「国家的正常化」を中国が認めないのか。中国側の言い分はこうである。
　日本は第二次世界大戦を「引き起こした国」であり、人類史上「極めて重い罪を犯した」からである。
　戦後、アメリカは日本を占領し、憲法を与え、日本に民主体制を導入した。それと同時に日本はアメリカの"弟分"になり、外交自主権と軍隊をアメリカに譲り渡した。当初の計画では、日本は国防上の配備をアメリカの手にゆだねる予定であった。
　しかし、朝鮮戦争のぼっ発によって、アメリカは日本の支援が必要となり、日本の地位は高まった。日本は憲法上軍隊を持つことを許されなかったが、新たに組織された自衛隊の能力・装備は優れており、戦闘能力も高い。自衛隊員数は多くないものの、アメリカ以外の国と比べて遜色なかった。
　つまり、日本は軍事面で「普通（正常）でな」かった。ひとつは外国軍の駐留である。「プライドの高い日本」にとってこれは、「屈辱」であり、むろん「栄誉」ではない。二つ目は自国軍を軍隊と呼ばず、自衛隊と呼んでいることである。しかし、それは呼び方が違うだけで「実質的には軍隊と変わらない」という。
　また最近、日本が集団的自衛権を解禁したことで、表面的には「普通の国」の道を歩み始めたと見られる。しかし実際にはアメリカこそが「今回の最大の受益者」であり、このことは日本が「多くの義務を背負わされることを意味する」としている。今後は、アメリカが日本を守るだけでなく、「日本も

第五章　中国が見た日米同盟

アメリカの戦闘地域に兵を送り」、戦争を行わなければならない。このことは日米同盟の強化やアメリカにとっては好都合だが、「日本が軍事・外交大国になるために大きく役立つことはない」と中国側は考える。

　中国にはさらに次のような見方もある。日本は戦後、国際社会の「優等生」であり、経済は急速に回復し、社会も安定した。よく言われるように、日本はみずから苦労して幸福を手に入れ、他国に飢餓や戦争などの被害をもたらしていない。その点は「勤勉な国」であると評価する。

　しかし、「歴史問題における態度が他国に与えるイメージは、表面上の模範生ではなく、かつての不良少年の姿」だったと批判。歴史問題において、日本は決して「優等生」ではない。例えば「歴史教科書の改訂」、「靖国神社の参拝」、「南京大虐殺の否定」、「戦争慰安婦の連行否定」――など、これら日本の「右翼政治家たちの言動」を前にして、かつて日本の軍国主義に苦しめられた隣国が、どうして「日本が普通の国に向かっている」などと思えようかと「普通の国」日本をきっぱり否定する。

　また、「侵略の歴史を否定」する日本はいま、安倍政権の下、「平和憲法」の束縛を急速に取り払い、海外派兵の道を切り開き、新たに安保法――「戦争法案」を強行採決し、「普通の国」になろうとしている。このような日本の意図に対して、中国は「警戒心を持たざるを得ない」という。

　なお数年前、日本は国連の「常任理事国入りを目指」してあれこれ努力したものの、結局徒労に終わった。これに対して日本の右翼政治家は、反省するどころか、時間がたてば問題を解決できると思っている。「歴史問題」においてもアジアの隣国の信を得ることなど必要ないと考えている。

　結論はこうである。日本が歴史・領土問題において十分な誠意を示すことができず、さらに実際の行動で、「過去の軍国主義思想」を断ち切るものでなければ、日本が「普通の国」になるというのはただの「空想に過ぎない」と中国は断じた。[22]

　大戦終結後70年を迎えた。したがって、70年前の戦争をうんぬんするより、これからのことを話そうではないかと多くの日本人は思っている。言い換えると、日本という国はそろそろ戦争の影から抜け出して、「普通の国」にし

ようと努力している。

　しかし、中国はそれを許さない。なぜならば、中国からすれば、日本は正しい「歴史認識」を持たないからだ。

　日本には「中国こそ正しい歴史認識をもっていない」という見方もある。ある意味で日中間はまだあの戦争を終えていないようにも思える。

　日本にとってもっと不利益なのは、ライバルは中国のみにとどまらず、中国と「共闘」する韓国などの国々とも戦わなければならないということだ。繰り返すが、その韓国は日本と同じくアメリカの同盟国でありながらも、日本の植民地としての歴史を有するため、日韓間で領土問題、歴史認識問題、そして慰安婦問題をめぐってもめている。

　そのうえ、日朝国交はいまだにない状態を合わせて考えると、東アジアにおいて日本がおかれた国際環境は決してよいものではない。そう考えると、日米同盟を強化する以外、日本に残された選択肢はあまりないといえよう。

　もしかすると、東アジア地域において「戦争や植民地支配」の清算、そして拉致問題の解決もあり、「不正常状態」つまり東アジアの和解にまだ機が成熟していないのかもしれない。

2、中国と日米同盟の将来

　中国のGDP伸び率は10％前後だった時代と比べると、2014年現在の7.4％はたしかに落ち着いてきている。しかしながら、先進諸国やほかの主要途上国と比べると、7％強の成長率はやはり高い。しかも、今後、国内の都市化進捗率などのファクターを併せて考えると、中国は今しばらく発展を続けるだろう。したがって、数年のうちに、中国は世界最大の経済大国となる。それにともなって、世界により大きな影響を与えていく。

　逆に言うと、世界に占めるアメリカや日本などの先進国の影響力が相対的に小さくなるのだ。「アメリカと太平洋を二分する」という中国側の発言も決して偶然ではなく、ある意味で現状に基づいた考えだったと言ってよい。日本からすれば、それは不愉快な話である。だが、そもそも「中国と21世紀を構築する」との話を打ち出したのは中国ではなく、日本の同盟国たるアメ

第五章　中国が見た日米同盟

リカ大統領・オバマではなかったのか？　だから、日本に不満があれば、アメリカにぶつければよいという話になる。

　しかし、日本にとってそれは難しい。いまのところ、見た目は日米が共同で中国に対抗する側面が大きく見えるが、もしかすると、「世界のナンバーワン」であり続けたいアメリカは世界第三位の経済大国の日本ではなく、第二位の経済大国の中国と組む気があるのかもしれない。なぜなら、日本に比べると、中国とより多くの責任を共有し、世界規模でともに対処すべき問題がより多いからだ。

　ロシアによるウクライナ侵攻への「不作為」や、イスラム国への介入の「無力感」などからアメリカはもはや世界の警察の役割を放棄したのではないかとまで言われているのが、アメリカの力が衰えた証だと言ってよい。そう考えると、もっとも世界情勢に敏感に反応する日本ながら、「TPP（Trans-Pacific Partnershipの略でアメリカや日本など12ヶ国による環太平洋経済連携協定）加盟要請」をあれだけアメリカ大統領に受けたにもかかわらず動じなかった安倍首相に賛成票を入れたい（注：2010年当時）。

　しかし日本の同盟国＝アメリカへの反発は裏返せば、日米同盟は危ういという見方も成り立つであろう。日本はアメリカから真の「独立」を実現しようとすることは常に日米同盟に傷をつけかねないというリスクをはらんでいる。

　日米同盟は中国の見立ての通り「両刃の剣」である。その意味で日本のみでなく、アメリカの立場はもっと難しい。中国と多くの利益を分かち合いながら、「日米安保第五条は適用される」とそれほど「重要」ではない日本を守り、中国を刺激することはあまりにもスマートな手法ではないのかもしれない。だから、時には同盟国であっても、無用な中国への刺激はやめるようアメリカは日本に注意を促すのである。

　では、日米同盟は形骸化するのか？　正直言って、そういう側面もあろう。しかし、ことはそう単純ではない。なぜならば、アメリカや日本はいまだ共に先進国であり、世界の一極をそれぞれ占めているからだ。また、世界情勢が変われば、日米同盟も変わる。そのため、本稿冒頭に示した通り、日米同

盟はしばらく継続すると思われる。しかし間違いなく、日米同盟はいろいろなチャレンジに直面しているのだ。[25]

2013年11月、中国は東シナ海上空にみずからの防空識別圏（ADIZ）を設定し、これが日本の防空識別圏と重なる部分もあって日本政府が猛反発し、直ちに撤回するよう中国側に求めた。しかしその直後にアジアを歴訪したオバマ政権のバイデン副大統領はADIZに「強い懸念」あるいは「重大な懸念」を示したが、ニューヨーク・タイムズは、見出しこそ「副大統領、防空識別圏で自制を求め」だが、「中国が応じる可能性はないと思われるADIZの撤回を要請することまではしなかった」と伝えた。

アメリカの態度が、日本と一線を画したということだった。アメリカは日本を「支援はする」が、日中紛争には「巻き込まれたくない」というのが本音であろう。アメリカの立場に立ってみれば、それは賢明な選択である。

東シナ海防空識別圏

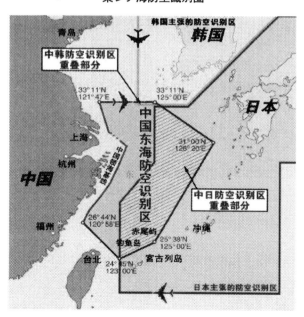

資料：「学者：東海防空識別区恐導致中日対抗昇級」、『僑報網』、2013年11月24日より。

いずれにせよ、アメリカを中心とした世界地図が、急速に変化を遂げている。アメリカが、同盟国や中国に対し発信するメッセージが、変化のなかでさまざまなバランスを求めていることを、バイデン副大統領のアジア歴訪は証明済である。

　日米同盟から踏み出し、日本と中国とのバランスをいかにとるかをアメリカ政府は考えていたに違いない。対して、同盟国日本も「対等な」リアクションをすぐさま示した。安倍首相はバイデン米副大統領に向かって「同盟国」としてアピールし、そして、その直後、アメリカの反対を無視する形で宿願だった靖国神社の参拝を果たした。予想通り、中・韓は直ちに反発し、アメリカも強い調子で安倍政権に「失望」を表明した。2013年12月末だった。

　14年1月30日のニューヨーク・タイムズは社説で、安倍首相に対し、対中政策でアメリカと歩調を合わせるよう求めた。沖縄県・尖閣諸島や靖国神社参拝などをめぐる日中の対立に関し、アメリカ政府は中国と対立しても「得るものはほとんどない」立場だとし、安倍首相に実質的に対中姿勢の変更を促した。

　同紙は安倍首相のインド訪問を取り上げ、インドも日本も中国との間に領土をめぐる争いがあることが共通していると紹介した。インドは2013年、中国と「国境問題に関する自制」に合意したが、日本は中国との領土をめぐる問題が激化しており、首脳会談を開催できずにいると指摘した。安倍首相が「インドを、台頭する中国への強力な対抗力とみている」とも指摘。しかし、インドは日中間の係争に関わらないとし「安倍氏はそのことを理解すべきだ」と警告した。

　2014年にオバマ・アメリカ大統領の日本訪問では、副大統領の「行き過ぎ」もあって、それを意識してか、もっと「同盟国」日本に「思いやりの精神」を示すために、中国の反感を買うことをいとわず、「尖閣諸島は日米安保第五条が適用される」と大統領として初めて明言し、かつてない言質を与えた。しかし「こうした約束は、武力衝突が発生した際にはほぼ間違いなく、ただの口約束だったことが証明されるだろう」と言われている。日本はアメリカに見捨てられる可能性を否定できない。

そして、同年11月にAPEC出席のため、北京を訪れたオバマ大統領は習近平中国国家主席と固く握手し、「米中が共存する地球をともに担い」、二大国の重要性を世界にアピールした。安倍首相は習近平主席との首脳会談実現のため、譲歩はしなかったものの、「領土問題をめぐって双方に異なる主張が存在する」との合意を認めた。

おわりに

戦後、アメリカをはじめとする資本主義陣営とソ連を筆頭とする社会主義陣営間で冷たい戦い、つまり「冷戦」が始まった。当時中国は社会主義ではなかったものの、ソ連陣営に入ったため、ソ連と同じ立場だった。朝鮮戦争で中米は敵味方となった。また、それに関係してか、中国側は日本の独立の象徴となるサンフランシスコ条約にも参加していなかったため、日米同盟に反対する立場をとった。

しかし、国際共産主義運動をめぐる混乱、イデオロギー的違いで中ソ関係が悪化すると、ソ連は中ソ国境地域に百万以上の兵員を常駐させ、中国最大の脅威となった。こうしてソ連の圧力をいかにかわすかが中国の最重要課題になった。一方、アメリカはベトナム戦争から抜け出すため手を尽くし、最終的にベトナムと接する中国に接近した。いずれにしても、1972年2月、アメリカ大統領ニクソンが北京を訪問して、中米の和解が実現した。

われわれは中米和解を通じていろいろなことを悟った。

まず、資本主義国と社会主義国とが手を結ぶことができる。ニクソンはもっとも反共的だったと言われているが、毛沢東も資本主義は＝「悪」と自国民に対して教育していた。にもかかわらず、毛、ニクソンが皮肉にも握手したのだ。冷戦を始めたのは米ソだったが、その歴史を塗りかえたのは中米であった。

次に、日米は同盟国だが、互いに無条件に協力できるとは限らない。

さらに、中米関係緩和に続き、両者の関係が正常化された。そのため、中ソ対立という構図から日中米対ソ連という構図へと変わった。アメリカや日本は中国に肩入れし、中国もそれまでの態度を変えて、日米同盟を容認する

ようになった。

　中国はさらに、日米同盟の矛盾を見落とさず、日米を取り込んで、中国は一つであり、台湾は中国の一部との主張を日米に認めさせただけでなく、日本のODAを引き出し、後の改革開放政策につなぎ、そして中米国交樹立を促した。

　1989年の天安門事件では人権弾圧という名目で先進諸国から制裁を受け、外交的には大きな危機に直面した。また、その直後に東欧革命、ソ連崩壊が続き、中国は大きな試練に立ち向かった。日米同盟は相変わらず世界最強と言ってもいいほど大きなパワーを持ち、中国はそれに毅然と立ち向かうには躊躇せざるを得なかった。

　だから中国は、日本とアメリカとの矛盾や不一致を衝いて、日米同盟にくさびを打ち込もうと努力を惜しまない。日米同盟の「分断」を狙っているのだ。「韜光養晦」、つまり能力を隠して外に出さないという外交方針の出番となった。

　具体的に言うと90年代初頭、中国はまず、台湾との経済関係を強め、また人的交流も強化した。次に、伝統的友好関係にあった北朝鮮を無視する形で韓国と国交を結び、東北アジア情勢はそれにより大きく動き出した。要するに、中国は天安門事件という最大の危機をチャンスに変え、数十年にわたる高度経済成長の基盤を築いたのである。

　それとともに90年代初頭、冷戦構造が解体する中で日米安保体制に変化が見られ、中国の日米同盟への視線も変化した。そもそも冷戦後の中国では日米安保に対する認識はやや複雑なものになっていた。中国は日米安保が日本の"軍事大国"化を阻止する側面がある事実を認識すると同時に、日米安保の矛先が中国に向かうのではないかとの懸念を持つようになったからである。

　実際、90年代以降、アメリカは李登輝（台湾）総統の訪米を認め、その直後、台湾では総統選挙が実施された。中国からすれば、「両岸統一」事業を中止させ、「分裂活動」を行った李登輝を（中国からの）「独立派」として糾弾するため、台湾に向けてミサイル発射もした。

　しかし台湾の行動を支援するかのように、日米は1996年4月に「日米安全

保障共同宣言」に合意し、周辺有事を名目として、中国の内政・台湾問題に干渉した。そして中国のミサイル発射に対抗し、露骨にも域内に航空母艦を派遣した。日米からすれば、両岸間の問題は平和裏に解決されてほしいが、中国からすれば、この際の日米安保再定義や航空母艦派遣は中国を「抑制」し、台湾との統一を「阻止」する以外のなにものでもなかった。

　1992年初頭、中国は鄧小平の「南巡講話」をきっかけに市場経済を取り入れ、二桁の成長を遂げていく。1997年、アジア通貨危機にもかかわらず、中国は人民元の切り下げをせず、世界にその実力を見せた。そして、21世紀に入ってからのWTO加盟を機に、世界の工場、世界の市場へと変身していった。またその後の数年間、中国のGDPは仏、英、独を相次いで超え、2010年、遂に日本を抜いてアメリカに次ぐ世界二位の経済大国となった。中国は世界の表舞台に戻るとともに、その外交方針も「韜光養晦」から「有所作為」へと変わった。

　2014年に入っても中国の言動が注目された。まず、習近平中国国家主席はアメリカに対して「アジア人のアジア」を主張、アメリカが日本・ベトナム・フィリピンなどの国々を利用して中国に対抗させる、いわゆる「アジア回帰」政策をけん制した。

　中国のパフォーマンスは21世紀版「モンロー主義」に過ぎないとする分析もあるが、中国主導のアジアインフラ投資銀行（AIIB）の設立も当初からベトナムやフィリピンを含む数十ヶ国と地域が参加して動き出した。韓国やオーストラリアはアメリカの反対を無視し創始国として踏み切った。ちなみにオーストラリアや韓国は、中国との間ですでにFTAを締結済みである。また、人民元の国際化も確実に進んでおり、中国主導の下、BRICS開発銀行を創設し、上海に本部をおき、インド人を初任頭取に据えた。

　さらに、最近、中国は世界の65ヶ国を含む「一帯一路」（シルクロード経済ベルト、21世紀の海のシルクロード構想）戦略を打ち出している。戦後構築された、世界銀行、国際通貨基金（IMF）――ブレトンウッズ体制といった世界秩序への新たな挑戦である。世界の中国化の可能性も取りざたされている。これはまさしく中国の台頭・再興を象徴する出来事だと言ってよい。

第五章　中国が見た日米同盟

　中国の台頭・再興は日米同盟にさまざまな影響を及ぼすであろう。

　まず、かつて日本も台頭し、世界に大きなインパクトを与えた。しかし日本の台頭は日米同盟の枠組での台頭であった。一方中国の台頭は日米同盟の外での台頭、否、日米同盟をけん制する思惑さえ見え隠れするものだ。価値観や政治体制などの違いもあって、アメリカは常に中国を「競争者」、「潜在的な敵国」とみなしてきた。オバマ政権の「アジア回帰」政策はそれを端的に表している。

　しかしアメリカはIS（イスラム国）との戦い、ロシアのウクライナ侵攻などの懸案に追われている。こうした出来事はアメリカのアジア回帰を疎外しているが、中国にとってまたとない好機となる。

　また、中国の持続的発展とは対照的に、日本は長期的に低迷しており、多くの政治家は中国の「脅威」を感じている。地政学や歴史認識問題など、日本はアメリカ以上に中国を「敵視」「憎み」「恐怖」の感情を持っているのかもしれない。日本は普通の国になろうとしているが、中国など近隣諸国が許さない。21世紀の中国を目前に、日本は毅然として立ち向かうことができるか、それとも中国を「黒船来航」の再来だと認め、もっと違う対処法で中国に向き合うべきか。突破口として私は安倍首相の北朝鮮訪問を勧める。

　一方、中米両国間では、戦略レベルで見ると表面的には大きな不一致が存在し、対立しているように見えるが、経済や環境など多くの分野においては相互依存・補完関係がある。世界は安定した中米関係を必要としている。中米の協力なしには国際関係の枠組みが弱体化する。この点から見ると、アメリカは中国との協力関係を軽率に犠牲にするわけにはいかない。もちろん、中国に関してもしかりである。

　日本は日米同盟により支えられているが、同時に、アメリカの行動にも効果的に制限されている面を見落としてはならない。日米同盟によって、アメリカは日本支援の義務がある。日米同盟は冷戦の産物だが、冷戦終了後、アメリカは同盟政策を強化し、世界の覇者としての地位を永遠に占め続けようとしている。しかしアメリカは同盟強化、同盟による利益の共有と同時に、同盟による大きなコストをも負担している。同盟国が他国の脅威を受けた場

合、アメリカは同盟国の側に立たなければならない。アメリカがそうしなければ、同盟体制の解体、世界の覇者としての地位の喪失を意味するからだ。それだけアメリカは難しい立場に立たされているのだ。

　中国は多くの問題を抱えながらも台頭・再興してきた。「有所作為」(なすべきことはなす)が「韜光養晦」(自分の能力を隠して外に出さない)にとって代わったという外交の転換はこれを端的に表している。

　2013年、中国は日米の反発を尻目に東シナ海においてみずからの防空識別圏を設定した。同時に、東シナ海や南シナ海もチベットや新疆や台湾と同じく、「核心的利益」に該当すると言明した。日本やアメリカはそれに対抗するために、みずから前面に出るか、ベトナムやフィリピンなどを支援して中国と拮抗させており、周辺地域を不安定化させているのだ。

　習近平中国主席は2013年就任早々「中国の夢」の実現を誓い[27]、「歴史上、これほど夢に近い時期はかつてなかった」とまで口にした。同じころ、再び登板した安倍首相は「日本を取り戻す」と口にし、いまは長期政権の様相も呈している。同時に、オバマ大統領は「アメリカは世界のナンバーワンであり続けたい」と強気だ。

　では、日米同盟をはじめとする民主主義勢力は引き続き世界を支配するのか。それとも中国がさらに台頭・再興して、新たな世界秩序を構築するのか[28]。あるいは日中米などの協力が求められるのか。世界の将来がかかるこの大問題の解決法がまもなく示されるであろう。

（本稿は2010年9月10日に千葉市文化センターにて行った「中国が見た冷戦終結後の日米同盟」というタイトルの講演に大幅に加筆したものである。）

注
1 ）高木誠一郎「冷戦後の日米同盟と北東アジア――安全保障ジレンマの視点から」、『国際問題』474号、1999年；杉浦康之「ブリーフィング・メモ　中国から見た日米同盟体制―歴史的経緯と現状―」、『防衛研究所ニュース』、2011年1月号（通算150号）；朝日新聞シンポジウム「中国の台頭と日米同盟」討論3　中国の視点など、http://www.asahi.com/sympo/1129/06.htmlと青山瑠妙著『中国のアジア外交』東京大学出版会、2013年などをも参照さ

れたい。次のインタビューはとくに一読に値する。石田哲也「寺島実郎氏に聞いた！これからの『日米中』関係はどうなりますか」2014年6月17日、http://news.mynavi.jp/articles/2014/06/17/terashima/。

2）サンフランシスコ平和条約は1951年9月、サンフランシスコ会議の最終日に、日本とソ連等を除く旧連合国49ヶ国との間に調印された講和条約。正式には「日本国との平和条約」であり、条約の最大の特徴は、日本の個別的・集団的自衛権を承認し、日本の再軍備と外国軍隊の駐留継続を許容した。その後日本の再軍備は「自衛隊」、集団的自衛権と外国軍隊駐留継続は、本条約調印後の同日に調印された「日米安保条約」として具現化した。

3）デジタル大辞泉の解説などを参照されたい。

4）「日ソ中立条約」は1941年4月に調印された日本とソビエト連邦間の中立条約。日本外相松岡洋右、駐ソ特命全権大使建川美次とソビエト連邦外務人民委員（外相）V.M.モロトフとがモスクワで調印した。1940年7月に成立した第2次近衛文麿内閣の松岡外相は、第2次世界大戦が独伊の枢軸側に有利に展開しているうちに日独伊三国同盟を結び、ついでドイツのあっせんによって日独伊ソ四国協商を成立させ、四国協商の圧力でアメリカにアジアから手を引かせて日中戦争を解決し、同時に南進政策を有利にすすめるという独特の構想をいだいていた。日本はこの条約により南進政策を進めた。1945年8月、ソ連の対日参戦により失効。

5）「中ソ友好条約」は1945年8月にソ連と国民政府の間で結ばれた条約。同年2月のヤルタ協定がソ連の対日参戦にともなう中ソ関係を規定した結果、訪ソした宋子文との間で締結された。日本軍国主義の復活に備え両国が30年間同盟を結ぶとの内容。「中ソ友好互相援助条約」は1950年1月には中国の周恩来首相も会談に加わり、1950年2月ようやく、毛沢東、スターリン両首脳立会いの下に、期限30ヶ年、全文6ヶ条から成る〈中ソ友好同盟相互援助条約〉の調印が行われた。この条約は、4年前の1945年8月の日本降伏直前、ソ連と中国（蔣介石政権）の間に締結された〈中ソ友好同盟条約〉を改定、継承したもので、旧条約と同様に第1条で、日本あるいは日本と結びついた外国によって中ソいずれかの国が侵略を受けた場合、相互に〈全力で軍事その他の援助を与えること〉を約している。また条約とともに、中国長春鉄道（旧満鉄）、旧条約以来ソ連が租借していた旅順、大連の返還、ソ連の対中経済援助などの諸協定が結ばれた。

6）「日華条約」は1952年に日本と中華民国の間で結ばれた平和条約。正式名称は〈日本国と中華民国との間の平和条約〉で、4月台北で調印され、8月発効した。サンフランシスコ講和会議の準備にあたり米、英両国は中国の

代表権が中華民国政府、中華人民共和国政府それぞれにあると判断、1951年6月のロンドン会談でサンフランシスコ講和会議へはいずれも招待せず、会議後日中の2国間で平和条約を締結させ、その際いずれの政府を選ぶかは日本政府の判断にゆだねる妥協を行った。1972年の日中共同声明で、中華人民共和国政府を中国唯一の合法政府として承認したため失効。

7）田中明彦「日米安保条約」、天児慧他編『岩波現代中国事典』岩波書店、1999年、983ページ。

8）同上。

9）米華相互防衛条約は1954年、アメリカと中華民国政府が結んだ条約。第三国が台湾を攻撃した場合、これは両国の安全を脅かすものとし、台湾を両国が共同で防衛することを定めた。外務省（日本）公開文書「田中総理・周恩来総理会談記録」1972年9月25、26日、http://www.ioc.u-tokyo.ac.jp/~worldjpn/documents/texts/JPCH/19720925.O1J.html。

10）伊藤正著『鄧小平秘録』下、産経新聞社、2008年、109〜110ページと同上巻、156〜158ページ。また、銭其琛著・濱本良一訳『銭其琛回顧録―中国外交20年の証言』東洋書院、2006年、162〜177ページをも参照されたい。

11）なぜアメリカは表舞台で中国を制裁し、水面下では中国に妥協を求めたか。これについて次のような指摘がある。（1）ソ連が中国カードを握ればアメリカに不利（2）核拡散防止で中国の協力が必要（3）強大で安定した中国は東アジアにおけるソ連、日本などの影響力とのバランスをとるのに有利（4）アジア太平洋地区での中国の役割の重要性（5）将来巨大になる中国市場を確保する必要性（6）21世紀に軍事大国化する中国を敵にしない（7）地球規模の環境問題などでの協力が重要。王泰平氏ら編「新中国外交50年」北京出版社、1999年。

12）日中米の3ヶ国の関係についてはヴィタク—・D・チャ「アジアのアーキテクチャにおける安全保障のジレンマ」、猪口孝他編『現代日本の政治と外交　2　日米安全保障同盟　地域的多国間主義』原書房、2014年、192〜220ページを参照されたい。

13）「必要なアジアの防衛強化」、『WSJ』、2014年9月15日社説を参照されたい。

14）前掲『岩波現代中国事典』、983〜984ページ。前掲岡田充「研究報告　台湾海峡の『現状維持』とは何か——反国家分裂法にみる中国の姿勢変化——」、『政策科学』、2005年10月、13-1、168ページ。

15）第一列島線とは米ソの冷戦が終結した1990年代以後、中国政府が推進している海洋戦略構想、という言い方もある。かつて、中国軍は長大な国境線を接するソ連への備えから、戦力整備も陸軍・空軍が中心となっており、

海軍のそれは沿岸防備レベルに留まっていた。しかし、1991年のソ連崩壊にともなう米ソ冷戦の終結とそれにともなう米ソ接近により、中国の「仮想敵国」は日本と台湾、それを支援するアメリカへと代わり、その備えとして本構想が誕生した。「航空軍事用語辞典」より。

16) 「なぜ日本は中国艦隊の公海上での訓練に敏感になるのか」、『人民網日本語版』2010年7月7日。

17) 『朝日新聞』2008年5月6日。第四章をも参照されたい。

18) Martin Jacques, When China Rules The World, Second edition published in Penguin Books, 2012, PP.489-560. また、日本語版（マーティン・ジェイクス著、松下幸子訳）『中国が世界をリードするとき』上下、エヌティティ出版、2014年をも参照されたい。なお、北京コンセンサスについての研究はハルパー他著、園田茂人他訳『北京コンセンサス——中国流が世界を動かす？』岩波書店、2011年を参照されたい。いうまでもなく、これには異論もみられる。Jonathan Fenby, Will China Dominate The 21st Century? Polity Press, 2014, PP.101-126 & China's Future, By David Shambaugh. Polity, 2016 と The Once and Future Superpower, Why China Won't Overtake the United States by Stephen G.Brooks and William C.Wohlforth, Foreign Affairs, May/June 2016などをも参照されたい。

19) 「逾9成中国受訪網民認為日美強化同盟威脅中国」、『环球網网』、2010年1月20日。

20) 「外交部、釣魚島への日米安保条約適用に断固反対」、「人民網日本語版」2014年4月24日）というのが中国政府の主張である（http://j.people.com.cn/94474/8608276.html）。

21) 中国の対日方針については劉江永「中国の対日方針とその国内的背景」、猪口孝他編『現代日本の政治と外交5　日本・米国・中国　錯綜するトライアングル』原書房、2014年、183〜209ページを参照されたい。

22) 日本が普通の国になるには二つの条件が必要だと中国側は言っている。それは「正しい歴史認識と国際社会に理解されること、アメリカの束縛から抜け出して、独立、自主的、平和を堅持すること」という。張蘊嶺「中国周辺地区局勢和中日関係」、前掲『中日熱点問題研究』、150ページ。また、添谷芳秀他編著『普通の国　日本』千倉書房、2014年、101〜135ページなどをも参照されたい。

23) 矢吹晋著『チャイメリカ：米中結託と日本の進路』花伝社、2012年と孫崎享『日米同盟の正体―迷走する安全保障』講談社現代新書、2009年などをも参照されたい。

24) 時殷弘はアメリカにとって日本に比べると中国の方が重要だと指摘している「日本政治右傾化和中日関係的思惟方式及戦略策略問題」、前掲『中日熱点問題研究』、202ページ。
25) 何思慎「"美日同盟"与安倍的権力危機」、香港『信報』2014年4月23日を参照されたい。
26) ヒュー・ホワイト著、徳川家弘訳『アメリカが中国を選ぶ日』勁草書房、2014年、147～168ページ；福田潤一「日本は米国から『見捨てられる』のか」、JBPRESS, 2014年12月26日などをも参照されたい。また、1970年代初頭に行われた周恩来・キッシンジャー会談の内容からも分かるように、日本に対する認識は中米ともに厳しい。毛里和子他『周恩来　キッシンジャー機密会談録』岩波書店、2004年、193～200ページを参照されたい。
27) 劉明福『中国夢-後美国時代的大国思惟与戦略定位』中国友誼出版社、2010年などをも参照されたい。
28) Henry Kissinger, World Order, Penguin Press, NewYork, 2014, PP.180-191；『キッシンジャー回想録中国』下、岩波書店、2012年、530～574ページ；中園和仁編著『中国がつくる国際秩序』ミネルヴァ書房、2013年、227～244ページなどを参照されたい。

書評1　伊藤正著『鄧小平秘録』を読む

　21世紀に入って、日中関係はさらに複雑な様相を呈している。グローバル化もあって、経済的には相互依存関係が深まる一方、食品の安全や東シナ海ガス田開発、知的財産権などが示したように、両国関係は多くの問題を抱えている。台頭してきた中国を「チャンス」と捉えるか、あるいは「脅威」と捉えるかは意見の分かれるところだが、筆者は、それ以前に中国とは何なのかという基本的な問題を見つめなおす必要があると考える。伊藤正『鄧小平秘録』（上下巻、扶桑社、2008年。以下は『秘録』と記す）は、その一つの答えになると思われるので、以下で本書の内容を紹介しつつ、評価をしたい。

　『秘録』の構成は次の通りである。『秘録』」は「天安門事件」、「南巡講話」、「文化大革命」（以上、上巻）、「第二革命」、「最高実力者」、「"先富論"の遺産」（以上、下巻）の六部から構成され、著者は産経新聞社中国総局長（当時）の伊藤正氏である。氏は17年に及ぶ中国滞在の経歴をもつベテラン記者であり、中国に関する著書を何冊も出版している中国問題のエキスパートである。ちなみに、筆者が翻訳した『秘録』の中国版『晩年鄧小平』は、2009年に新東方出版（香港）有限公司より出版された。

第一部は「天安門事件」について言及している。1980年代に進められた改革開放政策が、中国の経済体制のみならず政治体制の改革にも広がっていく中で、経済改革にともなって生じた深刻な矛盾を背景に、さらなる民主化を要求する学生、知識人などと共産党独裁体制の堅持を強調する党指導部とが対決し、後者の軍事力行使によって前者を鎮圧して決着をつけた。これが天安門事件（第二次天安門事件。第一次天安門事件は1976年に周恩来を追悼することを理由に、文化大革命〈以下「文革」と記す〉推進に協力した毛沢東夫人江青ら四人組批判を行った運動である）である。これによって、趙紫陽総書記は失脚し、政治改革の試みも挫折した。

　今日の中国人が鄧小平を支持するのは、改革開放を推進し、国民を毛沢東思想のくびきから解き放ち、豊かさと自由をもたらしたことにある。80年代には、経済や社会に急激な変化が起こり、人々の意識や思想にも欧米志向が強まった。しかし鄧小平はそれが一党体制批判に発展すると、四つの基本原則を盾に保守派と手を組み弾圧した。

　四つの基本原則は社会主義の道、プロレタリア階級独裁、共産党の指導およびマルクス・レーニン主義と毛沢東思想の四項目のことで、鄧小平が1979年に堅持すべき原則として打ち出したものである。鄧小平が守ろうとしたのは、政治権力から生活上の特権まで、地位に応じて享受するピラミッド型党支配制度にほかならない。胡耀邦死去をきっかけに始まった学生運動が、民主化要求とともに「腐敗反対」を掲げたのはそのためだったが、鄧をはじめとする長老や李鵬首相ら保守派政治家は党体制の転覆を目指す挑戦と受け止めた。天安門の悲劇は、趙紫陽が学生らを支持した結果、運動が権力闘争に巻き込まれたことにあった。

　第二部は南巡講話である。天安門事件は70年代末以来の改革開放路線の後退を余儀なくさせた。保守派による学生運動の武力鎮圧は西側先進諸国から人権侵害との批判を招いた。そして海外からの投資や経済協力は激減した。東欧諸国とソ連の社会主義政権の崩壊も共産党の危機感を募らせ、保守派の台頭によって生じたものだった。こうした情勢を打開するため、鄧小平は1992年1月から2月にかけて、武昌、深圳、珠海、上海を視察し、南巡講話

を行い、みずから改革開放政策の拡大と加速を訴えた。その主な内容は、保守派（江沢民も含む）によるイデオロギー優先の論議を批判、計画経済＝社会主義ではなく、資本主義にも計画はある、市場経済＝資本主義なのではなく、社会主義にも市場がある、計画と市場はともに経済手段であるとし、「姓社姓資」、つまり社会主義か資本主義かのいずれかが正しいのかという論議を否定し、また「右」の脅威よりも「左」からの脅威を防ぐべきだと主張した。また、社会主義の目的を生産力の発展に有利かの是非の判断にすべきだと強調した。加えて、改革開放は大胆にやり、チャンスをつかめと主張し、発展こそ絶対的道理だと号令した。

この講話をきっかけとして保守陣営は総崩れになり、中国では空前の経済ブームが始まった。1992年、第14回党大会が開かれ、「社会主義市場経済」という新たな路線を打ち出した。鄧小平の人生をかけた南巡講話は中国飛躍への革命的一歩だったが、深刻な矛盾の出発点でもあった。

第三部では「文革」について言及している。毛沢東が1966年に発動した文革において、鄧小平は劉少奇国家主席に次ぐ「走資派（資本主義の道を歩む実権派）ナンバー2」として失脚した。「十年の動乱」と呼ばれた文革は中国と中国国民に多大な損害をもたらしたが、その体験は、近代化建設へのエネルギーを生み出した。鄧の近代化へのあくなき追求も文革での受難が原点になっている。

林彪事件後[1]、病気だった周恩来に代わり、毛沢東の許可の下で、下放労働に服していた鄧小平は復活を果たした。しかし、江青など文革派の矛先がついに鄧小平に向けられていた。

ポイントは文革の評価だった。1975年11月、毛沢東は復活幹部について（三国時代の）「魏や晋はおろか漢があったことも知らない桃源郷にいる人物がいる」と話す。それを聞いた鄧小平は「自分は文革期、（初期に打倒され）桃源郷にいた人物であり、魏や晋も漢も知らない」と語った。それは、またしても鄧の失脚が事実上決まった瞬間だった。「鄧小平は毛主席の決心が下された以上、辞めるほかないと言った。その後、彼は副首相の紀登奎、李先念、華国鋒らに、自分を批判し地位を守るよう命じた」。

その時、鄧小平は、妥協を重ねた周恩来の道ではなく、失脚の道を選択したのだ。それだけでなく、老衰著しい毛沢東以後に再起をかけたに違いない。「時代は我にあり」と確信を抱きつつ……。第一次天安門事件は鄧小平の失脚で幕を閉じた。1976年9月、毛沢東が死去し、四人組（文革を推進、政治局入りしたが、毛後の権力闘争に敗れて失脚した江青、張春橋、姚文元、王洪文の文革4人組に対する蔑称）は逮捕され（同年10月）、10年に及ぶ文革は終焉を告げた。

　第四部は「第二の革命」である。毛沢東の権力を引き継いだのは華国鋒だった。しかし、華は過渡的な人物にすぎず、独自の考えをもたなかった。彼は、毛沢東の決定、指示はすべて正しい、という「二つのすべて」を信じていた。これは、華国鋒はじめとする文革で地位を得た既得権層の必死の防衛策にほかならなかったが、逆に政権への疑問を生み、反対派を勢いづける結果を招いた。

　結果を先どりしていえば、それは鄧小平の復活を意味しており、改革開放政策の実施につながるものとなった。このときすでに74歳であった鄧小平は、中華再興のため現代化への転換を急いだ。鄧の改革開放は、毛沢東もマルクスも仰天しそうな斬新な理論とアイデアを含むものであった。保守派と妥協しつつ鄧はそれを貫き通し、今日の中国の発展を導いたのである。人はそれを「第二の革命」と呼ぶ。

　第五部は「最高実力者」について触れている。毛沢東は死ぬまでトップの座に居続けた。鄧は常に行政の長ではなかったが、しかし実際に毛沢東と同様、中国の実権を握った。胡耀邦や趙紫陽、江沢民といった共産党の総書記が次々と代わったが、改革開放の方針は変わらなかった。したがって、まぎれもなく中国の最高実力者の地位に君臨していた。

　1979年1月の中米国交樹立と鄧小平訪米は、中国を変え、世界も変える起点になった。西側の盟主、アメリカの対中進出は日本をはじめ各国に安心感を与え、対中貿易、経済協力や対中投資を促す副次的効果をもたらした。また、1978年10月に締結された日中平和友好条約の批准書交換式に出席するため、鄧小平は初めて日本を公式訪問し、日中友好ムードを巻き起こした。こ

れは後の経済発展に役立った対中ODAにつながった。

　第六部は鄧小平の遺産である。中国は鄧小平による改革開放の恩恵を受け、現在米、日に次ぐ世界三位の経済大国となり、外貨準備高も世界一となった。また、中国は経済力を基礎に政治力、軍事力、外交力のプレゼンスも大きくなる一方である。その半面で経済改革は行うが、政治改革は遅れ、格差の拡大、汚職、環境問題、知的財産権、台湾問題などを抱えるようになった。このように鄧小平の改革開放はさまざまなひずみをもたらし、今日の胡錦濤・温家宝政権に引き継がれている。これらの問題は中国共産党に突きつけられた大きな課題である。

　以上、『秘録』の内容を紹介したが、次に『秘録』について筆者なりに若干の評価を行いたい。

　第一に、『秘録』は豊富な資料に基づき、著者が渾身の力を注いで書き上げた力作である。

　『秘録』は、福建、山西などの現地取材だけでなく、中国大陸、香港、台湾、アメリカ、日本などで出版された大量の回顧録、研究書などの豊富な資料を参考にして書かれたものだ。さらに、「博訊」「RFA（ラジオ自由アジア）」といったインターネットサイトも活用したと思われる。著者によれば、『秘録』を書くために参考にした単行本だけで800冊にのぼったという。『秘録』は豊富な最新資料を基に書かれた力作であり、それなりの「学術的価値」を有している。

　第二に、読みやすく、興味深い内容である。

　分析が鋭く、文字を巧みに操る著者の高度な文章能力がいかんなく発揮されている。『秘録』は文字通り、多くの「秘録」も「暴露」し、読者に本を読むことの楽しさを味わわせ、また生き生きとした中国を思い起こさせる。

　『秘録』は、鄧小平を中心に扱っているが、しばしば毛沢東と比較することによって、鄧小平という人間の性格がより明確に打ち出されている。

　たとえば、「文革中に不当な仕打ちを受け、悔しい思いをしたにもかかわらず」、鄧は「心の中で毛沢東を尊敬し、毛沢東がいなければ、共産党も新中国もなかった」と考えていた。このように本書は、毛沢東と文革とを区別

する鄧小平の考え方を理解するうえで大いに役に立つ。

また、「毛沢東天才論」とは『毛沢東語録』再版の前書きにある「毛沢東は天才的、創造的、全面的にマルクス・レーニン主義を継承、保衛し、発展させた」に由来する。多くの中国人は前書きを書いたのは林彪であったと考えている。

しかし、『秘録』は異なる見解を示している。それによると、周恩来元首相が「三つの副詞を提起したのは、林彪ではなく鄧小平なのだ」と述べている。こうして鄧小平の毛沢東崇拝の一端を見ることができる。

また、周恩来と鄧小平の人物像に関する分析も鋭い。

「周恩来は失脚しなかったが猜疑心と嫉妬心の強い毛沢東の下で自尊心を傷つけられ、ぼろぼろになっていく。周恩来の侍医だった張佐良によると、1975年夏、周が入院中の軍病院で、李先念副首相らを交え、身辺の人たちと記念撮影をしたとき、周が叫んだという。これが君たちとの最後の写真だ。将来、私の顔に『×』をつけないよう希望する。『×』は反革命分子の印だ。それが、紅衛兵とともに『毛沢東語録』を高く掲げ、毛主席万歳を連呼、江青の面罵にも耐え、毛沢東の忠僕であり続けた周恩来の、死を間近にした叫びだった」。

一方、鄧小平は失脚後も「楽観的で希望を失わなかった。毛沢東への尊敬を失わず、毛もそれを知っていた。毛沢東と鄧小平——現代中国二人の『皇帝』の絆と葛藤が織りなした文革に今日の中国の原点がある」。

鄧・周二人の違いをはっきりとさせたエピソードである。

権力闘争に関する説明も関心をそそるものがある。いわく、中国改革開放年代の政治闘争において鄧小平と陳雲は「直接対決をしたことはなかった。改革開放の欠陥が生じる都度、保守派の批判の矛先は鄧本人ではなく、鄧の代理人に向けられ、鄧もまた代理人批判の列に加わるパターンだった」と説明し、毛沢東時代の「ツルの一声」とは違う80年代における中国の政治情勢を理解することが可能となっている。

第三に、多くの新たな知見も得られた。

たとえば、中国では四人組がクーデター計画や幹部および大衆の迫害など

の罪状によって裁かれ、刑務所に収監された、というのがこれまでの「常識」であった。

　しかし『秘録』は杜修賢（中南海御用達の新華社カメラマン）が出版した著書『共和国紅鏡頭』（中共党史出版社、2007年）という新たな資料などを引用し、「四人組に奪権陰謀はなかった」という結論に至り[6]、いわゆる常識を覆し、新しい観点を打ち出した。

　また、反日教育を受けた「江沢民チルドレン」と呼ばれる世代の登場は、「政権の理性的対日政策を妨げ、共産党の権威を損なう一因にもなっている」と分析しているが[7]、事実その分析は的中している。

　さらに、中国とアメリカ、日本、韓国の三国との関係からもわかるように、国家間では政治問題は時には経済発展を促すこともある[8]、という指摘も適切である。

　加えて中韓国交の樹立の影響について次の説明も傾聴すべきである。1992年「8月24日、中韓は国交を樹立、台湾は韓国と断交した。金日成は94年に死去し、後継者の金正日が2000年5月に訪中するまで、中朝トップ交流は途絶えた。その間、中国は北朝鮮支援を続け、北朝鮮は、核を含めた軍事力増強に全力を挙げ、2006年には核実験を強行した。その背景は複雑だが、鄧が導いた中韓国交がきっかけになったのは否定できない[9]」。

　いずれにしても、『秘録』は著者の数十年にわたる現代中国研究の集大成であり、一読に値する良書である。

　いうまでもなく、『秘録』は再考すべきところも何ヶ所かあった。

　第一に、権力闘争は一本の赤線のように、『秘録』を貫き、終始している。たとえば、『秘録』では、鄧小平は改革派、陳雲は保守派、華国鋒はすべて派であり、他には左派、新左派なども随所あった。権力闘争という視点からいえば、当たり前のことである。しかし、現に、改革派の鄧小平ですら、著者に指摘されたように、保守派という側面もあり、保守派の重鎮と言われた陳雲も経済特区に行ってないからといって改革に反対であったという単純な構図ではないと筆者は分析する。つまり、著者は、色眼鏡で中国を見ているという気がしてならない。

次に、著者は『秘録』は「鄧小平伝記ではなく、中国現代史である」と位置づけている。中国現代史であるならば、中国人口の大半を占める農民、そして広大な農村地区、さらに農業のいわゆる「三農問題」が極めて重要な位置を占めていると誰しも考える。しかし、残念なことに、『秘録』はほぼ都市の問題に終始し、農村については政治と関係のある部分のみ取り上げただけである。

　たしかに、中国は現在「世界の工場」と呼ばれ、工業国としての顔をもたないわけではない。しかし、忘れてならないのは、中国は依然として農業国であるという事実である。それゆえ、都市ではなく、もっと農村に重きをおいて語ってもらいたかった。

　次に、『秘録』はある程度の紙面を割いて、日中関係も論じている。とくに、歴史認識問題やODAについて問題提起している。しかし、偏っていると思わせる箇所が散見される。

　たとえば、歴史問題に関して、『秘録』は毛沢東の言葉を引用している。

　「1964年7月に、佐々木更三ら社会党系五団体訪中団との会見で、次のように話した。日本の友人が皇軍の侵略を謝ったので、私はそうではないと言った。もし皇軍が侵略しなかったら、中国人民が団結し立ち向かうことも、共産党が権力を握ることもなかったのです」

　日本人に対して、以上の話は有名だったらしい。しかし、一方、中国人に対して、毛沢東は『毛沢東選集』を学ばせていた。文革時代に小学校・中学校で教育を受けていた筆者が読んだ四巻本『毛沢東選集』のうち、抗日戦争に関する内容はおよそその半分を占める。そこから出てきた「皇軍」は感謝の対象ではなく、罵倒される敵そのものだった。

　また、『秘録』は江沢民政権時代の「反日」の責任をも追及している。たしかに江沢民はあまり人気がなく、とくに日本ではそうである。1998年に国家主席として訪日した際に、歴史問題を執拗に提起し、「説教」したため、日本の反感を買ったからである。

　さらに、『秘録』は続ける。「歴史問題の復活は、鄧が政治とのかかわりを避けた93年からだった。江沢民政権は愛国主義教育の普及を正式に打ち出し、

抗日戦争記念館を各地に建設していく」という[12]。

　この時代、日中間の歴史問題はたしかに天安門事件と関係が深く、「天安門事件で失われた党への求心力回復に、抗日戦争における民族の団結と共産党の貢献を宣伝する狙い」があった（同上）。しかし、すでに述べた通り、この歴史問題は根深い。いくら江沢民が中国のトップであっても、彼だけで日中関係を全面的に悪化させる力があったとは思わない。また、21世紀に入ってから日中関係が悪化した理由は、小泉純一郎元首相の靖国神社参拝との関係も無視できない。たとえ、日中関係がギクシャクした責任の大半が中国側にあったとしても、日本側の事情に触れないのは、やはりアンフェアであり、建設的ではないといわざるを得ない。

　最後に、中国の政治体制が鄧小平の遺産として取り上げられている。『秘録』は共産党独裁を堅持し、政治体制改革を行わないと批判した。これまで西側が主導してきた近代化という視点から見ると、当然の問題提起である。しかし一方、中国の台頭はもはや経済のみで収まらない現状を見てみると、違う視点からアプローチすることが求められているのかもしれない。

　いわゆる欧米化、あるいは近代化という視点から中国の政治制度を批判する傾向が強いが、長い歴史を関連付けて中国の政治体制を分析する研究者が少ないように思われる。日本の中国研究は「あまり当たらない」という中国専門家権威の冷徹な言葉からも分かるように、われわれは性急に結論を得ようとすべきではない。換言すれば、鄧小平時代の中国に限って研究すると、そこには限界がある。やはりそれ以前の中国史、とくに秦の始皇帝に始まる歴史を踏まえて研究を進めて行く必要がある。さもなければ、従来の研究に似たような過ちを再び犯しかねないだけでなく、中国への展望も危うくなると思われる。

注

1）林彪事件　毛沢東の後継者に選ばれながらも、国家主席問題で毛に批判された林彪国防相ら軍人グループが1971年毛暗殺に失敗してソ連逃亡を図り、モンゴルで墜死した事件。
2）『鄧小平秘録』上巻、243ページ。
3）同上巻、244ページ。
4）同上巻、246ページ。
5）同上巻、45ページ。
6）同下巻、34〜38ページ。
7）同下巻、260ページ。
8）同上巻、264ページ。
9）同上。
10）同下巻、280ページ。
11）同下巻、258ページ。
12）同上巻、259ページ。

書評2　エズラ・F・ヴォーゲル著『鄧小平と中国の変革』を読む

一、エズラ・F・ヴォーゲル『鄧小平と中国の変革』

　今日の日中関係は「相互けん制」という側面があるように思う。例えば、中国は自身が台頭してきたため尊重してもらいたい。しかし、日本はそれを素直に認めようとしない。それだけでなく、日本は中国の「強引な」海洋進出を「口実」に新たな安保法案を通し、日米軍事同盟を強化し、フィリピンやベトナムと組んで、中国を抑えようとしているようにみえる。

　それと同時に、日中両国民の相手国への好感度が下がり続け、それぞれ1割未満か3割未満となっている（2016年夏の調査）。したがって、両国間で「戦略的互恵関係」の構築どころか、かつて温かかった経済関係も水を差したように後退しているという動きも出るほど冷めているのである。また、このたび、国連ユネスコの南京大虐殺記憶登録をめぐる日中のあつれきにしても、インドネシアの高速鉄道をめぐる日中の熾烈な競争にしても、日中関係の現状は相互けん制という特徴が強いように思われる。

　そういうなかで、一般的に言うと、中国人の意見が中国に傾く傾向があるのに対して、日本人の考えは日本に偏る傾向がある。そこで、第3者の意見を聞くべきだという考えがある。私はその第3者というものがアメリカなのかそれともロシアなのか、つまり国や人によって考えはずいぶん異なると思う。したがって、第3者だからといっていわゆる中立的立場に立って意見するとは限らない。とはいえ、第3者なので、比較的に客観的にものを見ることができよう。これに相応しい人物の一人はアメリカ人エズラ・F・ヴォーゲル氏である。

　エズラ氏は今から約40年前に『Japan as No.1』というタイトルの著書を出版したため、日本でもよく知られる人物である。[1)]

一方、ここ50年間をかけて、エズラ氏は中国など東アジアを研究し、専門書を数冊出版している。

　このたび、エズラ氏の中国研究の集大成とでも言うべき著書に出会った。Ezra F Vogel, Deng Xiaoping and the Transformation of Chinaである。日本語版はこのたび出版されたが、その前に、中国語版も発行されている。ちなみに、この本は中国でもベストセラーとなり、大きな話題になっている。

　以下は、エズラ氏の著書のあらすじを整理したい。

二、『鄧小平と中国の変革』のあらすじ

　本書は6部24章から構成される。

　第1部は、鄧小平は「革命家から建設者へ、そして改革者へ」という鄧小平の生い立ちを整理し、1904年の生誕から1969年までの経歴を述べる。

　第2部は「追放と復活」と運命に翻弄されながら、力強く不遇を乗りこえ、「毛沢東の下での秩序回復」、「毛沢東の下での前進」、そして「毛沢東時代の終焉を傍観」しながら、「華国鋒の下」での再び復活を果たしたことを経て、「最高指導者にのぼりつめた道」を述べる。

　第3部は「谷牧の西欧視察」、「1978年の三中総会などの転換点」、「民主の壁の閉鎖」と「四つの基本原則」の設定、ソ連・ベトナムの「脅威」と「中越戦争」、「訪日と日本への門戸開放」、「訪米とアメリカへの門戸開放」、「毛沢東時代との決別」、「政権の船出」といった史実などからなり、「鄧小平時

代の始まり」を述べる。

　第4部は鄧小平の「統治技術」を皮切りに、広東と福建の「経済特区」の実践、経済調整と農村改革、「郷鎮企業」、経済発展と対外開放の加速、中ソ改革の比較、一国二制度——台湾（台湾との統一への努力）、香港（主権回復）、チベット（亡命政府との接触）、中国軍現代化への努力、学生運動と胡耀邦の失脚、精神汚染とブルジョア的自由化反対などから、「鄧小平時代」を述べる。

　第5部は「北京の春」、「ゴルバチョフの訪中」、中国指導部の「分裂」（趙紫陽と李鵬の確執）、「戒厳令布告と民衆弾圧」、「天安門の悲劇」、「江沢民への権力移譲」、東欧・ソ連の社会主義体制の「崩壊」、「愛国主義教育」の実施、逆風の中での有終の美——「南巡講話」などからなり、鄧小平時代への「挑戦」を述べる。

　ちなみに、第3部から第5部までは本書の最重要部分だと思われる。

　第6部は結論に当たる部分で、中国の変革を通して鄧小平の歴史的位置づけを述べる。

三、鄧小平は中国公司の「総経理」だ

　さて、著書を読んだ感想などをいくつか述べておこう。

　まず、著書は広く読まれたこと。『鄧小平と中国の変革』は中国語簡体版と繁体版が発行され、中国でも広く読まれており、ベストセラーとなった。繰り返して恐縮の極みだが、私はかつて伊藤正氏が書いた『鄧小平秘録』を中国語に翻訳した[5]。この『鄧小平秘録』は日本の読者を対象に書かれた書物で、2008年に日本でやはりベストセラーとなった（2009年日本記者クラブ賞）。『鄧小平と中国の変革』はアメリカの読者を対象に書かれたもので、自国読者が対象ということは前掲伊藤著書と同様である。

　しかし、『鄧小平秘録』は出版直後から中国当局に「禁書」と指定されたようで、中国大陸で簡体版の出版どころか、ようやく香港で出た繁体版もやはり禁書とみなされ、ネット上にある関係する情報もほぼきれいに削除され続けているのである。寂しい限りだ。一方、エズラ氏の著書は中国では大変好評で何十万部も売れているという。なぜこのような差が出たのか不思議で

ならない。

　次に、『鄧小平と中国の変革』は「中国人みたいな外国人が書いた本」で、『鄧小平秘録』はそうではない。たしかに、中国政府はネット上にある不利な情報を常に削除している。言論統制である。また『鄧小平秘録』に「天安門事件」つまり中国指導部にとって都合の悪い事実が多数暴露されたため、禁書にされたと考えられる。

　なお、代表的な日本人の中国専門家の間では、中国で資料を探すのにかなり苦労をするという話もよく耳にする。したがって、中国は「地獄」だと言う研究者もいる。

　しかし、エズラ氏も立派な外国人である。また天安門事件のことも避けることなく書かれており、穏やかな表現ながら分析も行われ、批判もある。[6]『鄧小平と中国の変革』の前書きを読めばわかるように、エズラ氏はこの本を書くのに百人以上の中国人にインタビューをしていた。つまり、中国人の協力者が大勢いた。筆者からすれば、エズラ氏は資料を収集するために、中国に何回も足を運んで、訪中はエズラ氏にとって「地獄に落ちる」のではなく、「如魚得水」であったように思う。[7]

　一方、『鄧小平秘録』のまとめにも多くの中国人の協力者がいたはずだが、名前さえ出ていない。お礼として協力者に本を贈るのに、著者は大変苦労したことは想像に難くない。エズラ氏は著書のなかで鄧小平の統治手法を「技術者」として持ち上げたが、筆者もこの言い方を使って、エズラ氏の書き方を「技術者」と評価したい。

　次に、鄧小平がいなければ今日の中国はなかったとエズラ氏の著書を読んで再確認することができた。

　深圳をはじめ珠海、汕頭、厦門（アモイ）などの広東・福建にある経済特区の設立、[8]また中国の東南沿海地域にある大連、秦皇島、天津、煙台、青島、連雲港、南通、上海、寧波、温州、福州、広州、湛江、北海の14都市の対外開放、アメリカや日本、そしてソ連などの国々との実質上の関係正常化、一国二制度のもとでの香港の回収、さらに南巡講話、社会主義市場経済の導入などほぼすべてが鄧小平指導の下で、あるいは鄧小平本人みずからがやり遂

げた業績であった。

　筆者にとって注目すべきは外国との比較、とくに日本やソ連との比較だった。まず、日本との比較について。著者は改革開放初期の谷牧視察団と日本の岩倉具視使節団と比較した手法は筆者になかった考えであった。また、日中二つの使節団のそれぞれの国の対外開放に大きな役割を果たしたと肯定したうえで、その違いを「時間がよりゆったりしていた明治維新の日本では、岩倉使節団が訪問の概要をまとめるだけで五年かかった。対照的に、谷牧が視察から帰国して一行が報告書をとりまとめ、中国の経済指導者が一行の学んだことの意味合いを議論するための適切な組織を立ち上げるまで、わずか数週間しか費やされなかった」と指摘している。

　また、中国の改革と前ソ連の改革との比較も面白い。1980年代、ソ連も中国も社会主義国として改革を敢行した。ところが、改革の結果は全く異なった。つまり、ソ連は失敗に終わり、ロシアに変わったが、中国は成功した。中ソ改革の異なった結果をもたらした原因はいったい何だったのか、興味深い課題である。

　これまで、香港やマカオ、台湾に接すること、華僑の故郷（汕頭）、中国政府の強力なリーダーシップ、中国人の貯金好き、そして国有企業で働いた人の割合の低さなどが中国の特徴として取り上げられ、ソ連に比べると、計画経済から市場経済へと移行するのに比較的にしやすかった点だという研究も出ているが、エズラ氏は、「ソ連と比較して、中国には有利な点が多かった」として、中国は長い海岸線を有し、「それはより安い海上輸送を可能にし、また、輸送規模の拡大も陸上輸送よりはるかに容易だった」とし、そしてなによりも、「中国大陸の巨大の潜在市場に引き付けられた世界中の実業家たちが、中国へ支援の手を差し伸べた。それが結果的に10億人の巨大な顧客獲得につながるかもしれなかったからである。一部では、政治的な思惑も同様に作用した。1978年に中国が対外開放に踏み切ると、欧米諸国は何とかして中国をソ連から引き離そうとした。資本や技術を惜しみなく移転し、中国の留学生や訪問団を大いに歓迎した」と分析した。

　また、地理的条件や民族の同質性も、中国の成功に重要な役割を果たした

とし、「集団で経営していた水田を個々の農家に分与することで、農民の生産意欲を高めて農業生産を拡大するやり方は、ソ連ではまねができなかった。広大な乾燥した大地を耕すためには、大型トラクターの方が向いていたからである。また、人口の93％を同じ民族が占めている中国は、人口の半数以上がさまざまな少数民族からなっているソ連よりも、一つの国としてまとめやすかった。ソ連がその版図を広大な領域に拡大したのはようやく前世紀のことであり、それはソ連の権威に積極的、あるいは消極的に抵抗する少数民族を併合することで成し遂げられてきた。これに反して、中国は2000年以上にわたってその領域の大半を治めてきたのであって、中国の支配に抵抗する他国を占領するような、過度な拡大を重ねてきたわけではなかった」と分析した。

また、「中国の指導者たちは自国が文明の中心だとする長い歴史に由来する自負を抱いてきたが、ソ連の指導者たちは昔から自国が西欧諸国の後塵を拝しているという事実に気付いていた。そして最後に、中国の隣人であり、共通の文化圏である日本、韓国、台湾、香港、シンガポールが豊かな現代国家に発展したことも、中国にとって絶好のモデルとなった」と比較した点は（同上）、合点がいく。

なお、筆者を含む中国人の読者にとって世界銀行などが中国の近代化に大きな役割を果たしたという指摘も思い知らされた点であった。[11] 唯一、郷鎮企業は農民自身の創造だったが、農民たちの行動を容認したのはやはり鄧小平の側近と言われた改革者のおかげであった。

以上述べたことをなくして今日の中国は語れない。したがって、鄧小平はいまの中国を形作ったと言ってよい。

では、なぜ鄧小平は実権を握ってから十数年の間でこれだけのことをやり遂げられたのか。繰り返すが、『鄧小平と中国の変革』はその原因を「鄧小平の統治技術」にあると持ち上げている。いわく「個人崇拝や堂々とした肩書を持たないにもかかわらず、鄧は単に党の副主席、国務院の副総理、それに中央軍事委員会の主席という地位だけで、権力を効果的に操ることができた。彼は、自らへの評価を最大限に活用し、強くて繁栄した国家を築く能力

のある安定した制度をつくろうと、大胆に行動したのだった」という。

　また、「毛沢東が歴史書や小説を読み、布告を発する雲上の皇帝のような存在であったとしたら、鄧は自らの戦闘計画が適切な人員配置の下に実行されるよう、注意深く点検を怠らない司令官により近かった」としている。納得のいくコメントだと思う。また、エズラ氏は、よく言われている鄧小平は改革開放の「総設計師」ではなく、（中国という株式会社の）「社長」（総経理）だと断言した。筆者にとって、これは鄧小平研究の新たな見解であり、東アジア研究の泰斗に相応しい「結論」だったと感銘を受けた。

　もちろん、鄧小平も努力はしたが、実らなかったことも数多くあった。そのうちの一つがチベット問題である。チベットについては大きく取り上げられがちだが、鄧小平時代の中国政府側はチベット亡命政府との間でよく話し合われたことは以前から知られているが、双方の意見が食い違った関係で最終的に話がまとまらなかったことはとても残念だが、そうした経緯について著書に簡潔に整理され、説得力のある内容となり、筆者にとっても勉強になった部分であった。

　ちなみに、ダライ・ラマ十四世の兄は2015年に追想録を出版し、これまでのアメリカとの間でのやり取りを記し、そのむなしさをつぶさに述べている。あわせて参照されたい。

　台湾問題もそうである。1980年代において、鄧小平は両岸統一を目指し、シンガポールの建国の父・リー・クアンユーに託し、台湾総統蔣経国（当時）と面会する用意があるというメッセージを伝えたが、しかしかつて一緒にロシア留学した蔣経国に拒否されたと同書に書かれている。その後、天安門事件の影響もあって、台湾との統一は結局、成功していないことはすでに周知の通りである。

四、人間鄧小平

　鄧小平も人間である以上、ミスや罪も少なからず犯してしまった。この点について中越戦争、鄧小平の人格、華国鋒、胡耀邦や趙紫陽の使い捨て、そして天安門事件に分けて考えたい。

いわゆる先進諸国のインテリは中国を研究する際、批判的精神を重んじるのは常である。たとえば1979年の中越戦争についてもそうだ。少なくともインテリの間は批判精神をもつ傾向が強いように思う。しかしエズラ氏は違った。エズラ氏は鄧小平の行動を「理解」し、ベトナムは当時の中国にとっては「脅威」としたうえで中越戦争を述べている。また、中越戦争を通して世界大戦が起きる可能性が低いと鄧小平は確信し、そして、「それを機に経済建設に全力を注ぐ決意をした」と述べた部分はとてもユニークだ。[17]
　しかしこのような書き方は、中越戦争を肯定するとみられても仕方がない。中越戦争は中越関係に残した傷跡、特に中国側も含む多くの人が死亡し、負傷したことに触れようとしなかったことは物足りなかったと言わざるを得ない。事実、あの戦争の被害者が苦しい生活におかれているのはいまだに現実であるから。
　また、エズラ氏は鄧小平と中国の変革に重点を置いて本書を書いたことは十分に承知しているが、やはり鄧小平の人格について、今日の中国でも意見が分かれたように「欠けた」部分があったのではないかと思う。
　毛沢東亡き直後の中国、後継者の華国鋒こそ中国のトップであって、鄧小平は失脚した状態におかれていた。つまり華国鋒の許可がなければ、後の鄧小平の復活はあり得なかった。これは常識である。しかし、話が飛ぶが、後に華国鋒は鄧小平により権力の中心から追放されていった。たしかに、華国鋒は「二つのすべて」（毛沢東の死後、権力を受け継いだ華国鋒が提唱した政治標語であり、「すべての毛主席の決定は断固守らねばならず、すべての毛主席の指示には忠実に従わなければならない」というものである）に問題があった。しかし、鄧小平自身も後に「四つの基本原則」（社会主義の道を堅持し、人民民主主義独裁を堅持し、中国共産党の指導を堅持し、マルクス・レーニン主義と毛沢東思想を堅持する）を提唱したのであった。つまり鄧小平は自己矛盾に陥っていたのであった。
　換言すると、鄧小平自身も華国鋒と同様、毛沢東を十二分に利用したのだ。したがって「毛沢東思想を堅持し、毛の決定を守り、その指示に従う」華国鋒を権力の座から追放したというやり方はフェアではなかった。

また、毛沢東時代も華国鋒がトップだった時も、復活を果たすために、鄧小平はみずから犯したミスや過ちを認めたのであった。しかし、一旦権力の座につくと、鄧小平は約束を平気で破るのだ。中国を変える強い精神、そして中国の国民生活を豊かに導いた結果は評価されなければならないが、「出爾反爾」つまり自分の言葉に背く、言うことがくるくる変るということから、鄧小平の人格はやはり欠けた部分があったのではないかと思われる。生涯で3回も失脚し、そして3回も復活した鄧小平はやはり尋常ではなかった。しかしエズラ氏の著書は、鄧小平と異なった華国鋒の長所を評価したものの、[18]鄧小平への批判は控えた。

　胡耀邦や趙紫陽への使い捨てにも言及したい。一般論として、胡耀邦も趙紫陽も1980年代の中国の代表的な改革派だった。2人は実績があり、それぞれ後に中国共産党のトップ（中国共産党主席か総書記）の座についた人物であり、趙は総理も務めていた。80年代の改革開放を語る際、2人は欠かせない。しかし後に、この2人はともに学生運動に強い態度を示せなかったという責任が問われ、解任か軟禁されていく。一方、鄧小平自身の任命責任は問われなかった。「為政者不善」という中国の言い伝え、つまり「政治をなすものは善人ではない」という伝統が続いていたとでもいうべきであろうか。かりに、これは「一部の役人を犠牲にしたが、改革開放政策が継続された」とまで言われれば、[19]それまでだが、改革開放時代に入ってからも毛沢東時代とあまり変わらない中国の「政治生態環境」が生きていたと言わざるを得ない。死に追い詰められてしまった胡耀邦あるいは死ぬまで軟禁状態におかれた趙紫陽の例を見てみると、中国政治の残酷さを如実に物語っていると思う。

　最後に天安門事件と鄧小平との関係について触れたい。

　現代中国に2つの天安門事件が1976年と1989年にあり、共に鄧小平と密接な関係があった。最初の1976年の事件は周恩来の死去をきっかけに「毛沢東批判、鄧小平擁護」という意味が込められたのに対して、2回目の1989年の天安門事件は「鄧小平批判」という側面もあった。残念ながら、2度の天安門事件はともに失敗に終わっている。常に言われる「人民が歴史をつくるのではなく、英雄が歴史をつくる」という物語であった。後に中国政府は1回

目の天安門事件を名誉回復したが、2回目の天安門事件は否定されたままである。

一方、ソ連の崩壊・東欧諸国の革命とは対照的に、中国は体制維持できたのみでなく、目覚ましい経済発展を遂げて、世界2位の経済大国へと変身しているのも明白な事実である。そのため、天安門事件のマイナス影響は薄れつつあるが、天安門事件を機に中国の人権問題が注目されるようになったことに変わりはない。

エズラ氏は当然ながら天安門事件のことにも触れている。しかし、天安門事件を「鄧小平時代の挑戦」という章に入れ、「ソ連崩壊」「東欧革命」と「南巡講話」と並んで淡々と述べていて、伊藤正氏の著書『鄧小平秘録』との差をはっきりとみせつけたのである。つまり後者は天安門事件を全書6部のうちの第1部として大々的に吹聴するのに対して[20]、前者は最終章の一部分として軽く述べるのみにとどまった[21]。エズラ氏の著書と伊藤氏の著書は今日の中米関係、そして日中関係の全体像を反映できないが、少なくとも、日米のインテリが同じく鄧小平時代の中国を研究した際、その相違点を垣間見せているのではないかと考えている。

注

1) Japan as Number One: Lessons for America, Harvard University Press, 1979. 広中和歌子、木本彰子訳『ジャパン アズ ナンバーワン：アメリカへの教訓』TBSブリタニカ、1979年。

2) One Step Ahead in China: Guangdong under Reform, Harvard University Press, 1990. 中嶋嶺雄訳『中国の実験――改革下の広東』日本経済新聞社、1991年；The Four Little Dragons: The Spread Of Industrialization In East Asia, Harvard University Press, 1993. 渡辺利夫訳『アジア四小龍（いかにして今日を築いたか）』中公新書、1993年などを参照されたい。

3) The Belknap Press of Harvard University Press, 2011. 日本語版はエズラ・F・ヴォーゲル著・益尾知佐子・杉本孝訳『現代中国の父　鄧小平』上下、日本経済新聞出版社、2013年。中国語版傅高義著、馮克利訳『鄧小平時代』香港中文大学出版社、2012年（繁体版・簡体版）、同『鄧小平時代』生活・読書・新知三聯書店、2013年（簡体版）。

4）本文はこの本のタイトルを『鄧小平と中国の変革』にする。
5）『晩年鄧小平』新東方（香港）出版、2009年を参照されたい。
6）英語版PP.595-640、日本語版下巻320〜349ページ、中国語繁体版551〜570ページ、香港簡体版541〜560ページ、中国簡体版565〜594ページ。以下同じ。
7）魚の水を得たるが如し、つまり水を得た魚のように、自分がかねて考えていた理想の人に会う、また相応しい環境を得て、思うようにはつらっと活躍すること。
8）海南島は1988年に広東省から初めて切り離され省として設置され、中国最大の経済特区となった。
9）英語版P.224、日本語版下巻342ページ、中国語繁体版195ページ、中国語簡体版191ページ、226ページ。
10）英語版PP.473-476、日本語版下巻127〜131ページ、中国語繁体版433〜435ページ、簡体版422〜425ページ、459〜462ページ。
11）英語版PP.455-464、日本語版下巻102〜114ページ、中国語繁体版418〜425ページ、簡体版407〜415ページ、443〜451ページ。
12）英語版P.377、日本語版上巻552ページ、中国語繁体版329ページ、簡体版321ページ、371ページ。
13）傅高義（エズラ・ヴォーゲル）「小平是総経理、不是総設計師」、『南方週末』2012年4月1日。また、エズラ氏は鄧小平を「改革開放の総指揮」だと位置づけている。「『鄧小平時代』韓国出版」、香港『文匯網』2014年1月23日。
14）英語版PP.511-522、日本語版下巻178〜195ページ、中国語繁体版465〜474ページ、簡体版454〜463ページ、494〜504ページ。
15) Gyalo Thondup, Anne F Thurston, The Noodle Maker of Kalimpong: The Untold Story of My Struggle for Tibet, Public Affairs, 2015.
16）英語版P.487、日本語版下巻146ページ、中国語繁体版445ページ、簡体版435、472ページ。「蔣経国『我拒見鄧小平的真正原因』」、『多維新聞』2015年11月8日をも参照されたい。
17）英語版PP.266-293、日本語版上巻400〜438ページ、中国語繁体版231〜254ページ、簡体版225〜248ページ、264〜290ページを参照されたい。
18）施浜海「傅高義『鄧小平時代』的硬傷」、『炎黄春秋』2013年8月18日をも参照されたい。
19）英語版P.419、日本語版下巻50ページ、中国語繁体版365ページ、簡体版354ページ、409ページ。
20）前掲伊藤書上巻、14〜126ページ。

21）英語版PP.595-663、日本語版下巻290～382ページ、中国語繁体版533～591ページ、簡体版523～560ページ、565～594ページ。

後書き

一、本書の結論

　最後に結論をまとめておきたい。

　これまで日中関係に関する研究は盛んに行われ、交流という視点からの研究も数多くあったが、しかし近代の「不幸な一時期」も「交流」としてとらえるのが私の考えである。

　第一章はこれまでの日中関係を見つめなおしたうえで、近代までは平和交流、近代は「戦争交流」、現代は戦略交流、今日は「牽制交流」とそれぞれ名付けた。また、今後は「建設交流」が必要だという提案をした。いずれにせよ、「交流」という視点を貫いて日中関係をとらえなおしたのが本書である。

　次に、今世紀に入ってからの一番大きな出来事はといえば、それは先進国（代表格はアメリカ）の相対的衰退と新興国（代表格は中国）の台頭である。前者を象徴する好例はアメリカによるアフガン戦争、イラク戦争ならびに2008年にぼっ発した金融経済危機であり、後者の象徴するものは二位の経済大国、二位の軍事大国、ソフトパワーの開花（対台湾政策への転換、BRICS、SCOならびに六ヶ国協議などの組織での役割、アフリカへの支援）、ならびに大国の再興と世界の責任だった。

　また、日中関係は国際情勢の重要な構成部分として、大きな影響をもつが、1)第二章は両国関係が国際情勢の変化に影響された側面を強調した。

　次いで、中国が民主主義を相対化することによって台頭してきたことを整理した。

　世の中、民主主義は善であり、中国のような「一党支配」の政治体制は「異様な大国」であり、「悪」だという風潮があるように思う。たしかに、先進諸国はみな民主主義体制であり、これまで世界を引っ張ってきた実績から

そのように評価されたと思う。

　しかし、ここ数十年、とくに新世紀に入ってから世界は大きく変わった。先進国の衰退とは対照的に、中国をはじめ新興国が台頭してきた。中国が世界経済をけん引し、世界が多様化してきている。そうしたなか、中国の政治体制を認めないのではなく、中国とうまく付き合う方法を考えることが時代の要請なのかもしれない。

　冷静に考えると、人々を抑圧する側面も否定できないが、中国の発展を遂げた理由のなかで、比較的安定した秩序、政策が効率よく実施されたことも重要なファクターだった。つまり、それぞれ自己主張の強い中国人を引っ張ってゆくには強い（共産党の）リーダーシップが必要だということである。

　言い換えると、中国の発展は民主主義をコントロールする、あるいは民主主義を相対化した結果だった。世界の覇者アメリカは民主主義制度をとっているため、ナンバーワンになれた。では、中国はありとあらゆる側面においてアメリカを追い越そうとしている。中国の勢いはやはり中国の政治制度に答案を求める必要がある。にもかかわらず、多くの研究者はこのことから目をそらして、真正面から見つめなおそうとはしなかった。

　正直に言うと、共産党は大躍進運動、文化大革命、天安門事件を引き起こした。多くの中国国民は被害者となった。この点は指摘しておかねばならない。一方、「中国的民主主義」を取り入れて、時代とともに前進してきたという中国政府のもう一つの側面をも見落としてはならない。

　例えば、毛沢東時代の独裁制から鄧小平時代の集団指導への変化、江沢民時代の「三つの代表」（中国共産党はもっとも先進的生産力の代表、先進的文化の代表、広範な人民の利益の代表）の提出から、胡錦濤時代の「科学的発展観」、習近平政権の「中国の夢」へのシフトからもわかるように、取り巻く環境の変化にともなって中国政府は変貌してきたのである。

　ちなみに、共産党支配のため、政策の一貫性が見られ、優越性が発揮されている。「中南海のシンクタンク」と呼ばれる王滬寧は中国共産党中央政策研究室主任だが、前述した「三つの代表」「科学的発展観」など主要理論の起草に直接関与し、今日も習近平総書記のブレーンとして優れた役割を果た

後書き

している。

　また、中国共産党は世界最大の政党であり、その青年組織中国共産主義青年団を入れると、合計はなんと1.8億人にものぼる。つまり8人の中国人のうち、1人が共産党員か共青団員になるという計算だ。

　代表制の広汎性からすると、日本の自民党より中国共産党の方がはるかに広くて深いと言えよう。中国共産党は日本の自民党になりつつあるという人がいるが、逆に自民党は絶対に共産党にはならない。なぜならば、共産党は若者組織――共青団をもっているからなのだ。

　いうまでもなく、共産党各レベルのユニークな後継者選びの方法も重要であり、常に優秀な人材を確保できるのである。

　なお、中国は社会主義制度をとっている。この社会主義制度を批判する論調がよく見られるが、70年前までの日中戦争や後の冷戦と無関係ではないことは、先行研究によってすでに明らかにされている。とくに、戦争時の日本が中国に残したいわゆる「遺産」が戦後の中国社会主義経済体制を規定、制限したことも忘れてはならない。そういう意味で今日の中国は戦時の日本を引き続いた側面がある。

　また、先進国がおしなべて民主主義体制をとっていることで、この制度の長所ばかり取り上げている気がする。一方、中国は、この制度の短所の暴露に力を入れてきたようにも考えられる。真理はおそらくその中間にあろう。つまり、民主主義制度はよい制度だが、取り入れた国の歴史や伝統、国情に見合わなければ、うまくいかないことが世界を見渡せばわかることである。

　ちなみに、ソ連崩壊後、民主主義をとったロシアは形では民主主義になったが、中身を見ると、中国の一党体制よりひどいと思う人は私一人だけではあるまい。

　したがって、民主主義制度はよいと思うなら、それはそれでよかろう。一方、中国はいわゆる西側の民主主義を取り入れていなくて、それを絶対化せず、相対化するという選択はやはり尊重されるべきであろう。

　また、中国からすれば、日本は先進国なのに、アメリカ軍にずっと「占領」され続けてきて、我慢強いなあと思いがちであるが、日本からすれば、1952

年サンフランシスコ条約の発効をきっかけとして、日本はとっくに独立を果たしているということになる。

　きつい言い方をすると、中国の政治制度は独裁的側面があるかもしれない。しかし欧米の政治制度を「コピー」しないところは「魅力的」とはいえないのであろうか。全面的に「脱亜入欧」を訴え、そしてそれを実行してきた日本に批判される筋合いがあると思う中国人は少ないはずである。まして、いまの政治制度下で、経済発展を遂げたから、中国の政治制度が悪いと言われても説得力があるとは思えないから、なおさらだ。

　だからと言って、中国は完璧だということではない。むしろ、中国は多くの問題を抱えていることは常識である。人権問題、環境問題、役人の腐敗問題、知的財産権問題、領土問題、少数民族問題、台湾問題などがみなそうである。

　しかしそれと同時に、世界のスーパーパワーとして台頭してきたこともまた明白な事実である。先進国と比べると、足りないところは多くあるが、多くの途上国と比較すれば、中国の発展はやはり目を見張るものがある。しかも中国はアフガンでもなければ、イラクでもない。もちろん、台湾やロシアとも違う。

　日本の成功はアジアの国でも先進国になれることを物語るが、中国の台頭は近代化＝欧米化ではない、ということを意味するのである。中国通とも言うべきオーストラリア人の学者ヒュー・ホワイトが言うように、世界の多様性を理解し、視野を広げ、中国と一緒になって、今後の世界を考えることが求められている、ということである。

　アメリカのジョンズ・ホプキンス大学ケント・カルダー教授は2016年に開催されたG7日本サミットとG20中国サミットを比較して、前者の市場経済と民主主義を高く評価している[2]。逆に言うと、市場経済と民主主義がうまくいかないため（金融経済危機がゆえに）、G20が生まれたということを忘れたようである。

　力づくで他国を平気で潰してきたアメリカと違って、自分の価値観を力づくで押し付けないのが中国外交の最大の特徴である。

台湾問題は国共内戦の産物であると同時に、国際関係にも絡んでいるのだ。台湾の民主化は評価すべきだが、中国を相手にする場合、あまりにも脆弱すぎると言わざるを得ない。また、台湾が民主化すればするほど、中国から離れる傾向が強まる。中国にとって、おそらくこれは脅威としか言いようがなかろう。2005年に通過した《反国家分裂法》は台湾独立を阻止するものだった。当然ながら、台湾に対して、中国はソフトパワー、柔軟な姿勢を示す必要もある。両岸経済協力枠組協定（ECFA）の締結はそれを物語るのである。民主主義を過大評価せずに、対立から対話へとシフトするやり方は実効性のある手段として、ただ単に両岸関係のみでなく、日中関係などの国際紛争を解決する際のヒントにもなるのではないかと思われる。

　最後に、中国、日米同盟と21世紀の世界秩序についての考えを整理したい。

　おおざっぱに言うと、これまで西側先進諸国はいわゆる世界秩序を構築し、世界をリードしてきた。一方、新興国はその秩序に分け入って、先進国に追いつこうという側面が強かった。しかし、中国の台頭でこうした既存秩序がチャレンジされるようになったことを意味するのである。

　日米同盟は東アジア地域の公共財と言われるが、国によってはそういえない場合もたしかにある。中国にしてみれば、時期によって、日米同盟を認めなかったり、容認したり、取り込んだりしていた。いま日米同盟は強化されているが、今後、中国のさらなる台頭、アメリカの相対的衰退にともなって、より難しい局面に立たされよう。ここ数年、安倍政権が行っていることはこうした局面に対応するものと考えられる。

　日本は中国の「軍拡」を理由に新たな安保法案を成立し、普通の国に向けて走り出した。次ページののグラフ「海外進出日系企業実態」を見ればわかるように、日本経済を立て直すには「生命線」たる中国に頼らなければ、軍需産業の復活以外に道がないのかもしれない。

　繰り返すが、近代以降の国際秩序は欧米諸国が作ったものである。新興国がまだ弱かった時代に作られたこうした秩序はいうまでもなく、新興国の利益を代弁できない。しかし、ここ数十年の間、世界は大きく変わった。Ｇ７と並んでG20が登場したように、新興国の利益を代弁できる新世界秩序が求

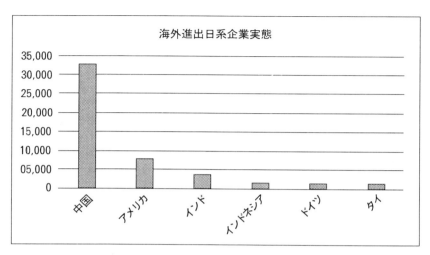

説明；2015年10月1日時点で海外に進出している日系企業の総数（拠点数）。
資料：日本外務省「海外在留邦人数・進出日系企業数の調査結果（平成27年要約版）」、2015年6月22日、http://www.mofa.go.jp/mofaj/press/release/press4_002235.htmlより作成。

められよう。南シナ海島嶼部をめぐる領有権問題の解決の糸口がまだ見えない中、2015年に中国主導のアジアインフラ投資銀行（AIIB）が発足した。

　中国はAIIBが日米主導の世界秩序に挑戦するものではなく、それを補完するものと位置付けている。また、AIIBにいつでも日米の加盟を歓迎すると金立群行長は言明している。争いをあおるのではなく、共通利益を求めようという願望が込められている。

　2014年に購買力平価ですでにアメリカを抜いて世界一となった中国は、資金面で、現存する世界銀行やアジア開発銀行は民主主義を受け入れる条件で途上国を援助した実績はあるが、それだけでは巨大なアジア地域のインフラ整備事業を賄えないこと、中国は潤沢な外貨準備を保持していること、そしてみずからの価値観を相手国に押し付けないこと、欧州先進国などもこれを積極的に後押しすること、要するに、中国にしても、世界にしても、AIIBの創設は時代の要請だということができる。こうした時代の要請に応えられうるのは中国のみである。

しかし一方、中国にルールをつくらせないために、AIIBに対抗する形で、日本やアメリカは環太平洋地域による経済連携協定（TPP）交渉を合意させた。いま、南シナ海が熱い。中国は域内国としてそれなりの責任をもたなければならない。中国は力ずくで現状を変えようとしていると言われる。一方、アメリカや日本は、黙っていずに日米同盟を強化することによって、力ずくで中国に対抗しているようにも見える。

　日米は中国の「独善的で無責任な行動」を批判しながらも、中国と同様な手法で行動を起こしている。つまり日米同盟という「力」で中国をけん制しているのだ。アメリカのリバランス（再均衡）政策も、日本が新たな安保法案を通過させ、戦後憲法を変えようとしていることも、そして、ベトナムやフィリピンに武器や装備などを売却し、関係強化したことも、みなそうである。

　これでは日米が満足しても、中国は満足しないに決まっている。力で中国を封じ込めれば封じ込むほど、中国は一層力でそうした圧力に対抗し、打破しようとするのであろう。

二、中国への展望と今後の課題

　日中米などはテーブルについて今後の世界について話し合ってほしい。

　新型大国関係を訴えるのはよい。いま、中国が台頭し、世界の中心になりつつある。中国はアメリカとの関係を新型大国関係と位置付けて、「我々は台頭する大国と既存の大国が対立しあうのではなく、ともに歩む道を探求しなければならない」とまで言っている。時間稼ぎという側面もあるが、よいことを言っていると私は思う。私はもっと言いたい。それは日中関係にも新型大国関係と位置づけさせ、もう一つの新型大国関係として構築したらどうかと提言したい。

　日本に好かれない中米関係緩和の立役者だったキッシンジャーは新著において今日の日本が直面している選択肢は三つあると予測している。それはすなわち日米同盟の強化、中国の台頭の受け入れおよびみずからのナショナリズムの助長であるという。[4]

ヒュー・ホワイトは『アメリカが中国を選ぶ日』において、アメリカのアジアにおける覇権に中国が挑戦してくるのに対して、アメリカ側にはやはり三つの選択肢があると予測した。それはアメリカが役割を放棄し、アジアを中国に明け渡すこと、中国の挑戦に抵抗すること、中国と覇権を共有することであるという[5]。

　専門家の指摘からヒントをもらって私も今後、中国の三つのシナリオを考えたい。

　第一に、中国はみずから抱えた問題を解決できずにやがて旧ソ連のように崩壊するシナリオ。しかし、これまでこのシナリオは当たらなかった。たしかにエズラ・F・ヴォーゲルは新著『鄧小平と中国の変革』において中ソ比較を行っている。表面上、中ソは共に社会主義国であり、似たような国と思われがちだが、両国の本質は大分違う。傾聴すべき助言である。

　第二に、中国は台湾のようないわゆる民主主義国になるシナリオ。かつて、台湾は中国と同様、一党支配だった。しかし、いまはアジアにおいて民主主義のモデル国となったと言われる。中国は台湾に似ているため、今後、台湾になるのではないかという理論である。かつて私も今日の台湾は明日の中国だと考えたことがある。

　しかし、中国の伝統や歴史を過小評価したと今は反省している。かつて紙、活版印刷術、羅針盤、火薬などを発明し、世界の文明に大きく貢献し、漢字や儒家思想を作り出した中国は、周辺国のように簡単に体制変更できると思わないようになったからである。

　また、中国は近代に入ってから欧米列強や日本によって侵略された。この記憶は簡単に払しょくできないだけでなく、日米とのあつれきでむしろ強化されているのが現状である。また、近代までの輝きと近代の惨めさとのギャップがあまりにも大きすぎて、中国人はなかなかそれをカバーできない。したがって、中国は「民主主義」という表現を使うが、欧米諸国や日本のような民主主義国にはなりたくもないし、そもそもなれるわけがない。

　最後に、わが道をゆくシナリオ。今後も中国はみずからの歴史や伝統に大きく左右されると思われる。可能性のもっとも高い中国のシナリオは、歴史

や伝統を大切にし、西側の民主主義のなかに中国にみあった部分を取り入れながら、新しい中国に生まれ変わる、これが本書の結論である。

中華人民共和国建国前、毛沢東は民主党派の黄炎培に民主主義こそ中国問題解決のカギと言ったのも、鄧小平は復権してから行った改革開放も、習近平が目指している偉大なる中華民族の復興も、わが道をゆくシナリオにつながっていると思われる。

当然ながら、多くの問題を抱えた中国にとって、このシナリオを実現するには相当な努力が必要となり、今後の課題でもある。

中国についていろいろな見方があるなかで、私はどちらかといえば、楽観視しているのだ。その理由はこうである。

まず、中国は歴史が長い。しかも古代四大文明の一つとして、他の文明と違って、今も続いている。これは合理性があるからにほかならない。また、その民族や地域の多様性から小さな世界という特徴をもっている。共産党支配は批判されがちだが、その効率の良さについて、隣国のインドはもちろんのこと、いわゆる先進国の日本やアメリカと比べても引けを取らない。つまり中国の統治方式は中国の歴史や伝統と合致するものである。

次に、2020年頃の中国を展望してみたい。経済規模はアメリカを抜いて世界一になろう。いまの習近平・李克強体制は二期目に入って、一期目に比較すると、腐敗の度合いがある程度抑えられ、比較的安定した政治が行われるのではないか。また、権力はより集中され、政策も今日と比較すると実施されやすくなると思われる。世界における一帯一路戦略は着実に軌道に乗り、加盟国の人々が確実にその恩恵を受けることであろう。

2015年夏、上海株価の下落や人民元の切り下げもあった。これは中国発の経済危機ではないかと懸念する声があった。たしかに、中国経済に不透明なところはあるが、しかし、そもそも中国の株式市場は各国の株式市場と違って、実体経済を反映していない。また、民間経済を発展させながらも、中央企業をはじめとする国有経済は相変わらず重要な役割を果たしている。これが中国経済の一つの特徴である。

産業構造の転換で失業者が急増する恐れがあるが、豊富な資金をもつ中国

政府は対応してくれるのではないかと思う。また、先進国と違って、中国経済は利益重視という側面があるのみでなく、「経世済民」つまり世の中を治め、庶民を救済するという側面がより重要視されている。中国の実態は市場経済＋政府によるコントロールの調和である。

いうまでもなく、10％ぐらいの高度成長期はすでに終わった。しかし基本的には安定した成長いわゆるニューノーマル・「新常態」がしばらく続くであろうと考えられる。いまの中国は都市化が進んでいる最中で、人口のおよそ半分弱（約6億以上）が農民である。こうした膨大な農民を市民にしていくなかで（市民化）、また農村を都市にしていくなかで（都市化）、大きな需要が生まれるはずである。

報道されている中国人による爆買いのような動きが象徴するように、中国の中産階級は拡大しつつあるし（消費の増大）、海外でのM&A（合併・買収）の勢いは止まらず、中国企業は技術やノウハウを手中に収めている。今年は中国企業が海外で最大の買い手となっている。このままで行けば、2007年から海外での買収を牽引していたアメリカから初めてトップの座を奪うことになると言われている。なお、AIIBをはじめアジアを中心としたインフラ整備が見込まれ、過剰生産も緩和され、持続できる需要主導の発展モデルが生まれると予測されている[6]。

また、知的財産権とも関連するが、先進国を追い越すには、中国では研究開発がますます重要視されていくであろうと思う。産業構造のグレードアップはいわゆる中所得国の罠を回避する重要な手段である。海外企業の買収を拡大しつつ、みずからのブランドを作り出していくことが期待されよう[7]。

もちろん、政治や経済に比べると、中国社会はやや多くの問題を抱えている。日本などの先進国もかつて経験したように、農民の市民化や農村の都市化は痛みをともなうものである。政府は農民から土地を徴収し、再開発する。そこで、農民はなるべく政府から多くの補償金を得たがるが、政府・開発業者は逆になるべく補償額を少なくしようとする。

そこで、話がまとまらないうちに、地方政府が強制的に住民の住宅を取り壊したりするため、暴動を誘発するのである。ある統計によると、中国で発

後書き

生した暴動件数の半分以上がこのようなケースであるという[8]。

　中間業者への取り締まりを強化し、公平な社会を構築するため、政府は尽力してほしいとともに、国民も覚悟して一丸になって協力しあうことが重要なのかもしれない。

　この些細な本を仕上げるのに8年間も要した。実証研究を目指して努力して来たつもりだが、気がついたら評論になったのではないかと批判されかねないが、勇気をもって出版することにした。

　教員として形あるものを出さなければならない。もちろん、いい年になってもこの程度のものしか出せない自分には情けない。とは言っても、これまで述べてきた通り、中国は広くて、歴史も長い。また人口も多いし、複雑でもある。そして、日々変化している。なお、中国は数十年前までは世界に大きく遅れていたが、最近は世界経済の牽引車になり、GDPを含むすべての面が世界に大きく注目されるようになった。

　そうした多様性に富んだ中国の実践を追跡し、各国との相違点を整理し、教訓を汲み取り、特徴を明らかにし、人類社会にプラスになるような結論を出すのはそもそもそう簡単な作業ではない。さまざまな研究を積み重ねていくうちに、はじめてリアルな中国に接近できると思われる。そういう意味で、不完全であっても、いろいろな視点からのアプローチが求められよう。本書はそういう考えに基づいてまとめた細やかなものとして捉えられれば幸いである。

　本書は多くの課題を残した。政治協商と民意の欠如、協商民主と個人願望といった問題を如何に解消されるか。また、中国モデル・北京コンセンサスに言及したのみで、詳述する必要があると思う。

　なお、本書は中国を中心に議論してきた。それと関連して、日本、アメリカ、韓国、北朝鮮、台湾のことも取り上げた。とくに、ロシアのことには触れたが、詳述はできなかった。しかし21世紀の国際関係を考えた際、中ロ関係は非常に重要である。中ロ関係にアプローチすることは今後のもう一つの課題となる。

19世紀の日本にとって最重要課題は欧州とどう付き合えばよいかということであった。結論は「脱亜入欧」だった。そして、20世紀になると、アメリカとどう向き合えばよいかが最重要課題となった。たどり着いた結論は「日米同盟」だった。

　では、21世紀において日本の最重要課題はといえば、おそらく中国とどう付き合えばよいかということになろう。憲法を変えるには、強力な敵をつくる必要がある。中国は相応しいターゲットである。

　日本政府の立場に立ってみると、今のところは中国に対抗するために、日米同盟を強化する以外に道がないのかもしれない。しかし、この政策を持続できるかといえばよくわからないのが正直なところである。

　最後になるが、一つの提案をさせていただこう。それは日本の首相が北朝鮮に赴いて、北朝鮮の指導者金正恩と日朝平和協定を締結すること。それによって、北朝鮮と植民地支配、拉致問題の解決につながるのみでなく、中韓との関係にもよい影響を与える可能性が高い。そうすれば、東アジア、ひいては世界情勢が動くのかもしれない。日本の指導者の手腕と知恵が問われている。

　2016年9月、カナダが新しく中国が主導するAIIBに加盟した。そして10月に入ると、フィリピンのドゥテルテ大統領は就任後初めて中国を訪問し、ここ数年熱くなっていた南シナ海問題について対立しない姿勢を鮮明にし、また、同盟国であるアメリカに「さよならを告げる時が来た」と述べている。

注

1）朱鋒「国際戦略格局的演変与中日関係」、前掲書『中日熱点問題研究』156〜170ページ。
2）『日本経済新聞』2016年5月20日。
3）「海外在留邦人数・進出日系企業数の調査結果（平成27年要約版）」、2015年6月22日。日本外務省が在外公館などを通じて実施した「海外進出日系企業実態調査」の結果、2015年10月1日時点で海外進出している日系企業の総数〈拠点数〉は、68,573拠点で、前年より4,796拠点〈約7.5％〉の増加となり、過去最多を更新した。国別では首位中国の32,667拠点で、約48％を占めるが、二位アメリカは7,816拠点で、約11％と大きく引き離した。http://www.mofa.go.jp/mofaj/press/release/press4_002235.html。また、瀬口清之「経済失速は大きな誤解、今こそ中国ビジネスの好機　アベノミクス『第4の矢』は、チャイナノミクスで」、2015.10.21. http://jbpress.ismedia.jp/articles/-45027/page=5をも参照されたい。
4）詳細は前掲 Henry Kissinger, World Order, P.191.
5）前掲ヒュー・ホワイト『アメリカが中国を選ぶ日』147ページ。
6）「中国企業によるドイツでの買収、勢い止まらず」、『WSJ』、2016年5月19日。
7）中国の科学技術力についてはさすがに中国のことが嫌いだとしても認めざるを得ない。科学技術振興機構中国総合研究センター上席フェロー馬場錬成「日本を抜いた中国の科学技術力〜その知られざる実像」、『読売新聞』2016年4月18日などを参照されたい。
8）加々美光行は「現在、中国全国で一年間に20万件発生するといわれる農民紛争・労働争議・住民紛争のうち、多くが農民紛争であり、他のものも環境がらみが多い」と言っている。『未完の中国　課題としての民主化』岩波書店、2016年、271ページ。

編著者略歴

范　力

白鷗大学経営学部教授、歴史学博士。著書に、『中日"戦争交流"研究』汲古書院、2002年、『現代中国の集団所有企業』（共著）時潮社、2008年、翻訳書に『日本人眼里的中国』社会科学文献出版社（北京）、2006年、『晩年鄧小平』新東方（香港）出版、2009年、『日本的生産合作社』中国青年出版社（北京）、2014年。

民主主義を相対化する中国

2016年12月15日　第1版第1刷　定　価＝3000円＋税

編著者　范　　　力　Ⓒ
発行人　相　良　景　行
発行所　㈲　時　潮　社

174-0063　東京都板橋区前野町4-62-15
電　話（03）5915-9046
FAX（03）5970-4030
郵便振替　00190-7-741179　時潮社
URL http://www.jichosha.jp
E-mail kikaku@jichosha.jp

印刷・相良整版印刷　製本・仲佐製本

乱丁本・落丁本はお取り替えします。
ISBN978-4-7888-0713-6

時潮社の本

現代中国の集団所有企業
工業合作社・集体企業・郷鎮企業の発展と改革
樋口兼次・范力　共著
Ａ５判・並製・282頁・定価3500円（税別）

中国経済の柔構造を解く——国有企業と私有企業の間に存在する「集団所有企業」（合作社・集体企業・郷鎮企業）の発展と実態を描き「人力資本」の可能性を展望する、日中共同研究の精華。研究者、ビジネスマン必読の１冊。新領域開拓の労作。『日本と中国』『中小企業季報』等に書評掲載。

現代中国の中小企業金融
中国型リレーションシップ・レンディングの展開の実情と課題
范　立君　著
Ａ５判・上製・232頁・定価3200円（税別）

現代世界を席巻するのが中国企業であることはもはや世界の常識である。その企業活動の源泉ともいえる金融、とりわけ鍵ともいえる中小企業向け金融の実態に迫り、その歴史と将来的展望を的確に分析した本書は、中国型リレーションシップ・レンディングという視座から企業関係を読み解いてゆく。今後ますます重要になる中国企業の役割を理解する上で必読の書である。

進化する中国の改革開放と日本
張　兵　著
Ａ５判・並製・216頁・定価3000円（税別）

「一衣帯水」……長い歴史に裏打ちされ、近年ますます信頼関係を深めてきた日中関係はいま、新たな段階に差しかかろうとしている。新たに創設された上海貿易試験区は、中国の重要な政策課題たる「第二の改革開放」にどのような衝撃を与えるのか？新時代を示す幾つかの鍵を通じて、中国経済の現状並びに日中関係の今後を展望する。アジア経済に携わる実務家、研究者必携の一冊。

中国国有企業の株式会社化
―コーポレート・ガバナンス論の視点から―
尹　相国　著
Ａ５判・上製・312頁・定価3200円（税別）

1990年代冒頭の中国（上海）株式市場の再開を機に、中国国有企業が集団所有形態から株式化にどう対応し、コーポレート・ガバナンスをいかに活用してきたか、豊富な事例をもとに米・日・独との比較をまじえて検討する。進出企業関係者必携の一冊。